城镇化进程中农民工权益保障
与发展问题研究

侯旭平　著

中南大学出版社
www.csupress.com.cn
·长沙·

前言 Preface

　　"三农"问题是我国革命、建设与改革中的关键问题，也是影响我国国民经济与社会发展全局的重大问题。作者对"三农"问题的关注由来已久，本人的父亲在粮食部门工作40余年，他对党的事业的责任心、对国家粮食安全的忧患意识以及对农民群体的深厚情感，潜移默化地影响了我。20世纪90年代末，由于国家粮食流通体制改革，在粮食部门工作我的哥哥、妹妹等相继下岗。我在为家人前途命运深感担忧的同时，也怀揣了更多对中国粮食安全问题前景的展望和对"三农"问题的思考。

　　进入21世纪后，随着城镇化进程的加快和城乡发展不平衡的矛盾日益突出，"三农"问题成为全党工作的重中之重。尤其是党的十六大后，党中央做出了一系列影响深远的"三农问题"战略部署，出台了一系列保护农村、农业、农民的政策和法律法规。2008年1月，我有幸被湖南省委宣传部选拔为"十七大精神进农家'五'下乡活动"的宣讲骨干，赴邵阳各县进行理论宣讲。在不到一个月的时间里，我近距离地接触到了守望麦田、不忘初心的农民，全面了解了生活艰辛、情感孤寂的留守老人与留守儿童，同时深入走访了身在城市、根在农村的农民工。在对党的十七大精神进行解读和宣讲的过程中，我加深了对中国"三农"问题的长期性、复杂性与艰巨性的认识，真切地体会到了党中央解决"三农"问题的信心、决心和良苦用心，也由衷感觉到作为一个理论研究者和宣讲者肩上责任之重大。

　　我对"农民工"问题的研究开始于2008年，至今已有十个年头。这十年正值中国新型城镇化快速发展的关键时期，是全面建成小康社会、加速实现社会主义现代化的关键时期，也是中国社会各种社会矛盾和社会问题凸显的重要时期。一方面，农民工逐渐成为城镇化建设的生力军，另一方面，农民工"流入容易、融入难"问题日益凸显，农民工权益和社会保障缺失问题成为现阶段社会发展中的重大问题和新型城镇化建设的瓶颈。如何保护农民工合法权益，解决农民工养老、医疗、教育等方面的民生保障和发展问题，有效推进农民工市民化，是中国城镇化进程中不可回避的现实问题，它不仅是个社会问题，也是一个重大的政治问题。

我对"农民工"问题研究的持久动力与热情主要来自于课程教学，20 多年来，我一直担任"毛泽东思想和中国特色社会主义理论体系概论"和"形势与政策"课程教学。"三农"问题不仅是马克思主义中国化学科中的重大理论问题，也是这两门课程教学中的热点、难点问题。"农民工"是中国转型时期的产物，由其特殊群体身份和弱势地位而引发的各种社会问题，更是学生关注点和疑虑点所在。鉴于此，我一直把"农民工"问题的研究融入课程教学。通过系列教学活动，引导学生用一种坦诚的眼光来看待当前的"农民工"问题，用一种理性的思维来思考"农民工"问题，同时用一种担当的精神来深入研究"农民工"问题。在课堂教学环节中，我设计了"学生论坛"活动，让学生在对"农民工"问题深入研究和思考的基础上，各抒己见，通过激烈的讨论和辩论，提升理论思维，增强社会责任意识。在实践教学环节中，每年组织学生进行有关"农民工权益保障""农民工工资收入""农民工文化生活""农民工子女受教育"等问题的社会调查和研究性学习活动，要求学生在全面了解"农民工"生产生活现状的基础上，分析"农民工"问题的主要症结，探索解决"农民工"问题的有效对策，使学生在实践中获得有关"农民工"问题的第一手资料，培养调研能力和实事求是的精神。教学之余，我利用课程网络平台组织学生开展有关"农民工"问题的讨论和研究性学习，激发学生研究兴趣，延伸教学思考。正是在与学生的交流与互动过程中，我不仅获得了丰富的第一手调研材料，同时也拓展了"农民工"问题研究的视野和空间，增强了对"农民工"问题研究的动力和信心。"城镇化进程中的农民工问题"逐渐成为我相对集中和稳定的研究方向。

实证研究的过程充满艰辛与曲折，但收获却是多方面的。围绕"女性农民工权益保障""农民工社会保障""农民工绩效工资制度创新""农民工职业化""失地农民工失业救助""乡村文化自信"等问题，我成功申报省社会科学规划项目 2 项、省社会科学评审项目 1 项、省教育厅优秀青年项目 1 项和长沙市科技局科研项目 2 项。同时在《江汉论坛》《湖南社会科学》《财经论丛》等刊物上发表系列论文十余篇。近年来，我指导学生成功申报湖南省大学生创新性研究项目 1 项，指导学生获得"湖南省思想政治教育研究性学习成果竞赛"一等奖 1 项，三等奖 1 项，优胜奖 2 项。

本书是我所主持的"农民工问题研究"系列项目的综合性成果。在项目研究的基础上，整合近几年来公开发表的相关文章和调查报告，结合当下我国农民工权益保护与社会保障的实践进行思考而写成本书。本书从城镇化进程的角度，对农民工基本权益保障、农民工生存发展必备条件以及农民工职业化发展进行了初步研究和探讨，以期能为当下的城镇化建设和农民工社会问题的解决建言献策。随着中国特色社会主义进入新时代，农民工权益保障和发展将注入新的时代内涵，因此，农民工权益保障和发展问题研究也必然会出现大量的新内容与新方向，在本书研究的基础之上，我们将与时俱进，及时跟进农民工权益保障和发展问题相关研究，为最终实现农民工市民化一尽绵薄之力。

在本书的写作过程中，我得到了长沙学院领导和马克思主义学院同事的指导和帮助，在项目研究过程中，长沙学院和湖南商学院的学生协助本人做了大量的社会调查和统计分析工作，付出了艰辛的劳动。在此，谨向给予我支持、鼓励和帮助的领导、同事及同学们致以崇高的敬意和由衷的感谢！

侯旭平

2018 年 8 月

目录 Contents

第一章 绪 论 …………………………………………………………… 1

一、问题的提出 ………………………………………………… 1

二、研究目的与意义 …………………………………………… 3

三、国内外研究现状综述 ……………………………………… 5

四、研究主要内容 ……………………………………………… 8

五、研究思路与方法 …………………………………………… 9

第二章 城镇化进程中农民工权益保障 …………………………… 12

第一节 城镇化进程中农民工政治参与权益保障 ………… 12

一、农民工政治参与的主要困境 …………………………… 13

二、农民工政治参与困境的成因分析 ……………………… 16

三、农民工政治参与权益保障的对策建议 ………………… 17

第二节 城镇化进程中农民工劳动权益保障 ……………… 19

一、样本分析 ………………………………………………… 19

二、农民工劳动权益保障现状及问题 ……………………… 23

三、农民工劳动权益保障缺失成因分析 …………………… 27

四、农民工劳动权益保障的对策建议 ……………………… 30

第三节 城镇化进程中农民工子女受教育权益保障 ……… 31

一、样本分析 ………………………………………………… 32

二、农民工子女受教育权益现状及存在的问题 …………… 34

三、农民工子女受教育权益缺失成因分析 ·················· 37

四、农民工子女受教育权益保障的对策建议 ·············· 38

第四节 城镇化进程中女性农民工权益保障问题 ············· 40

一、女性农民工权益保障现状 ·························· 40

二、女性农民工权益保障的主要问题 ···················· 43

三、女性农民工权益保障缺失的成因分析 ················ 46

四、女性农民工权益保障的对策建议 ···················· 48

第三章 城镇化进程中农民工薪酬制度创新 ················ 52

第一节 城镇化进程中农民工劳动报酬现状分析 ············· 52

一、农民工劳动报酬保障现状及问题 ···················· 53

二、农民工劳动报酬问题的成因分析 ···················· 56

三、农民工劳动报酬保障的对策建议 ···················· 58

第二节 城镇化进程中农民工绩效工资制度创新 ············· 62

一、绩效工资制度及其理论依据 ························ 62

二、企业绩效工资总量及农民工工资总量的确定及实证分析 ········ 64

三、农民工团队绩效工资与个人绩效工资制度构建 ·········· 67

第三节 城镇化进程中农民工工资集体协商机制完善 ········· 71

一、建立并完善农民工工资集体协商机制的意义 ············ 72

二、农民工工资集体协商机制存在的问题 ················ 72

三、制约农民工工资集体协商机制实施的因素 ·············· 75

四、完善和推进农民工工资集体协商机制的对策建议 ········ 77

第四章 城镇化进程中农民工生产生活条件改善 ············ 82

第一节 城镇化进程中农民工住房保障问题 ··············· 82

一、农民工居住条件现状和需求 ························ 83

二、农民工住房条件保障存在的问题 ···················· 87

三、农民工住房条件保障缺失的原因分析 ················ 90

四、农民工住房条件保障的对策建议 ···················· 92

第二节　城镇化进程中农民工安全生产问题 …………………… 96

一、农民工安全生产保障现状 …………………… 96

二、农民工安全生产中的主要问题 …………………… 100

三、农民工安全生产保障缺失的成因分析 …………… 102

四、农民工安全生产保障的对策建议 ………………… 104

第五章　城镇化进程中农民工社会保障机制完善 …………… 107

第一节　城镇化进程中农民工养老保险机制完善 ………… 107

一、样本分析 …………………… 108

二、农民工养老保险现状 …………………… 110

三、农民工养老保险存在的困境 …………………… 113

四、农民工养老保险困境的成因分析 ………………… 117

五、农民工养老保险机制的完善和发展 …………… 119

第二节　城镇化进程中农民工医疗保险机制完善 ………… 122

一、样本分析 …………………… 122

二、农民工医疗保险现状 …………………… 129

三、农民工医疗保险存在的缺陷 …………………… 133

四、农民工医疗保障缺陷的成因分析 ………………… 135

五、农民工医疗保险机制的完善 …………………… 137

第三节　城镇化进程中农民工工伤保险机制完善 ………… 138

一、农民工工伤保险的基本现状 …………………… 138

二、农民工工伤保险存在的问题 …………………… 141

三、农民工工伤保险问题的成因分析 ………………… 144

四、农民工工伤保险机制的完善和发展 …………… 146

第四节　城镇化进程中失地农民失业救助 ………………… 149

一、问题的提出 …………………… 149

二、城镇化进程中失地农民失业救助现状及困境 ……… 150

三、影响失地农民失业救助效果的相关因素 ………… 155

四、失地农民失业救助困境的破解路径 …………… 157

第六章　城镇化进程中农民工职业化发展…………………………… 160

第一节　城镇化进程中农民工就业机制的完善………………… 160

一、样本分析 ……………………………………………… 161

二、农民工就业现状及问题 ……………………………… 163

三、农民工就业问题的成因分析 ………………………… 167

四、完善农民工就业机制的对策建设 …………………… 170

第二节　城镇化进程中农民工职业培训机制创新……………… 172

一、样本分析 ……………………………………………… 173

二、农民工职业培训存在的主要问题 …………………… 175

三、影响农民工职业培训的因素分析 …………………… 177

四、农民工职业培训协同机制创新 ……………………… 179

第三节　城镇化进程中农村劳动力迁移与地区物价指数变动… 181

一、研究背景 ……………………………………………… 181

二、农村劳动力迁移变动情况 …………………………… 182

三、地区物价指数变动情况相关分析 …………………… 185

四、农村劳动力与物价指数的互相影响 ………………… 186

五、有效协调农村劳动力迁移与地区物价的上涨 ……… 190

第七章　城镇化进程中农民工权益与发展前景展望……………… 193

一、"决胜全面建成小康社会"战略举措的提出为农民工权益保障
　　与发展问题的解决提供了重要保障 ………………… 193

二、"中国梦"的顺利推进为农民工权益保障与发展工作注入了
　　强大动力 ……………………………………………… 194

三、社会保障制度的日益完善将进一步推动农民工权益保障与
　　发展工作走向规范化和制度化 ……………………… 195

四、"中国特色社会主义进入新时代"将为农民工权益保障与发展
　　注入新的时代内涵 …………………………………… 196

五、"乡村振兴战略"的实施将为农民工权益保障与发展问题的解
决提供具体实现路径 ………………………………………… 196

参考文献 ………………………………………………………… 198

附 录 …………………………………………………………… 213

第 一 章
绪 论

一、问题的提出

2001 年诺贝尔经济学奖获得者美国经济学家约瑟夫·斯蒂格利茨（Joseph Stiglitz）认为影响 21 世纪社会进程的重要因素主要有两个：一个是美国的高科技创新，另一个则是中国的快速城镇化过程。城镇化是工业化的必然产物，是现代化的必经之路。城镇化也称为城市化，通常指一个国家或社会在工业化和现代化进程中，人口、资本不断从农村向城市聚集，城市人口达到总人口的一定比例，社会由以农业为主的传统乡村型社会向以工业和服务业等非农产业为主的现代城市型社会逐渐转变的历史过程。完整意义上的城市化，不仅包括农村人口向城市人口的流动，还应包括转入城市的农村人口获得与城市人口平等的社会权益与公共服务，在文化、心理等方面全面融入城市，从而实现市民化的过程。在世界城市化快速发展的背景下，我国的城镇化发展突飞猛进。据统计，2012 年，中国城镇化率突破 50%，中国城镇人口首次超过农村人口，标志着中国城镇化进入快速发展阶段。2017 年，中国城镇化率达 58.52%，其中户籍人口城镇化率为 42.35%，相比 1978 年的 17.92%，中国城镇化率提高了 40.6 个百分点。尽管如此，中国城镇化水平依然偏低，大大低于高收入国家 70%。因此，中国城镇化的道路依然漫长而艰巨。

农民工是伴随着我国城市化和工业化进程而产生的一支新型劳动力大军。

农民工是指在本地乡镇企业或进入城镇务工的农业户口人员，是我国特有的城乡二元体制的产物，是我国制度变迁和社会转型期所出现的特殊群体。[①] 从职业身份上说，农民工已属产业工人，但从户籍身份上说，农民工仍然是农民。学界对于农民工的界定有广义和狭义之分，广义的农民工既包括在本地乡镇企业就业的离土不离乡的农村劳动力，也包括外出进入城镇从事二、三产业的离土又离乡的农村劳动力；狭义的农民工主要是指后一部分人。[②] 自 20 世纪 80 年代以来，伴随着改革开放步伐的加快和城市化进程的不断推进，中国农民工总量持续增加，截至 2017 年，中国农民工总量已达到 28652 万人。

农民工是推动我国经济社会发展的重要力量。目前，农民工已渗入环卫、建筑、保洁、绿化、家装、家政等城市运转的方方面面，在城镇化建设中发挥着不可替代的作用。很难想象没有农民工的服务，城市该如何实现良好运转。理论上，作为一种良好的预期，农民工可以充分利用城市的设施和条件，全面地融入城市生活，从而转变为一个名副其实的城市人。然而，由于我国现行户籍制度和社会保障制度的局限性，农民工虽然工作在城市、居住在城市、生活在城市，却很难平等地享受到社会发展成果与公共服务，甚至连基本的权益都得不到保障，成为城市和农村社会中的"边缘群体"，其生存和发展状况令人担忧。

随着城镇化进程的加快，农民工"流入容易、融入难"问题日益凸显，农民工权益保障和发展问题已成为制约城镇化进程的重要瓶颈，已然演变成现阶段我国社会发展中的重大问题。如何在保护农民工合法权益，解决农民工工资收入、养老、医疗、教育、生活条件及安全生产等方面民生保障问题的基础上，推进农民工职业化发展，是中国城镇化进程中不可回避的现实问题。

我国农民工权益保障与发展问题研究虽然已不是学术界的最新选题，但却是当下我国经济社会发展转型时期非常重要且迫切需要解决的问题。解决好农民工权益保障和发展问题既是"以人为本"发展观的体现，也是推动工业化、城

---

① 许经勇. 我国城镇化进程中的"农民工"及其演变趋势[J]. 攀登，2003(6).

② 徐进. 新型城镇化进程中的社会保障责任——社会保障助推农民工市民化研究[J]. 黑河学刊，2014(7).

镇化健康发展的必然要求，它不仅关系到农民工自身价值的实现和我国城镇化事业的可持续发展，而且关系到我国社会政治稳定和全面建成小康社会的大局。

二、研究目的与意义

（一）研究目的

本书从全面建成小康社会与新型城镇化建设的目标和要求出发，结合我国城镇化建设实践，对农民工权益保障与发展问题进行系统研究，旨在全面把握农民工权益保障与发展问题现状，系统构建农民工权益保障与发展体系，创新城镇化进程中农民工权益保障与发展运行机制，形成农民工权益的社会保护大格局，以期为农民工权益保障与发展问题的解决提供可操作性的方案与途径，为政府相关政策的制定提供依据和参考性建议。

1. 科学阐释城镇化进程中农民工权益保障与发展的基本内涵

其一，本研究坚持传统的"生存型"权益保障向"发展型"权益保障转变的理念，从政治参与权、劳动权、子女受教育权、女性农民工特殊权益等具体权益入手，科学阐释城镇化进程中农民工权益保障的基本内涵；其二，坚持人的充分自由发展与社会发展相结合，探索农民工职业化和市民化的基本内涵。

2. 客观反映城镇化进程中农民工权益保障与发展现状

本研究通过实证研究，全面把握城镇化进程中农民工权益保障与发展现状，客观分析城镇化进程中农民工权益保障与发展面临的现实困境及其成因，为构建农民工权益保障机制、解决农民工发展问题提供现实依据。

3. 系统构建与完善城镇化进程中农民工权益保障与发展体系

本研究遵循系统性原则，立足于我国现实国情与农民工生活、生产现实需求，在对现有的有关农民工权益保障与发展政策、制度及法律法规进行适应性分析的基础上，系统构建农民工权益保障与发展体系，包括内容体系、制度体系、服务体系和监测体系。

4. 创新城镇化进程中农民工权益保障与发展运行机制

本研究厘清政府、社会、企业职责，构建适合我国国情的国家、社会、企业和农民工"四位一体"的农民工权益保障与发展运行机制,为农民工权益保护和发展问题的顺利解决和工作开展提供可操作性的方案,为政府制定相关政策提供依据和参考性建议。

(二)研究意义

1. 理论意义

第一,本书立足于工农民生存与发展现状,从全面建成小康社会目标与新型城镇化建设要求出发,探索城镇化进程中农民工权益保障与民生保障问题,将有利于推进中国特色社会主义理论的发展。

第二,本书对农民工权益保障的内容体系、制度体系、综合服务体系及动态监测体系进行整体优化与创新,将进一步促进社会保障学、管理学、经济学、法学与社会学等学科理论的发展。

第三,本研究综合运用马克思主义理论、法学、社会保障学、管理学、经济学、社会学等多学科研究成果和研究方法,强化多学科交叉和边缘学科研究方法的融合,有利于拓展城镇化进程中农民工问题研究的视野和思维,有利于产生跨学科、综合性和系统化的理论创新成果。

2. 实践意义

本课题成果无论对农民工而言还是对政府和城乡社会而言,均有较大的现实意义和应用价值。

第一,有利于保障农民工合法权益,维护社会稳定。有效地解决农民工权益保障和发展问题,既是保障农民工共享现代化、城镇化发展成果的需要,也是促进公平正义,实现全面建成小康社会目标、构建社会主义和谐社会的重要保障。

第二,有利于破解城镇化进程中的现实难题,推进我国新型城镇化的健康发展。城镇化的本质和核心是人的城镇化,坚持"以人为本"的理念,探索解决农民工权益保障和发展问题的有效对策,将有助于改变农民工弱势群体地位,全面提升农民工职业化水平,使农民工更好地融入城市,从而提高城镇化建设水平和质量。

第三,有利于破解"三农"问题新老难题,促进城乡经济协调发展。研究成果最终为政府制定农民工权益保障法律法规、出台农民工社会保障政策提供依据和参考性建议,不仅能有效解决农民工生存、发展问题,而且能促进城乡经济协调发展。

三、国内外研究现状综述

(一)国外相关研究状况综述

农民工是中国改革开放过程中快速推进工业化和城镇化形成的特有现象,因此相关研究文献国外很难找到。但农民群体进入城市就业问题的研究,一直是国外经济学和社会学研究的热点。西方发达资本主义国家对农村劳动者劳动权益的保护主要从工业革命开始,受工业革命影响,社会经济结构产生了巨大的变化,特别是农村经济结构发生根本性的变化,大量的农村劳动力拥入城镇。在经济危机时期,由于经济萧条,大量工厂关闭,进入城市就业的农村劳动力失去工作,生活无以为继。为解决这一问题,政府制定了一系列政策,如英国政府颁布《工人住房法》和《劳动补偿法》等,来解决贫民窟问题和劳动者权益问题。德国政府通过了关于穷人权利的法律,并以农村劳动力就业为背景,建立了全国性的社会保障体系,逐步完善了农村社会保障制度。法国在19世纪下半叶就建立了廉租房制度,"二战"后得到发展,至今已有一个多世纪的历史。英国在19世纪末和20世纪初、美国在20世纪60年代建立起廉租房制度。改革开放后,中国的社会保障问题引起了国外学者的关注,农民工的社会保障问题同时也进入了国外学者的研究视野。不同的学者针对这一问题提出了不同的看法,如有学者认为,城乡户口迁移的主要障碍是中国的户籍制度,它扩大了城乡差距,从而阻碍了移民,而维护社会长期稳定的途径是建立社会保障制度,加强社会控制;也有学者研究发现,城乡隔离的直接后果是政府的社会保障不能覆盖广大的农村地区,只有城市居民才能享受到相应的服务。他们认为,要按照社会生产力的发展水平,有序地管理社会保障,通过制定和执行相关政策来实现农村流动人口的社会保障。

(二)国内相关研究状况综述

我国学者关于农村劳动力迁移方面的研究起步较晚,从实际劳动形态来看，我国农民工劳动权益问题的出现始于 19 世纪以来近代工业革命，工业化情境下，农民开始由农村向城镇转移，开始出现各种制度、用工成本、人力资本等因素影响农民工劳动权益。但实际上，农民工劳动权益问题更多与改革开放以来不断变化的城镇化、城乡统筹及二元经济结构等背景有关。[①]

1983 年，社会学家张雨林教授最早提出"农民工"一词，国内学开始了对农民工问题的关注。进入 21 世纪后，农民工问题成为理论界关注重点问题，学者们围绕农民工群体的出现、农民工社会保障现状与问题、农民工社会保障制度改革的必要性以及改革思路等展开了全面的研究和激烈的讨论，提出了大量的富有启迪性的观点和主张，有的理论成果已经上升为政策和法律。总结近十年来的有关农民工权益保障的文献资料，国内学者主要有以下几个研究方向：

1. 从宏观角度研究农民工权益保障

本书内容涉及农民工权益保障缺失的主要表现、原因及保护措施等诸多方面。赵小士、于大川等（2016）从宏观的角度对新生代农民工的劳动报酬权、休息休假权、社会保障权等劳动权益等现状进行了全面的调查分析，并认为由此所引发的利益诉求冲突已成为影响社会经济秩序的重要因素。[②]王志金（2014）全面分析了农民工权益受侵害的表现形式和主要原因，并从宏观的角度提出解决措施。丁富军、吕萍（2010）从宏观上研究了我国户籍制度的改革，指出"由于户籍制度在我国存在的长期性和普遍性，且与户籍制度相关的政策、制度及利益关系的复杂性、多元性，盲目改革户籍制，会给我国原本脆弱的公共管理和社会保障体制带来进一步压力"。[③]

2. 对农民工具体某项权益进行研究

蒋月等（2006）采用理论研究和实证调查等方法，全面分析了农民工劳动权利保护中存在的问题、原理，认为完善我国的劳动法制度是农民工权益保护的关键，并提出了保护农民工权益的宏观思路和具体对策。张跃进（2007）、谢建

① 谢勇.农民工劳动权益影响因素的实证研究——以南京市为例[J].中国人口科学，2008（4）.

② 赵小仕，于大川.新生代农民工劳动权益保护问题探析——以广东省为例[J].重庆工商大学学报（社会科学版），2016（1）.

③ 丁富军，吕萍.转型时期的农民工住房问题[J].公共管理学报，2010（1）.

社(2009)、龚维斌(2010)等着重考察了农民工政治权益的现状与问题。指出"当前农民工既无法正常在户籍地行使自己的选举权和被选举权,也无法在居住地行使政治权利"。张建国、王文江等(2013)侧重于农民工子女受教育权的研究,认为依法保障农民工子女平等受教育权是中国城镇化快速健康发展的前提,在立法上对农民工子女平等受教育权加以保障最为根本也最富实效。卢斌(2014)则通过对建筑行业农民工的劳动卫生情况的调查,分析了农民工安全方面存在的问题,并提出相关的解决措施。而随着时代的进步,学者们也开始关注农民工的心理健康与文化需求等问题。

3.对农民工权益保障进行群体差异性研究

苏映宇借助西方经济学、社会学及女权主义等理论分析了女性农民工劳动权益保障的现实状况,强调既要重视和尊重女性农民工在城镇化建设中的劳动主体地位,又要从女性农民工的劳动特质出发,持续探索女性农民工特殊劳动权益保护的有效路径,完善劳动权益保障的性别策略。① 栗阳、冯果等一大批学者对新生代农民工的权益保护进行了差异化研究,分析了新生代农民工权益保障的现实困境与发展途径。胡彦飞、杨明等则从行业的特点及要求出发,分析了农民工权益保护的现状及对策。

4.从某一学科角度研究农民工权益保障

王立平、丰雷等从政治学的角度分析了农民工权益保障缺失的深层次原因,认为农民工之所以会存在诸多问题,是因为存在城乡二元户籍制度、就业制度、分配制度方面的缺陷和农民工话语权的缺失是引起农民工权益保障缺失的深层次原因。陆学艺、李培林、戴卫东等从社会学角度分析了农民工产生的根源及权益保障问题。郑功成、谢淑萍、陈爱云等从社会保障学的角度,分析了农民工社会保障制度以及具体的工伤、医疗养老、失业、最低工资标准等方面的问题。朱孝彦、王蕴哲、郭建华等从法学的角度对农民工权益的内容、法律保护措施等进行了研究。

---

① 苏映宇.城镇化进程中女性农民工劳动权益保障研究[J].福建师范大学学报,2016(2).

（三）国内外研究评述

国内外学者关于劳动者权益保障和弱势群体的社会保障问题的研究理论成果相当丰富，可为本课题研究提供理论基础以及研究程序、内容、方法等方面的参考。但由于农民工权益保障与发展问题涉及面广，影响因素复杂，加之国内研究起步较晚，因此还存在许多研究的空间和需要完善之处。

其一，在农民工权益保障的内涵研究上，现有研究更多停留在"生存性保障"层面，对"发展性保障"层面的内涵挖掘不够。

其二，在农民工权益保障与发展问题的成因分析与对策研究方面，现有研究过度强调法律与制度管理因素，容易忽视心理因素、社会环境等其他非制度因素；过度强调制度体系建设，忽视了综合服务体系建设和动态监督体系构建。

其三，在研究视角上，现有研究大多是从某学科领域展开，缺少多学科交叉和边缘学科研究方法的整合。

其四，在比较研究方面，地区差异性研究与性别差异性研究还相对薄弱，有必要对东中西部地区、大中小类型城市的农民工相关问题进行比较研究，同时，加强女性农民工特殊权益与社会保障的研究，从而有针对性地制定政策和措施。

综上所述，对城镇化进程中农民工权益保障的特殊性及全面性、系统性的研究，还需进一步加强。

四、研究主要内容

本书立足于全面建成小康社会目标与新型城镇化建设目标，从农民工基本权益保障、农民工生存发展必备条件、农民工职业化发展三个层次对当前农民工权益保障和发展问题进行系统研究。通过实证研究，科学把握农民工权益保障和发展的现状与困境，深入分析影响农民工权益保障与发展的主要因素，在此基础上探索适合我国国情的解决农民工权益保障与发展问题的有效对策。

全书由七章构成：第一章主要阐述农民工权益与发展问题提出的背景、研究目标与意义、国内外研究现状、研究内容与方法等；第二章分别从农民工政治参与权益、劳动权益、子女受教育权益及女性农民工特殊权益入手，全面分析农民工权益保障的现状、问题及对策；第三章主要从农民工绩效工资制度创新、工资集体协商制度的完善等角度，探讨提高农民工工资收入的有效对策与路径；第四章主要分析了农民工生活条件与安全生产方面面临的现实困境及破解路径；第五章系统研究了农民工养老保障、医疗保障、工伤保险及失业救助等社会保障问题，提出了系统构建农民工社会保障体系的对策建议；第六章以就业机制与培养培训机制创新为重点，探索农民工职业化路径。第七章立足于中国特色社会主义新时代背景，对农民工权益保障与发展问题进行前景展望。

五、研究思路与方法

(一)研究思路

本书在法治理论、人权理论、和谐社会理论的基础上，根据"社会调查—描述现状—探究根源—提出对策"的思路，系统分析了我国农民工权益保障存在的问题及解决对策。首先，通过文献梳理、问卷调查，全面把握农民工权益保障与发展问题现状；其次，从农民工自身素质、劳动力市场制度、城市用工政策等方面入手，剖析影响农民工权益与发展的主要因素；最后，结合实证分析结果，构建适合中国国情的农民工权益保障与发展的支持体系和理论框架，并提出该体系和框架的运行之策。技术线路图如图 1–1 所示。

(二)研究方法

本研究坚持理论与实证相结合、定性与定量相结合、微观分析与宏观分析相结合、静态描述与动态分析相结合的原则，对城镇化进程中农民工权益保障与发展问题进行系统研究，客观反映了农民工权益保障与发展的现状与困境，架构出农民工权益保障与发展机制的理论框架，提出运行这种机制的要素与途径。具体研究方法如下：

1. 文献梳理法

通过梳理国内外关于农民工保障与发展问题的相关文献资料，了解该问题研究的现状、存在的不足，从中得到启示；通过查阅改革开放特别是党的十六

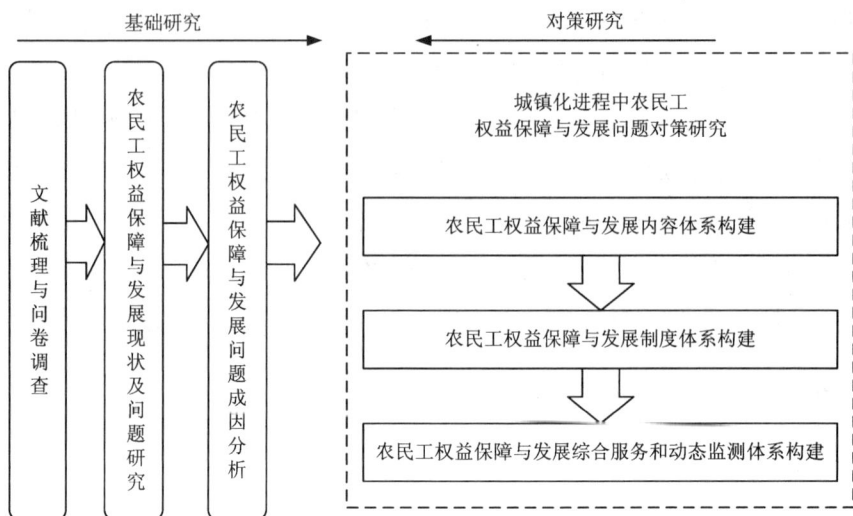

图 1-1 研究路线图

大以来党中央关于解决农民工问题的相关政策及法律法规，全面把握农民工权益保障与发展问题的制度建设与实践进展情况。主要采取两条途径：一是通过本单位图书馆、资料室等进行文献查询；二是利用互联网进行查询。

2. 社会调查法

深入到城建、民政、文化、教育部门、企业及农民工居住社区，采用问卷调查、访谈等形式，调查农民工工作、生活、生存状况，了解农民工在城镇化进程中面临的现实困境。通过对问卷、访谈资料的分析与综合，提出解决农民工权益保障与发展问题的对策和路径。

3. 比较研究法

一是通过对调查获得的农民工权益保障与发展问题的资料与信息进行比较、分析、整合，得到有助于开展项目研究的新信息。二是通过对国内外农民工权益保障与发展工作的做法进行比较分析，创新农民工权益与社会保障制度体系、服务体系和监测体系。

4.典型案例分析法

通过对典型的农民工权益保障与发展问题个案进行实证考察和实地调查，获得比较真实的第一手资料，然后对资料进行定量分析与定性分析，从中得出一些具有一定现实意义和指导价值的理论与方法。

第 二 章
城镇化进程中农民工权益保障

农民工问题很多，但多数问题最终都与权益有关，促进农民工市民化的过程也是保护农民工权益的过程。农民工权益是指法律赋予农民工的经济、政治、文化与社会救济等基本权利及合法利益。既包括宪法确认并赋予的公民基本权利，也包括国家法律法规所规定的有关劳动者的权益。农民工在我国城镇化进程中发挥着不可替代的作用，是推进我国工业化进程、城镇化进程的重要力量。然而在现实生活中，他们的合法权益却得不到有效保障，政治权益、劳动权益、财产权益、人格尊严权益等经常遭受侵害。如果不改变这种尴尬的局面，从微观方面上看会挫伤农民工的工作积极性，从宏观方面上看会破坏社会的公平正义，阻碍城镇化进程，影响社会主义和谐社会的构建。保护农民工合法权益，是农民工共享社会发展成果的重要保障，也是全面建成小康社会、构建社会主义和谐社会的重要基石，更是"新型城镇化"的题中应有之义和内在要求。

第一节   城镇化进程中农民工政治参与权益保障

农民工政治参与权是农民工政治权益的重要组成部分和集中体现，农民工合理有序的政治参与对推进我国政治民主化、现代化意义重大。在实际生活中，由于制度限制以及农民工公民意识不强等因素的影响，农民工政治参与权益的有效实现面临诸多困境与挑战，这不利于我国民主政治发展和社会稳定。

一、农民工政治参与的主要困境

农民工政治参与是指农民工通过自己合法有序的行动而影响政府、社区、工作单位或组织公共决策的行为。农民工日常的政治参与行动主要包含基本的维权参与、选举行为等合法的利益诉求和表达。[①] 随着我国城镇化进程的加快和民主政治的发展，农民工政治参与诉求不断增强，尽管我国政治参与的制度设计日益完善，但农民工政治参与仍面临参与率不高、参与渠道不畅、参与效能弱化等困境。

(一)农民工政治参与渠道狭窄

从理论上讲，农民工的政治参与有回乡参与农村社区的政治活动、单位或其所在组织的政治活动、城市社区组织的政治活动等三种形式。但由于农民工在我国城乡二元结构中"亦农亦工，亦乡亦城""非农非工，非乡非城"的特殊身份，使得他们成为"流动中的政治人"，他们既无法有效地参与农村社会的政治生活，又不能在居住地和工作地的城市很好地行使自己的民主权利，他们的政治参与渠道狭窄，政治参与权利空置。

1. 农民工在农村的政治参与权益难以实现

农村是农民工的户口所在地，村民自治和村委会选举是农民政治参与的主要渠道，但大多数农民工进入城市后回村参与政治活动的参与率不高，效果不理想。首先，农民工回乡参与村委会选举的比例很低。调查发现，只有20%左右的调查对象参加过家乡的最近一次村委会选举，而80%的农民工没有参加过。其中没有参加选举的原因主要是对选举有关信息不了解，约有40%的调查对象选择了"我未接到选举通知"的理由来解释自己没有参与选举，有24%的调查对象表示"对候选人不了解"。其次，农民工回乡参与政治活动的效果不佳。农村政治参选方式不利于农民工真实意愿的表达，在参加选举的农民工中，只有占52.5%的人是亲自回村参加选举的，请别人代投的占到36.4%，函

---

① 邓佳斌.农民工政治参与：困境与反思[J].理论导刊,2014(6).

投的占 6%，通过其他方式投票的占 5.1%。尽管我国法律未规定村委会选举一定要本人亲自参加，但是亲自参加选举比其他方式能够更为真实地表达农民工本人真实的意愿。

2. 农民工在城市的政治参与权益缺乏正式的制度保障

城市是农民工长期生活和工作的地方，是农民工的希望所在，与他们的利益有着密切的关联。因此，大多数农民工有着强烈的参与城市管理、表达自己利益和维护自我权益的愿望，他们的政治诉求与日俱增。调查数据显示，有超过 85% 的人认为应该成立农民工工会或农民工协会之类维护农民工利益的组织，有 75% 的人明确表示愿意加入农民工工会或农民工协会。有 28% 的农民工认为参加民主选举很重要，有 22.6% 认为比较重要。

由于户籍制度的原因，农民工往往被排除在所居住社区的选民资格之外，加之很多社区居民不愿意接纳农民工参与其社区公共事务管理，因此即使农民工有强烈的社区政治参与期望，也无法在正式的制度保障之下有效地参与到社区政治活动中去。调查发现，参加过社区选举的农民工只不到 6%，绝大多数人没有参加过所在城市社区的居委会选举，其中由于"没有资格"而未参加的占到 48%，"不想参加"的约占 30%，"无暇参加"的占 13.8%。与此相对应，社区服务机构为农民工所提供的更多是公共救助，而政治参与权利的保障则极少涉及。另外，很多农民工由于根本无具体或稳定的单位可言，因此参与单位或组织的政治活动更无从谈起，少数在正式单位或组织工作的农民工也几乎没有参与职工代表大会、工会等政治活动。①

（二）农民工政治参与动机的功利化

绝大多数农民工涌入城市的主要动力是增加经济收入，因此，"以经济利益为中心"往往成为农民工行为决策的依据。农民工往往也会权衡经济利益，有选择性地参加政治参加活动。一般而言，外出农民工政治参与的成本付出与利益获取是欠平衡的，这严重制约了农民工政治参与的主动性：其一，多数农民工认为回乡参与政治活动的成本太大。农民工是一个流动性、分散性强的阶

---

① 邓佳斌.农民工政治参与：困境与反思[J].理论导刊，2014(6).

层，许多农民工跨省就业，路途遥远，为了节约开销，即便是农忙时节甚至是春节他们都会选择不回家。农民工想要回乡参与家乡的政治活动，不仅需要专门请假停工，承担一系列显性的成本支出，如误工费、交通费、访友费等的多项开支，还可能承担扣奖金甚至是失业的各种风险。农民工通常会选择委托投票的方式参与选举，委托的也仅仅是投票权，而不是选举权；其二，农民工认为回乡进行政治参与的收益低。只有当村委会政治活动有足够的社会收益时，才会吸引农民工回乡参与，农村的激励政策和资金有限，不足以引起农民工的重视，返乡进行政治参与被认为收益低甚至没有收益，不少农民工宁愿放弃政治参与的权利。调查发现，16%的农民工认为"选举对个人来说不重要"，有10%的则认为选举太麻烦，更有8%的农民工认为"选举对本人没有什么好处"。

（三）农民工政治参与价值认识模糊

农民工政治参与不仅关系着我国的民主政治进程，影响政府工作的有效运行，而且对农民工自身素质的提高和权益的保障具有重要的意义和价值。农民工只有正确认识到这一点，才能够提高政治参与的主动性和效能。农民工对自身政治参与的意义和价值认识并不清楚。这突出表现为：其一，对政治参与的价值意义认识模糊。调查显示，有将近50%的人不清楚参加人大代表选举的价值，多数出于从众心理参加选举，没有将选举权看作自己神圣的政治权利。有很多甚至认为参加选举没有意义，浪费时间。"政治参与无用论"成为制约农民工进行政治参与的重要因素。其二，政治参与服从性强。多数农民工的政治参与行为属于服从性参与或被动性参与，是受到他人命令、动员或暗示等而形成的。如在回答"为什么要参加选举"时，认为"这是公民的义务"的占62.8%，回答是"村里要我参加"的占28%，还有8%的人是出于怕得罪人的心理而参与选举，其有明确的目的性，而主动参加选举的农民工不到20%。

二、农民工政治参与困境的成因分析

(一)政治参与制度的缺陷

在依法治国方略的推进下,我国的政治制度体系日趋完善。按照实体法律制度,我国公民享有广泛的政治权利,不仅有权选举人民代表、反映和表达自己的愿望与要求,同时也可以通过立法听证、行政听证等形式直接参与法律法规以及政策的制订;在城乡基层群众性自治组织中,公民还有直接参加民主选举、民主决策、民主管理和民主监督等民主自治权利。但从我国公民政治参与实践来看,由于程序法律制度相对滞后和缺乏可操作性,导致公民政治参与缺少"刚性"的制度保证,严重影响了公民政治参与的实效。在各种基层民主的选举中,由于缺乏必要的信息公开制度和完善的竞选程序,农民工往往由于不能全面了解候选人的素质和能力而感觉自己参与选举的行为无足轻重,自己的选举权利并没有得到较好的保障。

(二)政治参与效能感弱化

对政治参与主体而言,政治参与效能感是指政治参与者对自身政治行为效果的主观推测,即对政治参与功效的评价。在政治参与活动中,当农民工意识到自己的政治参与行为重要时,他们往往会积极去参与,甚至不计较成本;相反,如果他发现自己的政治参与行为无足轻重甚至只是种形式时,他就会不太在意自己的参与行为,甚至放弃参与。调查显示,在放弃选举权的农民工中,有 32.7% 的人认为"上面都定好了",17.2% 的人认为"我的一票起不到什么作用"。由此可见,农民工政治参与率低也与他们的政治效能感不强有关。

(三)政治参与的组织载体缺乏

政治参与组织保障是使农民工政治参与落地生根并且实现常态化运行的基础。我国目前基础性的政治组织主要有工会和党团组织,农民工由于分布散、流动性大,往往不能很好地参与到工会和党团组织中去。尤其是我国目前仍按照传统模式即在户口所在地发展农民工党员,这导致农民工入党比较困难,农民工中党员比例偏低，而即使已经是党员的农民工，由于没有正常的获取政治信息和进行组织联系的渠道，也难以享受正常的党团政治生活。有半数以上的农民工党团员外出就业后，便失去了与党团组织的联系。农民工权益遭受侵害时，通常会寻求非制度化政治参与，其主要原因是缺乏相应的组织平台。农民工渴望通过在打工的地方建立一定的组织或机构来代表其群体利益，有85%的人认为应该成立农民工工会或农民工协会。

(四) 农民工自身素质的限制

一方面，我国进城的农民工以初中生和高中生为主体，占68.8%，偏低的文化水平严重制约了他们的思维，阻挡了他们的视野，也限制了其政治参与的广度和深度；另一方面，我国目前尚未建立农民工政治参与培训机制，这使得农民工在政治参与方面的盲目性和被动性增强。

三、农民工政治参与权益保障的对策建议

加强顶层的、体系化的制度设计，化解农民工的政治参与困境，切实保障和落实农民工的政治参与权益，是新时代民主政治建设的一项紧迫任务，也是国家与社会良性互动的重要保障。

(一) 加大对农民工的公民意识教育

总体上来说，农民工群体是一个公民意识欠缺的群体，这严重影响了他们政治参与的积极性和主动性，而农民工政治参与实践的不足又导致其政治参与能力低下，政治参与效果欠佳。要提高农民工政治参与的效能，首先必须培养他们有效的公民意识，增强其作为公民的民主政治观念：第一，应建立以政府、社会、企业为主的公民意识教育的立体网络。要根据不同类型、不同层次的农民工选择不同的教育内容和教育方法，改变以往教育过程中重灌输轻培养、重义务轻权利、重形式轻实效的教育模式；第二，必须通过经常性的政治参与实践，培养农民工公民意识。各级政府和企业要真正树立公民本位的思想，正确解读"权利"与"权力"的关系，由"为民做主"转变为"由民做主"，对农民工政治参与给予真正的尊重、支持，通过动员农民工有序的政治参与实践来唤醒公

民的权利意识。

(二)完善农民工政治参与的制度设计

只有建立完善农民工政治参与制度机制，才能促进农民工政治参与的良性发展。针对目前制度化设计过于原则化、缺少操作性的现实，必须健全实体民主的方式、方法、途径，即完善程序民主，健全公民政治参与的运行机制。要细化选举等政治参与活动的具体注意事项和操作规程。在人大代表选举和基层选举中，要建立和实施严格的代表资格审查制度和信息公开制度，扩大公民特别是农民工群体的知情权；要健全农民工选民培训制度，保障农民工政治参与权利的有效行使。

(三)创新农民工政治参与路径

扩大农民工有序政治参与，必须不断探索农民工政治参与的新渠道、新途径。当前，我国公民政治参与渠道日益多样化，除了传统的参与方式外，政治体制外的社会组织如各种学会、协会以及新媒体日益成为公民政治参与的新型渠道。社会组织和新媒体在政治生活中对于综合、协调、表达公众意愿起着举足轻重的作用，它以群体意见表达的自由性和平等性赢得了农民工的青睐。农民工由于其在政治生活中处于弱势地位，致使其政治权益受到侵害时，往往选择依靠政治体制外的社会组织和网络媒体来进行意见表达。应尊重农民工政治参与渠道的选择，充分发挥社会组织和新媒体的政治媒介作用，通过积极的规范引导，使社会组织、网络平台真正成为农民工参与政治表达、政治监督的有效途径。

(四)全面、客观地反映农民工的诉求

全面、客观地反映农民工的诉求是提高农民工政治参与效能的重要保障。各级政府要在积极宣传党的路线方针政策、正确引导社会舆论的基础上，为农民工提供优质的信息和交流平台，切实保障农民工的知情权、参与权、监督权，增进农民工的相互理解和交流，引导农民工合理表达自身政治诉求。新闻媒体应该及时、客观、完整地报道与农民工生活有关、影响农民工有效参与社会决

策和社会判断的重大新闻和资讯，以便为农民工的理性判断提供最有力的信息保障。各级政府和企业要积极搭建农民工交流平台，促进农民工之间、农民工与企业、农民工与政府间的相互信任和良性沟通。

第二节　城镇化进程中农民工劳动权益保障

劳动权益是农民工生存和发展的基本权益，保护好农民工的劳动权益是更好地发挥其作用的前提条件，也是公民权利的本质体现。近年来，保护农民工劳动权益的政策和制度日趋完善，但在现实生活中，农民工的合法劳动权益却没有得到有效保障，受侵害现象时有发生，农民工的劳动权益保障有待进一步加强。

一、样本分析

（一）东部地区代表省份：北京

1. 农民工收入情况

（1）农民工收入增速加快。

调查发现，2017 年，北京农民工月平均收入为 3230 元，比上年增加 232 元，增长 7.7%，增速比上年提高 1.3 个百分点。在就业人数最多的 6 个行业中，除了批发零售业月均收入下降外，制造业、建筑业、居民服务业、公共管理社会组织月均收入比上年均有不同程度的增长。具体如表 2 - 1 所示。

表 2 - 1　北京市各行业农民工月平均收入情况

	2017 年/元	2016 年/元	增幅/%
农民工总体	3230	2998	7.7
制造业	3452	3181	8.5
建筑业	3630	3431	5.8
批发零售业	3104	3137	- 1.1

续表 2 - 1

	2017 年	2016 年	增幅/%
交通运输业	4133	4065	1.7
居民服务业	2916	2388	22.1
公共管理社会组织	2580	2341	10.2

数据来源：中国新闻网

（2）本地农民工收入增速快于外出农民工。

调查结果显示，2017 年，本地农民工月平均收入为 2985 元，比上年增长 11.3%；外出农民工月平均收入 3661 元，增长 2.5%；外出自营月平均收入为 4326 元，比上年下降 4.3%。

（3）接受过职业技能培训的农民工收入高、增速快。

2017 年，北京接受过职业技能培训的农民工月均收入为 3758 元，比上年增长 13.3%，比其他农民工高 24.4%，差额达到 738 元，增速比其他农民工高 7% 左右。

2. 农民工劳动权益保障情况

（1）签订劳动合同的农民工比重基本稳定。

2017 年，北京市农民工与单位或雇主签订了劳动合同的比重为 60.5%，与上年基本相当。其中，本地农民工签订劳动合同的比重为 50.3%，外出农民工签订劳动合同的比重为 78.8%。

（2）单位或雇主为农民工缴纳"五险一金"情况有所改善。

北京绝大部分的农民工都有医疗保险和养老保险，没有任何保险的农民工比例极低。截止到 2017 年底，有 99.7% 的农民工参加了新型农村合作医疗或城镇职工（居民）基本医疗保险，有 97.5% 的人参加了新型农村社会养老保险或城镇职工（居民）基本养老保险。

工作单位或雇主为农民工缴纳"五险一金"的情况有所改善，缴纳"五险一金"的单位或雇主比例比上年普遍有所提高，基本情况如表 2 - 2 所示。

表 2 - 2　北京市单位或雇主缴纳五险一金情况表

	2017 年/%	2016 年/%
缴纳养老保险	47.5	42.8
缴纳工伤保险	29.1	28.8
缴纳医疗保险	48.0	42.6
缴纳失业保险	35.1	31.4
缴纳生育保险	18.6	17.9
缴纳住房公积金	11.8	8.8

数据来源：中国新闻网

（3）单位或雇主拖欠工资情况为极个别现象。

2017 年，北京农民工工资被拖欠情况极为罕见，数量极为稀少，为极个别现象。政府采取措施及为严格，企业老板为避免违反政策和法令，对工资发放基本能按时发放。

（二）中部地区代表省份：湖南

1. 农民工收入情况

2017 年湖南外出农民工月均收入 3830 元，比上年增长 6.5%，增幅比上年放缓 0.1 个百分点。各主要行业收入均有增长。其中，制造业月均收入 3531 元，增长 7.3%；建筑业月均收入 4385.7 元，增长 7.7%。居民服务、修理和其他服务业月均收入 3473.8 元，增长 3.1%；批发和零售业月均收入 4031.3 元，增长 6.4%。

2. 农民工劳动权益保障情况

一直以来，湖南各级政府部门对农民工的生存状态和劳动权益保障格外重视，农民工的劳动权益保障水平也在逐年提高。一是参保水平有提高。2017年，湖南农民工由单位和雇主缴纳的养老保险、工伤保险、医疗保险、失业保险、生育保险和住房公积金的参保率分别为 15.0%、27.9%、16.2%、9.2%、6.6% 和 4.6%，比上年分别提高 1.1、2.5、2.0、0.6、0.8 和 0.3 个百分点。二是受雇农民工劳动合同签订率有所上升。受雇农民工劳动合同签订率为

42.6%，比上年提高3.5%左右。基本情况如表2-3所示。

表2-3　湖南省农民工劳动权益保障情况

五险一金	缴纳比例/%	同比增幅/%	劳动合同签订率/%	同比增幅/%
养老保险	15.0	1.1		
工伤保险	27.9	2.5		
医疗保险	16.2	2.0	42.6	3.5
失业保险	9.2	0.6		
生育保险	6.6	0.8		
住房公积金	4.6	0.3		

数据来源：华声在线

(三)西部地区代表省份：陕西

1. 农民工收入情况

农民工月均收入保持较快速度增长。

2017年陕西农民工月均收入3446.7元(全国平均水平为3485元)，同比增加195.4元，增幅6%。从月收入分布来看，中高收入农民工比例明显增加：月收入在3000~5000元的收入群体占58.5%，同比增加3.5个百分点；月收入在5000元以上的高收入群体占13.7%，同比增加3.4个百分点；月收入在3000元以下的群体占27.8%，同比减少6.8个百分点。

2. 农民工劳动权益保障情况

(1)缴纳"五险一金"情况有所改善。

2017年，陕西省单位或雇主为农民工缴纳"五险一金"的情况有所改善，缴纳比例普遍有所提高。在外出农民工中，享有养老、工伤、医疗、失业、生育保险和住房公积金的比例分别是10.4%、16.9%、11.3%、7.6%、6%和6.2%。与上年同期相比，缴纳工伤、医疗、失业和生育保险的比例分别增加了2.7、0.2、0.4和0.1个百分点，缴纳养老保险和住房公积金的比例分别减少了0.5和0.1个百分点。基本情况如表2-4所示。

表 2-4　陕西省农民工劳动权益保障情况

五险一金	缴纳比例/%	同比增减/%	劳动合同签订率/%	同比增减/%
养老保险	10.4	-0.5		
工伤保险	16.9	2.7		
医疗保险	11.3	0.2	33.4	-1.6
失业保险	7.6	0.4		
生育保险	6	0.1		
住房公积金	6.2	-0.1		

数据来源：2017 年陕西农民工监测报告

（2）签订劳动合同的农民工比重下降。

调查数据显示，陕西省外出农民工中签订劳动合同的占 33.4%，同比减少了 1.6 个百分点；本地务工农民工中签订劳动合同的占 17.2%，同比减少了 1.6 个百分点。

二、农民工劳动权益保障现状及问题

农民工劳动权益是由宪法和相关法律规定的，农民工作为劳动者所享有的与劳动相关联的一系列权利和权益。① 随着城镇化进程的加快，农民工劳动权益保障制度日趋完善，但农民工正当的劳动权益受损情况依然很严重。

（一）农民工劳动权益保障现状

1. 转移就业和参加职业培训情况

根据新华网和国家统计局发表的数据显示，2017 年农民工总量达到 28652 万人，比上年增加 481 万人，增长 1.7%，增速比上年提高 0.2 个百分点。本地农民工 11467 万人，比上年增加 230 万人，增长 2.0%，增速仍快于外出农民工增速。且农村劳动力转移就业新增 88 万人次，接受非农业职业技能培训人数增加，占 9.5%。职业技能培训的供给面也相应扩大，但发展缓慢。

---

① 葛云霞，李增元.试论城镇化进程中的农民工劳动权益及其保护[J].改革与开放，2014(9).

职业技能培训是农民工城镇劳动力市场"准入问题"以及"劳动权益保障"问题的进一步延伸,但目前却较少为农民工群体所享有。从国家统计局的监测数据分析,2017年外出农民工大多数没有参加过任何职业技能培训,且受教育程度低,技能培训比率低。随着城镇化进程的加快,青年农民工正在逐渐丧失农业劳动生产优势,新生代农民工的非农职业技能的提高面临新要求和新形势。

2. 参加社会保险情况

人社部已公布的数据表明,近年来我国外出农民工参加基本社会保险的总体比例呈逐年上升趋势,社会保险覆盖范围进一步扩大。截至2018年3月底,全国基本养老、失业、工伤保险参保人数分别为9.19亿人、1.88亿人、2.26亿人。尽管如此,农民工社会保障覆盖面仍是十分的有限,参保比例十分低,失业保险和生育保险的参保率还只是个位数,即便是需求最为强劲的养老保险、工伤保险、医疗保险,参保率仍未达到30%。可见,农民工社会保险覆盖率偏低,处于社会保障制度的边缘。

3. 劳动合同签订情况

截至2017年底,全国企业劳动合同签订人数21363.83万人,其中农民工11467万人。企业劳动合同签订率93.67%,其中,农民工劳动合同签订率79.45%。在找工作和生活中遇到困难时,60.9%的进城农民工想到的是找家人、亲戚帮忙,找老乡的占28.3%,找本地朋友的占24.6%,找单位领导或同事的占10.7%,找工会、妇联和政府部门的占7.8%,找社区的占2.6%。其中找工会、妇联和政府部门以及找社区的农民工比重分别比上年提高1.0和0.3个百分点。当权益受损时,进城农民工选择的解决途径依次是:与对方协商解决占36.3%,比上年下降0.5个百分点;向政府相关部门反映占32.7%,比上年提高2.6个百分点;通过法律途径解决占28.3%,比上年提高1.1个百分点。

4. 劳动保障监察执法情况

2017年,我国劳动保障监察执法进一步加强,并严格落实属地监管责任。由国办督查室牵头,组成了5个督查组,围绕解决工程建设领域欠薪特别是政府工程项目欠薪等,对部分地区开展了专项督查。专项检查期间,全国共移送涉嫌拒不支付劳动报酬犯罪案件 1329 件，集中公布 887 件重大欠薪典型案件，共为 100.6 万名农民工补发被拖欠工资及赔偿金 119.75 亿元。

5. 劳动争议仲裁情况

2017 年全国共处理劳动人事争议案件 12884 件，与上年相比受案量上升了 20.6%，涉及金额 4.4 亿元，不予受理案件 2646 件，与上年相比下降了 15.5%。在全国各级调解仲裁机构全面贯彻党的十九大精神、深入落实第十二次党代会精神的号召下，有关部门进一步加强劳动人事争议处理效能建设，完善劳动人事争议多元处理机制，着力完善调解仲裁制度，培养建设高素质调解仲裁队伍，不断提高调解仲裁规范化、标准化、专业化、信息化水平，极大畅通当事人依法维权渠道。

6. 劳动报酬情况

劳动报酬较低并且存在工资拖欠、克扣现象。虽然从国家统计局的监测数据可知，国家和政府竭力遏制农民工工资拖欠行为，但在现实中，尤其在私营小型用工企业中，劳动报酬偏低，且拖欠女性农民工工资现象持续存在，且恶性循环。特别是女性农民工大多就业于服务业和制造加工业，其工资在总体上要远低于农民工平均工资。以服务业为例，大多数就业于商城的年轻女性农民工，底薪不高，大都在 2000 元以内，即使加上提成，也只能维持其在城镇的较低生活水平；在制造业，一旦遇到经济不景气，资本无力维持，拖欠女性农民工工资的现象可能就比较普遍了。

(二)农民工劳动权益保障的主要问题

1. 职业选择权受到限制

由于农民工自身知识结构和能力水平的局限，加之劳动力市场供求信息流通不畅，相当数量的农民工只能依靠亲戚朋友或老乡介绍工作。由于缺少获得就业信息的渠道和能力，大多数农民工聚集在收入低下、工作辛苦的低端行业。甚至有些企业人为设置就业障碍，非当地户籍务工人员不接收为企业员工。农民工在合法权益没有得到保障的前提下，无暇斟酌就业条件被动签订协议，匆匆就业这些都损害了他们的职业选择权。

2.就业机会不平等

由于制度性因素的影响，即使面对同样的就业机会，农民工也不能与城市劳动者以平等的身份进行竞争，无法实现其就业权利。城市中高收入、环境好、待遇好的就业机会皆提供给城市劳动者，而农民工基本限于收入低、环境差、待遇差的次级劳动市场，客观上产生了城市劳动者与农民工在就业机会上的不平等现象。国家统计局2014年有关农民工的报告显示：建筑业和制造业仍然是我国农民工就业的主要去向，其分别占总数的22.3%和31.3%，从事批发和零售业、交通运输仓储和邮政业、住宿和餐饮业的农民工在农民工群体中的比重分别为11.4%、6.5%及6.0%。可见农民工从事的仍是一些条件艰苦、工作量繁重的工作。与主要的劳动力市场所提供的工作对比来看，他们不仅工作环境差、待遇低和劳动时间长，而且晋升空间小。这样的工作生活环境，造就了他们的精神文化生活比较单调乏味，很容易引发农民工心理上和精神上的问题。

3.就业待遇不公平

农民工在就业过程中经常遭遇同工不同酬、同工不同权，即使与其他劳动者从事同样的工作，在工资收入、工作时间和权益保障等方面也有很大差别。劳动收入方面，2015年农民工的人均月收入为3072元，比同期的城镇在岗职工低40%左右。工作时间方面，农民工每天平均劳动时间为8.7小时，每月劳动时间为25.2天，均长于城镇职工工作时间。权益保障方面，63.8%的农民工没有劳动合同，劳动权益缺乏法律保护。且对于农民工群体，缺乏相应技术能力培训和就业服务。由于我国公共服务体系尚不健全，农民工就业服务薄弱，且财政支持力度不够，而社会力量开展的就业技能鉴定项目收费较高，农民工难以承受。官方培训机构一般基础设施落后，缺少与企业需求相匹配的实习场地、师资、专业设置，因此，农民工技能培训质量尚不能满足高技能人才的需求。我国公共就业服务体系的不健全的问题，导致政府很难为农民工提供及时有效的就业信息和便捷的就业服务。此外，由于农民工的特殊身份，在奖罚、休息和假期、职务升迁等方面也时常受到不公平对待。

4.书面劳动合同签订率低

为了明确劳动关系双方权利义务，保护劳动者利益，减少劳动纠纷，我国《劳动合同法》第十条第一款规定："建立劳动关系，应当订立书面劳动合同。"

这强调签订劳动合同应遵循平等自愿、协商一致的原则，不得违反法律规定。虽然我国承认事实劳动关系，也指出了事实劳动关系的认定标准，但是书面的劳动合同才是农民工与用工单位存在劳动关系的根本保证。可在实际情况中，农民工群体普遍对劳动合同的重要性缺乏重视，因为农民工用工流动性大，反复讨价还价的合同式用工相对麻烦，农民工对劳动合同是否签订不甚上心，没有强烈的合同需求。

5. 劳动报酬权得不到有效保障

农民工工资被拖欠、春节前政府门前农民工聚集讨薪经常成为新闻话题，各类拖欠工资、拒发工资的实例数不胜数。近年来政府出台了一系列保护农民工劳动报酬的政策，地方落实也有一定成效，但此现象依然存在，不容忽视。调查中，发现没有过拖欠工资经历的农民工仅占3.5%，这说明农民工的劳动报酬权损害现象普遍存在。在劳动合同上未明确规定劳动报酬的发放时间和数额，导致农民工在维护自己的获酬权过程中缺少必要的法律依据。农民工文化程度较低，在抽样调查的农民工里，具有高中以上文化程度的仅占19.6%。农民工缺乏法律知识，法律观念淡薄，维权意识不足，普遍对劳动相关法律、政策的了解不深，遇到劳动纠纷时，农民工在可选途径中选择最多是求助用人单位人事部门（70%），其次是求助工会和忍气吞声，选择投诉申请仲裁的不到五分之一。①

三、农民工劳动权益保障缺失成因分析

（一）农民工签订劳动合同维权意识薄弱

部分农民工对劳动合同还是或多或少有所了解的，并非常希望能与企业签订劳动合同，但主动权并不掌握在他们的手上，企业是决定签订劳动合同的关键。有的用人单位一方为了减轻应由他们承担的责任，逃避应由他们履行的义务，往往不主动与劳动者签订劳动合同，一旦劳动者有这方面的要求，他们就会以种种理由拒绝或者拖延，甚至将其辞退，而另行选择雇员。很多劳动者为

---

① 数据来源：杜亚涛，李喆.农民工劳动权益保障存在的问题及对策[J].大经贸，2017(9).

了图方便，为了尽快找到工作，为了保住暂时端在自己手中的饭碗，被迫放弃了自己本该拥有的权利。

(二)相关法律法规不完善

《劳动合同法》的出台对劳动者包括农民工合法权益的保障提供了法律依据，但是制度本身还存在一些问题，例如：适用范围过窄，没有将劳务合同和雇佣合同纳入规范范围，而实际生活中，大量农民工与用人单位和包工头形成的是劳务关系而非劳动关系；对用人单位的责任追究力度不够，赔偿范围较窄；另外，部分条款规定不明确，可操作性差，这些都不利于农民工合法权益的充分保障。对于劳动关系的界定，国内尚未形成统一的认识。《劳动合同法》规定自用工之日起即建立劳动关系，规定不够具体化，有些学者则支持劳动关系建立服从用人单位"控制说"和劳动者"从属说"。在新型劳动关系下，劳动法律不健全，有没有健全的配套法律做支撑，导致农民工权益的保障缺乏完整而具体的准绳。

(三)就业服务、就业培训和就业管理的缺位

一是就业服务不充分，无法满足农民工的实际需求。由于受我国城乡二元结构的影响，就业服务也存在城乡分割的问题，这就导致我国城乡之间的信息盲点存在，就业服务无法城乡统一，农民工无法准确地获取有效的就业信息。二是就业培训效果不明显。虽然我国在职业培训方面有了巨大的进步，但是仍然缺乏与农民工基本情况相匹配的职业培训体系。虽然政府非常重视农民工培训，但是对应的资金投入明显不足，导致农民工官方培训力度不够。且用人单位在追求企业利益最大化的过程中，为了避免农民工流动后的损失，对农民工入职培训投入过少，迫使农民工想要提升技能，只能找培训机构，支付高额的培训费用参加培训。而这些培训机构所制定的培训内容相对笼统，仅仅针对各行业通用的知识和基本技能进行培训，分门别类菜单式的培训比较缺乏，特别是针对农民工各项技能的培训少之又少。三是就业管理不规范。我国还没有形成统一的就业管理机制，在城市的市、区、街道、社区四级就业服务网络已比较完善，而乡镇的就业工作就十分薄弱。进入城镇后，由于农民工培训涉及部

门较多，责任又不够明确，导致出现职业培训城乡分割的状况。加上政府对培训机构缺乏有效的监督，致使大量的培训机构或者职业中介存在着欺骗行为，农民工素质相对较低，很难辨认这些欺诈行为，这导致上当后，很多农民工不再参加培训或者对培训出现排斥情绪。

（四）用人单位的就业歧视

用人单位的就业歧视在经济发达地区与相对落后地区都普遍存在。由于农民工就业不稳定和流动性大等特点，他们多数是临时工、季节工、承包工、劳务工、计时工等。用人单位大多不愿与其签订劳动合同，劳动关系处于灵活和不稳定状态。如果遇到突发事故，农民工的权益无法得到保障。当农民工的权利受到侵害，需要通过法律途径来解决时，由于我国采取"不告不理"和"谁主张谁举证"等司法原则和程序，导致成本高、周期长、执行难等问题，致使大部分农民工无奈地选择忍气吞声或缄默不语。此外，有些企业强制性收取农民工管理费、用工调节费、保证金等，这些歧视性的规定损害了农民工的根本利益，不利于平等就业权的实现。

（五）农民工自身素质低，缺乏竞争力

农民工自身素质不高是导致其劳动权益受侵害的一个重要原因。虽然我国农民工在受教育程度、技术能力、法律意识、市场竞争意识等方面已经取得长足的进步，但是他们在与能够适应、满足现代产业发展对劳动者素质要求上还有一定的差距。首先，农民工受教育水平低，教育结构不合理。在我国，农村教育水平普遍低于城市，造成农民工受教育水平不高和专业技能培训较少。且他们受教育的结构也不合理，往往忽视职业教育，不能够适应市场需求，严格制约了他们未来在城市的就业。其次，农民工思想观念落后，心理素质相对较差，缺乏创新精神和自信心。当遇到困难的时候，缺少自我调整的能力，同时现实与期望之间的巨大反差，又进一步导致他们的心理素质变差。特别是90后的农民工，他们大多是独生子女，外出务工之前是家庭的中心，受着父辈的溺爱，缺乏吃苦耐劳的精神，而且他们的心智也不成熟，心理承受能力更差。再次，农民工的就业观念存在偏差。由于农民工在进城务工之前对自身职业发

展定位的不准确，加上对自己的身份认同不是很清楚，造成就业观念上存在一定的偏差。这不仅影响着就业前的选择，而且对就业过程中的流动性和稳定性有一定的影响。

四、农民工劳动权益保障的对策建议

（一）提高农民工维权意识

一方面，政府部门要发挥好职责，培养农民工维权意识。要有针对性地开展普法教育，大力宣传和普及与农民工切身利益息息相关的法律常识，同时要针对农民工密集的行业以及农民工自身的特点，积极探索农民工普法教育的新思路、新措施。另一方面，农民工要从自身做起，不断提高维权意识和能力。农民工既要重视相关法律知识的学习和运用，努力提高自身素质，又要转变观念，增强自我保护意识。

（二）完善相关法律法规

在新型城镇化背景下，立法机关应及时创新、完善现有相关法律规定，制定适应新型劳动关系的相关配套法律措施。其一，将劳务合同和雇佣合同纳入《劳动合同法》的调整范围，对《劳动合同法》中关于劳动关系的界定和劳动合同内容的概括性条款作具体化修订；其二，加大对用人单位不按时按质签订劳动合同的赔偿责任，扩大法律对于劳动关系的适用范围；其三，针对农民工与用人单位签订合同时经常出现的农民工"五险一金"无法保障等诸多问题，对《社会保险法》进行细化修订；其四，明确农民工与用人单位的责任划分，对出现的合同纠纷以及其他方面的劳动纠纷进行合理解决，做到有法可依。

（三）逐步消除户籍制度造成的不平等

户籍制度将城市与乡村割裂开来，使农民工在政治、经济、文化各方面沦为弱势群体，而农民工问题的实质是户籍以及附加在户籍上的不公正待遇。太多的权益与户籍相关联，要想使农民工尽快地融入城市，享有与城市居民相同的待遇，就要尽快地改变我国的户籍制度，逐步取消附加在户口上的差别待遇，使农民工与城市居民享有同等待遇，实现平等的就业权等权利的享有。

（四）健全农民工维权组织系统

首先，要加大执法和监督力度，全方位保障农民工劳动维权。加大对企业行为的监管，并切实落实法律法规，对农民工劳动权益要依法保障，对侵害农民工合法权益的用工单位要加大打击力度，引起企业的重视。同时，引导农民工树立正确的法律意识和维权意识，鼓励他们与用人单位签订劳动合同，支持农民工的维权行为，听取农民工正当的利益诉求，从而保障农民工劳动权益。其次，建设农民工公益性的法律服务网络，为农民工提供法律援助和司法保护。通过成立农民工互助协会等公益性的服务站，听取农民工诉求，研究解决农民工中存在的问题和困难，形成农民工互动和自主服务管理。再次，要支持农民工劳动争议的调解、仲裁和诉讼。各级劳动争议仲裁机构和人民法院对于涉及农民工的有关案件和诉讼，要考虑优先立案、优先审理、优先执行；对于生活特别困难的农民工，要提供法律援助，放宽资格审查条件，依法准许减、缓、免仲裁费、诉讼费，并将减免适用对象、具体条件、申请程序和实施办法向社会公布；专门设立各级劳动法庭，建立一支具有专业化素质和广泛代表性的人民陪审员队伍。[1]

第三节　城镇化进程中农民工子女受教育权益保障

农民工子女受教育权问题是城镇化进程中的衍生问题，它不仅是个法律问题，也是个社会问题。国务院发展研究中心的调研数据显示，截至2017年，我国农民工总量超过2.8亿人，但仍然有20%的农民工子女无法进入全日制公办中小学校就读。农民工子女教育的严峻局势严重挑战着我国教育公平的底线，也触及了"以人为本"的新型城镇化的底线，直接影响着中国城镇化的进程和新型城镇化的实现。[2] 农民工子女平等受教育权的实现程度，是衡量我国城镇化

① 郭丽，杨巍.农民工劳动权益保障问题及对策分析[J].沈阳工程学院学报（社会科学版），2013（4）.
② 刘永旭.农民工子女受教育权的立法保障研究[D].呼和浩特：内蒙古大学，2012.

质量和现代化水平的重要标志，保障农民工子女平等受教育权是新型城镇化建设应优先考虑的问题。

一、样本分析

课题研究抽取了山东、海南两个省份的数据作样本分析。

(一)山东省样本数据分析

据 2017 年调查资料显示，山东济南市义务教育阶段接收农民工随迁子女 29688 人，入读公办学校的农民工随迁子女为 28067 人，占随迁子女招生数的 94.54%，有大约 6% 的失学率。目前，义务教育阶段主城区接收农民工随迁子女为 11.16 万人，占主城区总在校生的 42.56%；在农民工较为集中的区域接收农民工随迁子女的比例超过 50%。[①] 但是，在农民工子女中，将近 35% 的农民工子女不能及时入学，在读农民工子女超龄入学现象比较严重。

从图 2 - 1 农民工的家庭年平均收入来看，10000 元以下的占 28.27%，10000 ~ 20000 元、20000 ~ 30000 元、30000 ~ 40000 元、40000 元以上的分别占 17.13%、21.89%、13.6%、19.11%。由此可见农民工收入还是比较低的。农

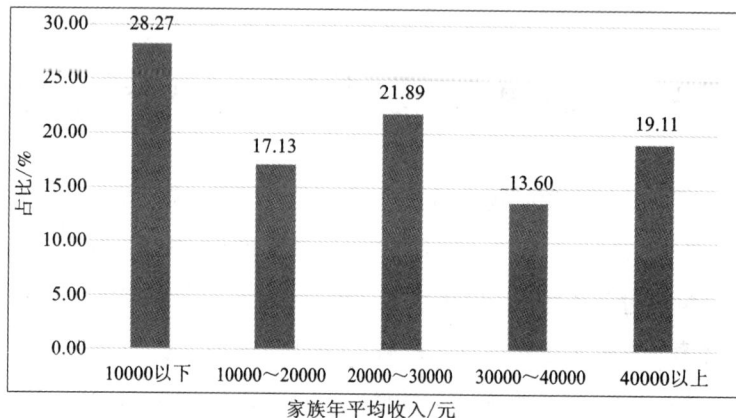

图 2 - 1　山东省农民工家庭年平均收入

---

① 济南保障农民工随迁子女入学[M/OL]. http：//www. sohu. com/a/211681191_100022028.

民工随迁家庭为子女投入的年教育资金大多数不超过 10000 元，投入教育基金占比较小，不能满足家庭教育的需要。

（二）海南省样本分析

《海南省进城农民工子女受教育权益实现情况调查》中显示，2016 年海南省农民工总数约 70 万人。该调查是针对海口市的进城农民工子女、农民工子弟学校做的相关调查。

1. 农民工文化教育情况

根据图 2-2 可以看出，进城农民工的文化程度并不是很高，初中以下文化水平大约占据 16.05%，初中文化占 37.04%，大专、大学及以上水平的占比较低。可见，大部分的海南省进城农民工的文化水平不高。

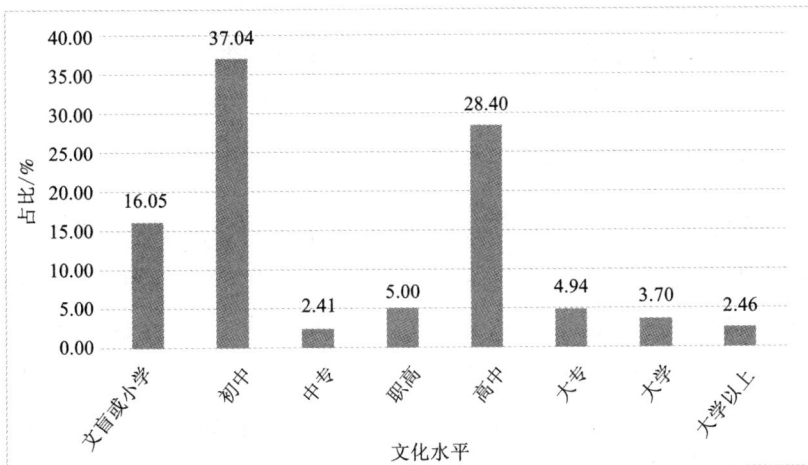

图 2-2　海南省进城农民工的文化水平分布

2. 农民工子女就读学校情况

从表 2-5 可知，大多数农民工子女就读于公立学校，大约为 57.69%。农民工子弟学校就读占 2.57%，还有私立学校、其他性质的学校分别占 38.46%、1.28%。

表 2 - 5　海南省进城农民工子女就读学校分布(%)

公立学校	57.69
农民工子弟学校	2.57
私立学校	38.46
其他性质学校	1.28

3. 差别待遇方面

就读于公立学校的农民工子女在校学习的过程中较容易受到老师、同学的歧视或不公正的对待。有52%的农民工认为其所在的城市存在对农民工子女与本地户籍子女的差别化对待现象,其主要表现为:另交借读费、只能入农民工子弟学校、被编入农民工子女班次或者在学习中受到不平等对待以及其他差别化对待等情况。

二、农民工子女受教育权益现状及存在的问题

(一)农民工子女受教育权益现状

我国农民工子女平等受教育权益的保护随着城镇化的不断推进日益增强,制度的制定呈现出从原则化到具体化的趋势。2001年,国务院《关于基础教育改革与发展的决定》中提出了"以流入地区政府管理为主、以全日制公办中小学为主"的"两为主"政策,这标志着国家开始对农民工子女平等受教育权的重视,但这一法律权利在实现过程中却未能得到有效的落实和保障。2003年9月,国务院办公厅转发教育部、中央编办、公安部、发展改革委、财政部、劳动保障部《关于进一步做好进城务工就业农民子女义务教育工作的意见》(以下简称《意见》),首次直接把政策焦点对准农民工子女。《意见》指出,流入地政府负责进城务工就业农民子女接受义务教育工作,加强对以接收进城务工就业农民子女为主的社会力量所办学校的扶持和管理。《意见》明确了流入地政府教育行政部门、公安部门、劳动保障部门、价格主管部门、社区派出机构等各职能部门对农民工子女接受义务教育工作的责任。《意见》还强调建立农民工子女接受义务教育的经费筹措保障机制。从此,"以流入地区政府管理为主,以

全日制公办中小学为主"的"两为主"方针成为解决农民工随迁子女教育的最重要的政策。2006 年新《义务教育法》将农民工子女在非户籍所在地就学的"两为主"政策以法律的形式固定下来。2006 年后,我国也相继实施了城市义务教育阶段学生免学杂费和取消借读费等制度,广大农民工随迁子女因此广泛受益,"两为主"政策法律手段也不断注入了"以人为本"的因素。2010 年 7 月,教育部公布的《国家中长期教育改革和发展规划纲要》再一次强调实施"两为主"的方针。这表明进城务工人员子女公平接受义务教育问题提升到国家教育改革的层面,转变成政府和全社会的行为。[①]

(二)农民工子女受教育权益存在的问题

尽管国家逐渐加大了对农民工子女平等受教育权的法律保护力度,但农民工子女受教育权暴露出的问题也非常明显。[②] 根据图 2－3,以及国家统计局网站发布的《2017 年农民工监测调查报告》可以看出,进城农民工随迁儿童教育并没有得到较好保障。在义务教育阶段的随迁儿童中,有 55.8% 的农民工家长反映在城市上学面临诸多问题。其中费用高、本地升学难、孩子没人照顾是农民工家长认同度最高的三个主要问题,认同率分别占 25% 左右。

农民工子女受教育权益存在的问题主要有以下几方面:

1. 农民工子女平等受教育权的实现条件难以保证

教育资源分配不均、差距过大,这使得作为弱势群体的农民工子女平等的入学权利难以实现。为了促进教育事业的发展,各地政府都对教育资源进行了整合,城市公办学校资源一直处于紧张状态,各地教育局通常按照学校学区内常住人口的数量设置班级容量,根本无法为流动人口预留容量,这使得城市农民工子女入读公办学校困难。现在的教育制度允许农民工子女进入公办学校学习,但由于教育资源的极度短缺,城市政府不得不设置较高的入学"门槛"。如

---

① 范先佐,郭清扬.政府应义不容辞地承担进城务工人员子女义务教育的财政责任[J].河北师范大学学报(教育科学版),2011(9).

② 张建国,王文江.新型城镇化背景下农民工子女平等受教育权的立法保障探析[J].赤峰学院学报,2013(9).

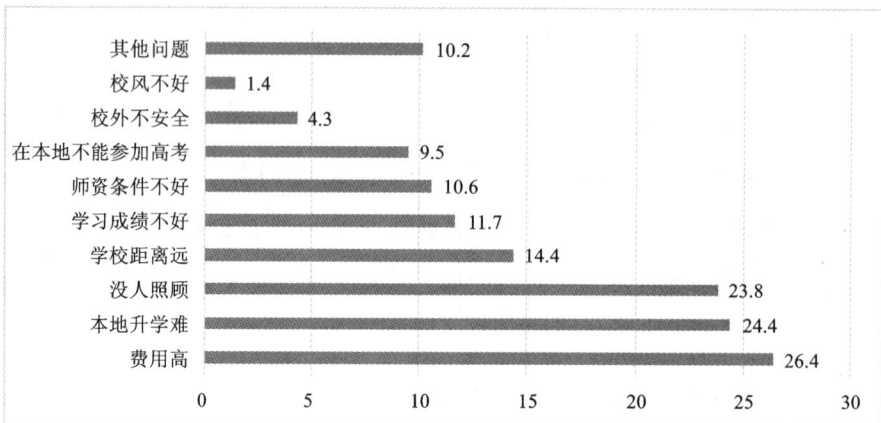

图 2-3　义务教育阶段随迁儿童上学面临的主要问题（单位：%）

要求农民工子女必须有"五证"才能就读公办学校，还有的甚至要求农民工子女必须交纳高额借读费、赞助费、择校费，这种要求限制了农民工子女进入公办学校的可能。近些年来，在许多城市出现的"择校"现象正是教育资源分配不均的突出表现，农民工子女由于经济实力不够而只能被挡在校门之外。农民工子女平等受教育权的实现条件难以保证导致其受教育权的无法正常使用。

2. 民办农民工子弟学校条件堪忧

农民工子弟学校是政府为缓解农民工子女受教育压力而修建的。目前还有部分农民工子女就读于城市中的农民工子弟学校。农民工子弟学校大多是私立学校，尽管收费低廉，但在教育机制、资源配置等问题上存在严重的缺陷，与城市公立学校相比，在教育水平、教育资源、教育体制等方面存在巨大差距。比如缺乏高质量的教师队伍、学生的生活环境较差、教育管理制度不健全、学生纪律性较差等。在农民工子弟学校成长起来的孩子不能享受公平的教育，自然就大大降低了与城市居民子女竞争的机会和实力。

3. 农民工子女受教育差别待遇严重

目前，对农民工子女义务教育实行差别待遇的现象在实践中大量存在，即使是顺利进入公办学校就读的农民工子女，情况也不容乐观。公立学校往往采取农民工子女和城市居民子女混合插班形式，以求教育权利和条件的平等。但在这种情况下，农民工子女常常处于被忽视状态，有些学校为升学率考虑往往不把农民工子女作为考核对象，这使得有些老师对农民工子女采取不平等的态度。农民工子女受教育机会和所享受教学资源不平等的一些规定目前也仍然在潜在执行，有的县级教育行政部门甚至默许公立学校设立附属教学班组等进行隔离教学，即流入地全日制公办中小学可利用学校校舍和教育设施，聘请离退休教师或其他具备教师资格的人员，举办专门招收流动儿童少年的附属教学班组。

三、农民工子女受教育权益缺失成因分析

农民工子女平等受教育权益缺失，不是由单一因素引起的，进城农民工子女教育问题的背后，包含着社会制度、教育体制、财政体制以及决策理念等诸多因素。

（一）教育发展速度相对缓慢

改革开放以来，我国城镇化率提高非常快。城镇化率由1978年的17.9%，提高至2017年底的57.35%，在近40年的时间里，城镇化率平均每年都提高了1%，这样的发展速度显然是举世瞩目的。但是这也不可避免地带来了许多问题，其中最重要的就是基础设施等相关配套设施没有跟上。在教育领域，教育的发展速度远远跟不上城镇化速度，教育发展速度相对缓慢。师资力量、学校数量和教学楼等配套设施不能满足从农村涌入城市的农民工子女对教育的需求，致使在教育领域出现了供不应求的情况。但受制于政府要求，教育市场在供不应求的情况只能实行诸如大额班、附属教学班等办学的形式，以牺牲教育质量来兑现农民工子女都有学上的承诺。当然，这些现象的出现，也和民办学校与公立学校的区别有关，和农民工为子女教育能付出的教育投资有关。但很大程度上，农民工子女平等受教育权益的缺失是教育的发展速度没有跟上城镇化速度而引起的供不应求的结果。

（二）教育资源分配不公、财政支持力度缺少

改革开放以来，党和政府高度重视农民工子弟的教育问题，还专门建立了

农民工子女教育学校。可以说，农民工子弟教育学校雨后春笋般地出现，它们为农民工子女正常上学提供了重要保障。但是，我们也应该看到，一些地方在执行中央决策时打了折扣，教育资源和政策方面没有给农民工子女教育学校和其他学校一样的公平待遇和适当地倾向待遇，没有足够的财政支持。而农民工所能付出的教育投资显然也比不过城市居民所能付出的教育投资。

（三）受教育权利被隐性分割与忽视

当城市发展到一定阶段时，在教育领域往往会实行学区房、按户籍入学等制度。教育质量好的学校周围的学区房不论是买还是租，昂贵的费用是绝大多数农民工所无法承担的，这也就隐性剥夺了部分农民工子女平等受教育的权利。当然，大部分普通公立学校还是能接受农民工子女的入学。但是，我们也应该看到，一些地方虽然面上是对农民工子女上学与城市本地人同等对待，但是，设置了诸如"五证齐全"等要求，事实上形成了阻碍。即使进入公立学校，学校出于升学率等考虑，往往只会给农民工子女以借读生的形式入学，他们的成绩往往不纳入对教师绩效考核的目标中，这不可避免地导致农民工子女的学习情况有意识或是无意识地被忽略。

四、农民工子女受教育权益保障的对策建议

（一）强化多方主体责任

在户籍制度、义务教育管理体制、义务教育财政管理体制等宏观政策背景没有改变的情况下，仅强调流入地政府的责任、强调发挥公办学校的作用并不能从根本上解决农民工子女受教育权问题。农民工子女教育问题的实质是中国社会转型中的成本问题，这个成本单纯地转嫁给农民工是不公平的，它需要政府、全社会和农民工共同来承担。政府要把农民工问题与农民工子女的教育问题结合起来，搞好政策上的顶层设计，并狠抓落实监督，切实解决好农民工这个特殊的城市群体的问题。社会各界应携起手来，办好农民工子女的教育，做到校校皆优校，生生皆优生，为农民工子女提供优质的可持续的教育资源。同时还要做好农民工子女的心理教育工作，帮助他们尽快且和谐地融入城市。企

业应增强社会责任感，全面提供援助，为农民工子女创造平等、宽松、优越的教育环境。

(二)建立公正完备的教育法律保障体系

从某种程度上说，法定权利越详尽具体，越能得到充分保障，我国《义务教育法》虽然规定了"两为主"政策，但没有明确规定农民工子女义务教育条件的标准和实施保障，也没有明确规定国务院和地方各级人民政府共同负担义务教育经费投入的具体比例。要真正将农民工子女的平等受教育权落到实处，还需制订具体的操作办法，并且增加对农民工子女义务教育在资源配置和教育政策上的倾斜性保护条款，切实改变他们的弱势群体地位，真正实现公平教育。[①]另外，我国保障农民工子女受教育权的法律规章等多为结合当时情况的临时之举，随着城镇化进程的加快，农民工子女受教育权益诉求和实现条件都会发生较大的变化。保障农民工子女平等受教育权既要立足长远，又要因地制宜。国家可制定单行法律统一规定农民工子女等流动儿童少年的教育问题，各地也应结合本地特点制定相应的地方性法规作为补充。

(三)切实保障农民工子女教育的经费投入

教育经费是农民工子女平等受教育权实现的必要保障。《义务教育法》第6章规定了义务教育的经费保障，对义务教育经费总体需求、保障目标、经费来源以及义务教育经费的合理使用、科学管理等内容做了具体规定，并明确强调义务教育是各级政府的责任。当然，各级政府要真正承担起相应责任，保证按时支付足额的经费，还需要制定与《义务教育法》配套的《教育经费法》[②]，保障各项经费政策的落实。中央政府应为农民工子女接受义务教育设立专项资金，加大财政转移支付力度，对"特困"农民工子女实行免费义务教育。同时根据农民工对流入地的经济贡献，流入地政府也要专门安排部分资金，用来支持农民工子女就读，消除因家庭贫困而造成的教育机会不平等，实现从道义性扶贫向

---

① 张颖.试论农民工子女平等受教育权的保障[J].行政事业资产与财务：下，2012(2).
② 贺东.农民工子女受教育权的法律保护[J].长江大学学报(社会科学版)，2011(12).

制度性扶贫的转化。[①]

（四）实现教育公平

农民工子女有良好的自强自立意识和善良、节约等优秀品质，但学习基础相对较差，有胆小、自卑的性格倾向和交往焦虑、自我封闭等心理障碍，他们不但需要得到公平的义务教育，而且还需要得到健康、积极向上的教育。各级政府都应把农民工子女义务教育问题列入城市社会事业发展计划，重点扶植承担较多农民工子女入学的学校的建设。教育主管部门对农民工子女学校与公办学校应一视同仁，在教师培训方面应给予农民工子弟学校同等机会，在学校考核、质量评估等方面应执行统一的奖惩标准。在办学模式上，应当形成规范化教育、标准化教育的基本格局，采取有力措施消除学校差距，最大限度地实现义务教育公平的要求。[②]

第四节　城镇化进程中女性农民工权益保障问题[③]

根据国家统计局在 2016 年发布的《2015 年农民工监测调查报告》，我国女性农民工比例已达农民工总量的 33.6%。如果说农民工是市民社会中典型的弱势群体，那么，基于性别差异的女性农民工更是这个弱势群体中权益难以获得保障的"弱中之弱"，她们在就业和生活中面临性别和阶层的双重歧视和压力，生存状况以及权益保障问题日益凸显，诱发了一系列复杂的社会问题，严重影响了社会的和谐与稳定。

一、女性农民工权益保障现状

全国妇联于 2006 年、2007 年在国内 10 省、区、市做的调查显示，接受调查的女性农民工中，63.4% 年龄小于 30 岁，表明女性农民工已成为我国社会经

---

① 张春爱.论农民工子女的教育问题[J].中国科教创新导刊，2013(27).
② 刘旺余.构建进城农民工子女义务教育管理体制的建议[J].教学与管理：理论版，2014(3).
③ 侯旭平.女性农民工权益保障缺失问题及对策研究[J].湖南人文科技学院学报，2015(2).

济发展的一支生力军。全国妇联的调查显示，女性农民工将近50％未签订正式劳务合同，日工作 9 小时至 10 小时的占 40％以上，日工作超过 11 小时的占 20％左右。全国妇联的调查还显示，高强度劳动使女性农民工普遍缺乏休息时间，其中每周能休息 2 天左右的女性农民工不到 5％，每月能休息 4 天左右的仅为30％，如图 2 - 4 所示。

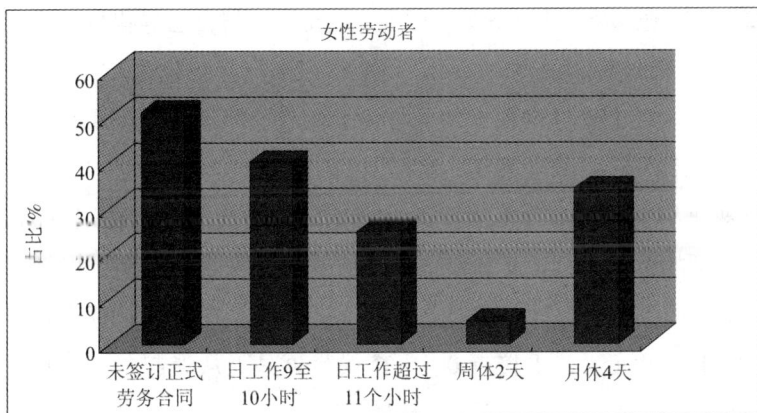

图 2 - 4　女性农民工工作时间情况

　　女性农民工就业过程中面临着性别和阶层的双层歧视和压力，主要体现在以下方面：

　　1. 与男性农民工相比，女性农民工的处境更恶劣

　　由于生理性别的差异，女性农民工在职业选择、劳动报酬等方面都有特殊之处；由于社会性别的差异，女性农民工受教育程度不同，在家庭和工作等方面的矛盾更加突出；由于心理性别的差异，女性农民工在适应能力、幸福指数等方面与男性农民工相比亦有很大的不同。

　　《农村迁移工人在城市劳动力市场表现方面的性别差异》课题报告中指出：无论是身体健康方面还是心理健康方面，女性农民工都比男性更不乐观。有43％的女性农民工表示自己经常"心情烦躁"，这一比例比男性农民工高5.5％。在通常情况下，女性农民工比男性农民工的劳动报酬低，2008 年，中国社科院经济研究所课题组调查发现，女性农民工的月工资比男性明显偏低，平均月工

资为 910.78 元，男性农民工则为 1100.24 元，二者相差近 200 元。

2. 与城市女工相比，进城女性农民工的处境更艰难

女性农民工往往要靠自己或者同乡介绍才能获得就业信息，就业的途径比较窄。调查资料显示，女性农民工进城务工的渠道中，亲朋介绍的占 47.2%，完全靠自己找工作的占 36.3%，由当地政府或者学校有组织输出的占 6.3%，用人单位直接到农村招工的占 2.3%，中介机构介绍的占 3.4%，参加本村包工队的占 2%，其他途径的占 2.5%。可见，亲友介绍与自己寻找机会是女性农民工进城务工的主要渠道。[①]

而在城市生活的女性居民即使同样没有工作，但是除了经人介绍以外，她们还可以去社保局进行失业登记，也可以利用社区的就业信息。而农村女性农民工却很难平等享受城市女工的各种社会保障和公共服务。在调查的 36 家不同性质、类型的企业中，绝大多数企业没有为农民工办理养老、医疗、工伤等社会保险，享受到养老保险的女性农民工只有 9%。在个体私营企业中，女性农民工的参保率更低，几乎接近 0，生育保险更是无从谈起。调查还反映，有40% 以上的女性农民工没有享受过劳保用品。

表 2 - 6　女性农民工与城市女工社会保障比较

	主要方面	表现
1	生育保险方面	女性农民工没有生育保险，生育就意味着失去工作，失去工作就等于失去了生活的物质来源
2	失业保险方面	城市的下岗女工在失业方面，可以享受失业保险。但大多数进城务工的女性农民工没有签订劳动合同，一旦失业，将一无所有
3	工伤和医疗社会保险方面	进城女性农民工在城市主要从事一些非正式的职业或边缘职业，且享受到的工伤保险很少甚至没有
4	养老保险方面	女性农民工难以享受与城市女工同等的养老保险待遇

① 李微. 关于解决农村剩余劳动力转移就业问题的几点思考[J]. 经营管理者，2012(5).

3. 在不同的企业中女性农民工的处境表现不一

全国总工会女工部曾经对 18 个省 132 个市的 2252 家非公有制企业进行调查，在女性农民工就业较为集中的餐饮服务行业中，39.3% 的女职工在经期被安排从事高处、低温、冷水作业和劳动强度大的劳动；化工建材行业有 29.6% 的女职工在怀孕期间被安排从事孕期禁忌从事的劳动；有 17.7% 和 10.4% 的女职工在怀孕 7 个月以上的时候被延长劳动时间和从事夜班劳动。[①]

二、女性农民工权益保障的主要问题

虽然政府及相关部门制定了关于女性特殊权益的法律法规，但现实生活中却很难落到实处，女性农民工合法权益时常被侵犯，劳动报酬依然较低，就业处处遭排挤。

(一)就业选择中的性别歧视

如果说具有相同生产率水平的男性和女性农民工，仅仅因为他们性别不同，而在就业选择过程中受到系统性差别对待，我们即可认定农民工就业选择中存在性别歧视。农民工就业选择中的性别歧视主要表现在两个方面：第一，对女性规定某些苛刻的就业条件，如：几年内不得生育甚至合同期内不得生育，这一现象目前在我国存在比较普遍。第二，招聘过程中男性优先，或只招聘男性，而不问男性性别是否属正当职业资格。据统计，某报 2000 年全年刊登的 243 条招聘广告中，有性别要求的 69 条，其中 41 条指明要男性，这 41 条提供的职位大多为技术和高级管理人员；提出"女性优先"的职位 28 个，主要集中在行政助理、销售员、收银员、酒店服务人员等职业层次较低的岗位。第三，职业性别隔离严重。女工得到提升和培训的机会少，那些社会声望和社会地位较高的职位几乎成了男工的专利，部分优秀的女性农民工也难以平等获得职务晋升、技术培训等发展机会。

近年来，政府开始通过立法和制定相关政策消除就业性别歧视，实现男女

---

① 数据来源：马瑄. 女性农民工劳动权益保障存在的问题及对策研究［M/OL］. http：//wenku. baidu. com/view/ec341fbaac51foldc. 281e53a580216fc700a53e4. html.

平等就业,《中国妇女发展纲要》(以下简称《纲要》)就是这一背景下的产物。然而时至今日,这个目标未能如期实现虽然各用人单位在招聘广告中明目张胆的性别歧视条款越来越少,但招聘过程中对女性应聘者的隐性歧视依然普遍存在,并且趋势越来越明显。如:在面试中经常被问到是否唱歌、跳舞、喝酒,有无男友,何时结婚等与职业无关的生活问题;在录用条件中设置几年之内不得怀孕生孩子等限制应聘者权利和自由的条件;最后录用结果中被录用者多为男性;等等。

(二)劳动报酬低于男性

大量的女性农民工不能获得同工同酬的待遇,其报酬一般低于从事相同工种工作的男性的报酬。2013 年以湖南的长沙、湘潭、株洲、衡阳四个城市为例对女农民工做了问卷调查,调查结果表明,男性农民工的月工资大都处于 2000元以上,而女性的工资主要集中在 1501~2000 元,女性农民工收入仅相当于同等职位男性农民工收入的 70%~80%。

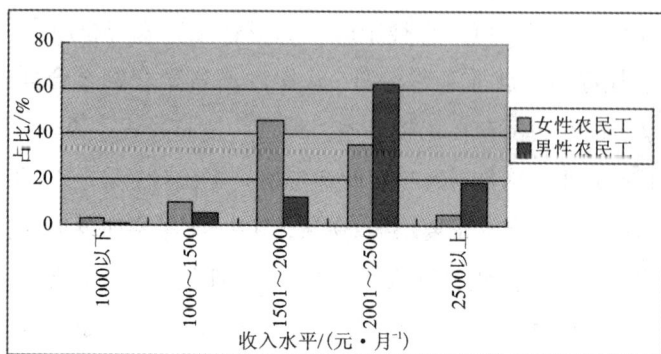

图 2-5　不同性别农民工收入水平比重

(三)劳动关系解除中的性别歧视

我国历史上便有男女不同年龄退休的公共政策,这造成了企业与女性农民工解除劳动关系要比男农民工早的现状。1951 年 2 月颁布的《中华人民共和国劳动保险条例》第 15 条规定了基于性别差异的男女工人和职员不同的退休年龄。1958 年国务院颁布的《关于工人、职员退休处理的暂行规定》第 2 条规定：国营、公私合营的企业、事业单位和国家机关、人民团体的工人、职员，符合下列条件之一的应该退休：男工人、职员年满 60 岁，连续工龄满 5 年，一般工龄（包括连续工龄，下同）满 20 年的；女工人年满 50 岁、女职员年满 55 岁，连续工龄满 5 年，一般工龄满 15 年的。

1978 年，国务院《关于工人退休、退职的暂行办法》（以下简称《暂行办法》）第 1 条规定：全民所有制企业、事业单位和国家机关、人民团体的工人，符合下列条件之一的，应该退休：男年满 60 周岁、女满 50 周岁，连续工龄满十年的。显然 1978 年的"暂行办法"并未对 1958 年国务院颁布的《关于工人、职员退休处理的暂行规定》做大幅修改，继续沿袭了基于性别差异的不同退休年龄规定的传统。这些规定，虽然不适应于农民工退休，但无疑对女性农民工解除劳动关系比男性农民工提前造成了较大的影响。

由于性别歧视，在企业需要减员时，企业经营者往往是先考虑女性的，这造成了高比例妇女下岗，并且，下岗女性的数量与男性数量相比而言是呈稳定增长趋势的。同时，女性就业难，下岗女工再就业更难。这种状况使得女性在劳动力市场不断被边缘化，迫使她们进入一些低收入或少技能的工作领域。

（四）女性特殊权益保障缺失

女性劳动者特殊权益的保护情况不容乐观。妇女权益保障法第 26 条规定："任何单位均应根据妇女的特点，依法保护妇女在工作和劳动时的安全和健康，不得安排不适合妇女从事的工作和劳动"；"妇女在经期、孕期、产期、哺乳期受特殊照顾"；"不得安排女职工在经期从事高处、低温、冷水作业和国家规定的第三级体力劳动强度的劳动"。[①] 但是，女性农民工合法权益、特殊劳动保护受侵害的现象频繁发生。据调查显示，2010 年全国总工会对国内国有企业 2245 家进行了调查，调查显示女性农民工生育费无法全额报销、产假工资不及时按劳动报酬发放的企业很多。比如，有 8.9% 的企业不负责报销女职工生育

---

① 王瑜.维护农民工权益应关注四大"关节点"[N].工人日报，2006 - 7 - 10.

费用,4.3%的企业扣除女职工产假工资,21.3%的企业女职工无法按照国家劳动法标准享受产假待遇,甚至一些企业直接取消女职工的哺乳时间且扣除女职工哺乳的工资,也有一些黑心企业让怀孕七个月以上的女职工仍然上夜班。[1]

(五)性骚扰现象较为严重

在一些私营企业中,调戏和猥亵女工的现象较为普遍,不少雇主甚至利用女工的弱势地位对其进行性骚扰和性强暴。从调查的情况看,有20.0%的女工"承认"受过某种方式的性骚扰,考虑到有些女工不愿意承认的情况,实际比例可能会更高一些。在性骚扰的来源方面,本企业男职工占18.3%,雇主和管理人员占35.2%,外界流氓占35.2%,其他占11.3%。有25.4%的女工承认自己有过婚外性行为,其中大部分都是受胁迫所为。由于目前我国的法律对性骚扰问题并没有明确的界定,这方面的"官司"很难打赢;即使"打赢"了,也会落下一个不好的"名声",从而受到社会歧视,因此,很多女工即使受到骚扰或强暴,也不愿诉诸法律,而是自认吃亏。女性农民工人格尊严受侵犯的问题是比较突出的。《妇女权益保障法》明确规定"禁止对妇女实施性骚扰"。这是我国第一次将"禁止性骚扰"写入法律。受害妇女应积极维护自己的合法权益,让那些骚扰者得到应有的惩罚。

三、女性农民工权益保障缺失的成因分析

女性农民工权益保障缺失的原因是多方面的,既有观念上的误区,也有制度上的缺陷,有客观环境的原因,也有女性农民工自身的因素。

(一)用工单位对女性农民工的歧视

很多用人单位认为,女性农民工的特殊生理周期,如经期、孕期、产期、哺乳期等都会耽误不少工作时间,而且她们的劳动精力本身就弱于男性农民工,创造的价值也比男性少得多,所以,在选择劳动者的时候会优先考虑男性。尽管国家一直强调平等就业权,但是不少用人单位侵犯了女性农民工的就业机

---

[1] 屠文淑,陈丽.女性农民工职业边缘化的若干思考[J].宁波:宁波大学学报,2010(1).

会，构成了就业歧视。他们往往以女性农民工的年龄、身高、相貌、地域、户籍、学历等与工作能力无关的因素拒绝聘用女性农民工，导致女性农民工中很大一部分人无法享有平等的就业机会、培训机会和职务升迁的机会。

(二)法律法规以及具体措施落实缺位

保障女性农民工合法权益的相关法律目前有《宪法》《劳动法》和《妇女权益保障法》这三部主要法律法规，另外地方的一些规章制度等也作为补充。但是目前相关法律的规定过于抽象，尤其是专门针对女性的法律保护尚不完善，在解决实际问题时缺乏可操作性，使得一些用工单位钻法律漏洞。所以一旦出现劳动权益纠纷以及侵害等问题，很难找到相关法律进行维权。

在当今社会转型时期，国家在制定社会政策时仍然多向城市倾斜，在各种政策上倾向于保护城市居民的利益，而不重视女性农民工的利益，这就使得女性农民工在城市中一些合法权益无法得到保障。当女性农民工遇到生活困难时，57.7%的人从自家人那里得到帮助，65.8%的人得到亲朋好友的帮助，33.2%的人得到同事的帮助，16.5%的人得到打工单位的帮助，1.7%的人得到当地居民的帮助，只有3%的人得到当地居委会和政府的帮助。政府提供社会保护的有限性使女性农民工只能依靠自己与亲朋好友及同乡。另外在对待农民工的政策方面，政府往往更多的是从维护城镇居民的利益出发，实施的主要是管治、限制、防范为主的政策。

(三)女性农民工受教育程度不高，法律法规意识不强

受传统家庭"重男轻女"思想的束缚，许多农村家庭对于男孩和女孩的教育重视程度和投资不同，对于女孩子的教育投资少。中国社会科学院经济所课题组2006年对大连、重庆、上海、武汉和深圳五城市的农民工进行了问卷调查。从受教育程度来看，男女两类样本中受教育程度为"初中"的比例都是最高的，达一半以上，除此而外，男性受教育程度为"高中"的比例最高，达22%；而在女性样本中，"小学"与"高中"分别各占13%左右。女性样本中，小学的比例比男性高将近5%，而高中的比例比男性低10%。而在第二期中国妇女社会地位抽样调查显示，农村女性文化程度为初中以上的比例是42.3%，比男性低

20.8%；女性文盲率为 13.6%，比男性高 9.6%。从受教育年限来看，男性与女性的受教育时间分别为 9.42 年与 9.04 年，通常都仅仅完成 9 年制义务教育。①

女性农民工受教育程度偏低导致她们法律法规意识不强。据问卷抽查显示，农民工劳动合同的签订率平均仅为 29%，其中女性农民工的仅为 25%。当劳动争议发生时，8.1% 的人选择默默忍受而不求助，30.5% 的人选择找亲戚、朋友、老乡帮忙，19.2% 的人选择向有关机构申请调解仲裁，34.9% 的人选择寻求法律援助，4.2% 的人选择找工会帮忙，3.1% 的人选择自动离职。这些数据明显表明女性农民工的法律意识不强，无法使用农民工保障法律来行使自己的权利，因此更得不到保障。

（四）女性农民工流动性强，缺乏组织依托。

2007 年至 2009 年的调查显示，被调查对象变动过工作的占 52.3%，变动过一次工作岗位的占 16.2%，变动过两次工作岗位的占 17.7%，变动过三次及以上工作岗位的占 13.8%。就劳动合同期限而言，66.4% 的为一年，9% 的为两年，9.8% 的为三年或以上，14.8% 的为以完成一定工作任务为限。这组指标客观地反映了农民工就业的不稳定性，这是造成女性农民工流动性很强的主要原因之一。农民工的流动性太强，一般是享受不到工龄带来的好处的。在企事业单位工作的女性能享受到的一些福利，她们可能也是享受不到的，比如"三八妇女节"，女性农民工可能没有休息，也没有节日的福利。

四、女性农民工权益保障的对策建议

（一）完善反职业性别歧视立法

国外少见有关于男女农民工劳动权益保护的专门立法，但关于男女平等权利保护和禁止性别歧视的立法却很多，如美国各州均有关于妇女平等保护的规定。美国有 16 州宪法规定了平等保护，州宪法中平等保护修正案（the EAR）

---

① 刘怀廉. 中国农民工问题[M]. 北京：人民出版社，2005.

的通过鼓舞了州立法机关对州法律进行全面改革，以保证这些法律与平等保护修正案协调一致。英国反对就业性别歧视的有关全国性法律包含在议会所通过的两个法令之中：一个是 1970 年的公平付薪法，另一个是 1976 年的性别歧视法。①

目前我国维护女性农民工权益的法律主要有《女职工劳动保护规定》和《全民所有制企业招用农民合同制工人的规定》等，虽然这些法律发挥了一定的保护女性农民工权益的作用，但存在的不足也是显而易见的，因此，应该从"女性农民工"的特定角度，着眼于其"女性"和"农民工"的双重身份，为市场经济发展建立公平的竞争环境。② 确定男性农民工与女性农民工同工同酬；规定女性农民工在经期、孕期、产期、哺乳期的特殊保护，避免在此期间受到不公正待遇；在涉及女性农民工权益的具体司法实践中，应体现适当的倾斜——对侵害女性农民工权益的现象进行更加严格的监管和查处。

法律作为一种正式制度，在社会生活中发挥准则功能，是反职业性别歧视的主要依据，当前我们的主要任务是：

首先，废除或修正造成职业性别歧视的法律法规，如我国现行的男女不同龄退休的相关规定，它是造成农民工解除劳动关系中性别歧视的渊源，应当废除或修订为男女同龄退休制度。

其次，对于当前立法中存在缺陷而导致女工权益难以实现的法律法规应及时修订。最典型的莫过于法律法规中关于性骚扰问题的规定，2005 年 8 月，妇女权益保障法修正案最终以基本法律的形式明确禁止对妇女的性骚扰，骚扰者对自己的行为后果须承担民事责任和行政责任，然而该法对性骚扰的法律概念和举证责任等并无明确界定，使得受害人权益难以得到很好的保护，造成立案难、举证难、索赔难的三难状况。

性骚扰最早被美国平等就业机会委员会界定为：不受欢迎之性方面示好之举；要求性方面之好处；或者其他一种具有性本质之言语或肢体行为。我国立

---

①　袁锦秀.妇女权益保护法律制度比较研究[J].中南林业科技大学学报(社会科学版),2007(2).

②　张凤华,曾一帆.社会性别理论视野中的女农民工劳动权益侵害及其应对——以武汉市为例[J].社会主义研究,2007(5).

法应从以下几个方面对其进行界定：①它是一方向另一方做出的与性有关的举动，目的在于满足骚扰者性生理和性心理的需要——客观标准；②它是违背对方意愿的不受欢迎的强迫行为——主观标准；③行为方式上，包括语言骚扰、身体骚扰、非语言骚扰；④行为后果方面对受害者造成心理、生理或者人格、经济等方面的伤害和损害。

至于性骚扰诉讼中的举证责任，笔者认为，借鉴其他国家的立法经验由原被告分担举证责任的方法较为可取：原告举证证明性骚扰事实基本成立后，被告负有证明该事实不成立或非己所为的举证责任。另外，为使女性农民工受害人权利能如期实现，立法可规定雇主对性骚扰行为承担连带赔偿责任。

（二）实现女性农民工管理与服务工作思想的根本转变

在公共产品提供和政府服务上，实现由面向城镇户籍人口向覆盖包括女性农民工在内的所有常住人口的转变。当前，女性农民工已经成为我国产业工人的重要组成部分，她们为城市创造了财富，提供了税收，为城市建设做出了应有贡献。

在管理体制上，实现由以治安为主的防范式管理向以政府主导的服务式管理转变。要完善对女性农民工的管理，变应急式管理为日常式管理，需要改革当前的管理体制。在女性农民工进城就业较多的城市和地区，建立由政府或政府综合部门牵头、多部门参加的对进城农民工管理服务的综合协调机构和工作机制，为完善管理、强化服务创造必要的组织保障，实现从治安防范式管理向综合服务式管理的转变，把工作重点放在为女性农民工提供良好的就业和生活环境上。

（三）完善正式就业渠道，防范女性农民工就业风险

正式就业渠道是市场经济发展和完善的客观要求，也是保障劳动者就业的主要措施。政府一方面要完善正式就业渠道和公共就业服务信息渠道，扩大正式就业渠道的供给，以满足各层次就业者的需要，同时加强民间职业介绍机构的管理，建立相应的行业准入制度和行为规范；另一方面加强对非正式就业渠道的引导，建立企业用工的信息公开制度，便于核实相应就业信息的真实程

度，降低由于就业信息缺乏或不准确而导致的风险。妇联、劳动部门等有关职能部门，应通过电视、广播、报纸等有效途径，加强女性农民工的就业指导；建立培训机构，提供就业所需的职业培训，以提高女性农民工的就业竞争力和风险防范能力。

（四）完善教育制度和社会保险制度

为了提高女性农民工的整体素养，改善她们的生存状态，相关部门应完善教育制度和社会保险制度：第一，政府应扩大义务教育的范围和年限，以提高女性农民工的文化素质。第二，重视职业教育的发展，以提高她们的谋生技能。在职业教育中重视基本劳动技能的培养，建立普通教育和职业教育之间衔接的良好渠道，淡化普通教育和职业教育的区别，完善普通教育和职业教育的法律规定。第三，针对全社会加强普法教育。这一方面可以提高女性农民工自身的维权意识，另一方面可以提高全体社会成员的法律意识，尤其是加强企业主的法律意识，从而营造一个良好的秩序井然的社会氛围，使全社会形成一个关心弱势群体、尊重女性农民工的整体环境。

（五）建立和发展女性农民工维权机构

成立由妇联、人力资源和社会保障部、工会、司法部门等单位组成的女性农民工维权中心，主要为女性农民工提供咨询、法律援助等服务，募集社会资金，以帮助解决女性农民工权益保障问题。培育行业性或地区性女性农民工自治组织，通过自治组织监督女性农民工权益保障法律政策的实施，以增加女性农民工的利益表达和权益维护渠道。建立和发展社会工作机构，我国已开始出现为女性农民工群体服务的非营利的法律援助中心、农民工自治组织等社会工作性质的机构，但尚处于初级阶段，不仅数量少，而且其资金、服务与被服务人数均有限，这些机构或由农民工自发形成，或由关注农民工生存和权益状况的机构或社会组织，它们在为农民工提供专业救助和指导等事项上已经起到了很好的作用。因此，政府应大力支持和鼓励这类社会工作机构的发展，同时激励社会公众参与其中。

第 三 章
城镇化进程中农民工薪酬制度创新

农民工是推动我国经济建设和城镇化进程不可或缺的重要力量，他们为我国经济和社会发展做出了特有的贡献。农民工理应公平享受社会发展成果，但在市场经济不断发展和城镇化进程加快的背景下，农民工的生存发展境遇面临着种种现实困境，农民工劳动报酬权益频频遭受侵害，农民工工资拖欠事件屡屡发生，农民工同工不同酬问题突出，这严重影响了农民工的生存发展与社会的和谐稳定。党中央、国务院高度重视解决农民工问题，出台了一系列有针对性的政策措施，以保障农民工劳动报酬，并取得了一定成果。各省市地区不断采取新的措施来解决农民工工资拖欠问题。新形势下，农民工劳动报酬权的保护面临诸多问题与挑战，我们要积极面对农民工劳动报酬保障出现的新情况、新问题，充分认识农民工报酬保护的长期性，充分调动各方力量，将政府、企业、农民工、工会四者有机协调起来，探索农民工报酬保护的长效机制。

第一节　城镇化进程中农民工劳动报酬现状分析

农民工获得劳动报酬既是农民工最核心的经济权益，是农民工生存发展的物质保障，也是其社会价值和自我价值的重要体现。由于我国经济的二元结构以及农民工在劳动力市场上的弱势地位，其劳动权益不时受到侵害，工资拖欠、收入偏低、收入增长预期不确定等问题尤显突出，在法治社会的今天，我们应给农民工的劳动报酬权以完善的法律保护，同时通过薪酬制度创新解决农民工工资待遇问题。

一、农民工劳动报酬保障现状及问题

改革开放以来，我国政府制定了保护劳动者劳动报酬等一系列权益的相关法律，主要有《劳动法》《劳动合同法》《工资集体协商试行办法》《工资支付暂行规定》《企业最低工资规定》。为解决农民工进城务工过程中出现的被克扣拖欠工资的问题，我国政府相关部门颁布了《关于解决农民工问题的若干意见》《建设领域农民工工资支付管理暂行办法》等措施，对解决农民工进城务工面临的主要问题提供了配套的政策规定，为保障农民工劳动报酬等权益指明道路。目前农民工劳动报酬保障工作虽然取得了大量成效，但总的来看仍存在很多问题，主要表现在六个方面：

（一）部分企业克扣和拖欠农民工工资现象仍时有发生

在建筑、制衣、制鞋等密集型劳动行业，企业拖欠农民工工资现象十分严重，媒体时常在报道这类行业拖欠农民工工资的问题，如浙江省春节期间就查处拖欠工资案件8000多起，为14万农民工追回工资1.4亿元。河南省某一农民工讨薪，后经省委书记指示才把几千元欠薪找回，这类问题在其他城市也发生多起。调查显示，安徽省半年就立案查处企业拖欠农民工工资6000多万元，北京市某知名建筑企业就发生了多起农民工因欠薪集体上访的事件；另有多起农民工因欠薪爬高楼自杀事件出现，幸因处理及时才未酿成人命事故。多数实行计件工资的厂家，都通过提高数量标准或降低计件单价等办法克扣农民工工资。部分企业每月截留员工10%～20%的"风险和差错金"进行抵押，部分农民工根本拿不到"抵押金"，老板们会尽一切办法使他们"主动"离厂。部分用人单位不仅拖欠农民工的工资报酬，还存在克扣农民工工资的情况。

（二）农民工加班加点工作，其工资却不能正常足额领取

在我国普遍存在的现象是：农民工劳动强度大，劳动时间长，从事大部分人不愿从事的繁重劳动，休息时间不能得到基本保证。据调查显示，大部分农

民工每天工作 10 小时，每周工作 6 天。珠江三角洲的农民工每天工作 12 小时至 14 小时的占 46%，没有休息日的占 47%。沿海地区部分农民工每天工作时间在 11 个小时左右，每月工作时间 26 天左右，大大超出国家规定的工作时间。为了挣钱，农民工同意加班加点，可得到的加班工资却很少，从未领过加班工资的占 50%，领过加班工资的占 20%。建筑行业中农民工每天的工作时间是 10 至 12 个小时，不少农民工只能依靠加班工资维持基本生活。调查反映农民工中 70% 的人在节假日加班没有领取过政策规定的加班补助工资。

（三）农民工工资增长缓慢

改革开放 40 年，我国经济年均 GDP 以大约 9.5% 的速度增长，城镇职工工资收入不断增长，农民工的工资收入水平增加比例却很小。《中国青年报》的数据显示，沿海地区部分城市农民工工资有 10 年没有增长，北京等地城镇职工年均工资超过 12 万元，北京的农民工工资却不及他们平均工资的 1/2。即使农民工与城镇职工从事同样的工作岗位，由于出生地不同，工资收入仍大幅度低于城镇职工。农民工大部分在基层劳动力市场就业，我国生产力水平较低，"二元"结构使得城镇居民和农村居民形成了两个对比度很大的社会群体，农民工工资报酬常被拖欠和克扣，收入增长比率预期没有常态化，这也是社会经济结构的深层矛盾所致的。

（四）农民工工资支付缺乏工会组织的监督

《工会法》第二条指出："工会是职工自愿结合的工人阶级的群众组织，中华全国总工会及其各工会组织代表职工的利益，依法维护职工的合法权益。"农民工流动性大、数量众多、组织性差、力量分散，农民工的工会组织存在入会率低、入会质量低等问题。依法维护农民工合法权益，保障农民工"入会"，促使用人单位和农民工订立有效劳动合同是工会的职责。《工会法》第五十条规定："违反本法第三条、第十一条规定，阻挠职工依法参加和组织工会或者阻挠上级工会帮助、指导职工筹建工会的，由劳动行政部门责令其改正；拒不改正的，由劳动行政部门提请县级以上人民政府处理；以暴力、威胁等手段阻挠造成严重后果，构成犯罪的，依法追究刑事责任。"工会组织在农民工权益保护中的缺位主要表现在：一方面对农民工工资支付的监督力度低；另一方面政府很少监督用人单位与农民工签订劳动合同。《劳动合同法》等相关法律规定，工会有权对工资分配等问题进行监督，其中就包括对企业支付职工工资情况的监督。

（五）工资法律规范体系缺失

工资的获取是劳动报酬的主要内容之一，与农民工的生存与发展密切相关。在维护农民工报酬权方面，由于劳动法在工资方面的规定比较宽泛，《工资支付暂行规定》《工资集体协商试行办法》和《最低工资规定》等规章也未能给予农民工有针对性的特殊保护，而且作为部门规章，立法层次较低，约束力不强，适用范围有限。我国现行的工资法律法规体系尚未完善，关于工资的条款都是散见于不同法律法规之中的，没有形成有机的、有层次的、合理科学的工资法律保障体制。工资法律依据的混杂导致即使是从事多年法律工作的专业人员都难以把握，更不要说是文化水平比较低的农民工。工资法律规范体系存在"硬伤"对农民工工资权的维护产生了很大影响。

（六）政府监管缺位，导致农民工工资问题反复出现

政府应当积极履行市场监管职能，既要做好对企业经营许可证、安全生产许可证、工程项目施工许可证等相关资质的审查和对工程项目等的审批管理工作，又要做好对企业用工、正常经营等活动的日常监督、定期监督检查和不定期的监督检查工作。

以建筑领域为例，政府对建筑企业的监管主要有：对建筑企业资质监督检查和备案进行审理，主要包括对建设工程施工许可证、企业管理人员及工程项目关键岗位管理人员在岗履责情况等信息的核查，审查施工企业是否存在超资质等级范围、无资质承揽工程的行为；监督施工企业对在建工程的劳务分包行为、劳务用工的管理，对转包、分包、劳务分包合同签订情况进行备案情况审查，审查是否存在违法发包、违法分包、转包，以及合同是否真实、规范；对企业建筑工地外来务工人员实名制登记情况进行核查；监督农民工维权服务管理工作的相关情况；审查农民工实名登记管理制度的落实情况；对现行计价政策

的执行及工程款和农民工工资支付情况进行监管；审查农民工生活区文明创建工作的落实情况；流动人口计划生育管理情况以及与工程建设相关的其他事项。

二、农民工劳动报酬问题的成因分析

(一)不签订劳动合同导致劳动权利义务关系不明确

由于农民工缺乏法律知识和自我保护意识，轻信老乡和熟人，未与用工方签订书面劳动合同，从而导致工资拖欠现象经常发生却难以维权。农民工即使有订立劳动合同的意识，也往往在面对老板将要签劳动合同的农民工直接拒之门外的情况下，为了生存不得不"忍气吞声"。

农民工为了养家糊口而外出打工，找到工作有经济收入是每一个外出打工农民工的首要任务，部分用人单位特别是工地老板抓住他们这一心理，不与他们签订劳动合同，对于要签合同的农民工就以"这里不签合同，你要签就找能签的去"来敷衍，这就使得很多农民工不敢提签订劳动合同这个合法要求。不少用人单位习惯用口头协议代替劳动合同，借此来规避法律的制裁。而很多农民工外出打工多半是熟人介绍的，碍于人情关系，自认为不会拖欠工资，很少签订劳动合同。

农民工相对集中的建筑业、批发零售业、住宿餐饮业、服务业、制造业等劳动密集型产业，受雇农民工没有与用人单位签订劳动合同的比例分别占74%、66%、65.2%、63.9%和49.3%，其中，从事建筑业的农民工未订立劳动合同的比例最高。2011年全国人大常委会开展了劳动合同订立的执法检查，全国人大常委会副委员长华建敏在谈到劳动合同法实施情况时也指出，部分劳动密集型中小企业及非公企业劳动合同签订率仍然偏低。没有书面的劳动合同导致权利义务不清，使得农民工在工资拖欠现象发生后四处奔波却很难成功。

(二)用工主体不明

随着市场经济的不断发展，承包关系也由建筑业向劳动密集型产业等多个领域发展，由此产生了许多不具备合法用工主体资格的小老板，包工头的存在割裂了用人单位和农民工之间的关系，农民工认为自己跟着包工头干活，和用人单位之间是没有任何关系的，没有认识到他们有权要求用人单位与农民工签订劳动合同。用人单位与包工头签订好承包合同，却不与农民工签劳动合同，这就导致在支付工资时，单位将工程款与包工头结算清楚，包工头却不及时和工人结算清楚，有的包工头甚至携工资款逃走。农民工与包工头建立劳动关系时一般是口头约定，很少订立正式的书面合同，一旦发生工资拖欠现象，农民工只能向与自己联系最为密切的包工头讨要工资，很难查清工程具体转包或分包的情况，如果包工头刻意逃避，农民工很难找到相应的责任主体，更不要提讨薪维权了。

很多农民工由于法律意识不强和长期的用工习惯，对于老板身份信息、施工方是谁、挂靠哪家单位等情况都很不了解，认为跟着小老板干，能拿到钱就行。这给法律援助带来困难，追责主体很难明确。有的农民工与用人单位订立了劳动合同，可是签订的劳动合同内容约定十分模糊，农民工自身法律知识有限，劳务关系和劳动关系多种雇佣关系区分不清导致用工主体不明确。用工主体作为工资的支付方，支付工资是劳动合同关系中必须履行的法律义务。因为用工主体的不明确，导致履行支付工资义务的义务人难以固定，自然会使相关用人单位产生推卸法律责任的空间，农民工的工资难以保障，工资拖欠的问题就会经常出现。

（三）政府监管部门管理不力、立法滞后

我国目前缺乏关于工资和农民工权益保护的专门立法，保障农民工劳动报酬的法律不具体，劳动保障法制不完善，立法层次较低。我国形成了以《宪法》为核心，以《劳动法》《劳动合同法》《劳动争议调解仲裁法》为主体的劳动法律体系，在实践中，政府对用人单位的相关监管活动有相当不足之处，这主要体现在缺乏日常监管机制上。缺乏事前预警、事中控制、事后检查的有机监管机制，这是拖欠农民工工资的直接原因之一。调查显示，建筑领域的开发商将"施工企业先行垫付工程款"作为招标的主要条件，工程进展到一定时期，开发商才会将工程款分期拨付给施工单位。部分开发商盲目追求规模效率，资金没着落也赶着施工，开发商与施工企业之间没有形成良性循环的资金链。开发商

没有足够的资金满足工程进度的需要，导致工程款不能按时足额支付到位，施工企业却又缺少雄厚的资金支付，由此导致农民工工资被拖欠。

(四)农民工自身素质偏低、经济压力过大

大多数来自农村的农民工所接受的正规学历普遍较低，文化水平较差，大部分是初中文化。农民工从事的多是劳动强度大、工作时间长、闲暇时间少的工作，缺少时间和场地学习法律知识。多数农民工掌握的法律知识不多，不懂得选择合法有效的途径来保障自身权益，权利保护意识薄弱，缺少主动学习法律知识的意识和动力。如果在劳动力市场供大于求的状态下，农民工就只能选择在建筑、制造、餐饮等基层行业工作。面对恶意不与农民工签订劳动合同的用人单位，为了找一份工作养家，大多数人只能忍气吞声，不敢要求签订劳动合同。农民工希望与用人单位签订劳动合同、渴望加入工会，但由于个人能力有限，面对故意不签订劳动合同、不准提入工会的用人单位，他们只能选择忍气吞声继续工作。对于工会和用人单位在"入会"问题上"踢皮球"现象，作为弱势群体的农民工处在一个"死循环"的怪圈中，想努力却力不从心。

三、农民工劳动报酬保障的对策建议

农民工大量进入城镇务工，农民工的劳动报酬保障也引起各级政府部门的广泛关注，劳动和社会保障部按照国务院的要求，进行了职责分工，实施了相应的维权措施，建立相应的保障制度，为解决农民工报酬和劳动保护方面的问题发挥了积极的影响。其一，建立工资宏观指导体系。在全国140个大中城市建立了劳动力市场工资指导价位制度，在32个省、自治区、直辖市（除西藏以外)建立了工资指导线。这些制度对解决农民工报酬问题奠定了坚实的基础，对引导企业合理调整农民工的工资水平具有重大作用。其二，建立长效机制，加强监察执法，解决拖欠工资问题。各地进一步开展专项检查，强化劳动监察，加大宣传力度。在全国形成了联合政府执法部门综合治理企业拖欠农民工工资情况，劳动和社会保障部正在指导各地探索建立预防拖欠工资的长效机制，包括劳动保障守法诚信制度、工资支付监控制度(欠薪报告制度)和工资支付保障制度(欠薪保障制度)，从源头上预防和治理拖欠农民工报酬问题。其

三，建立适应企业的报酬机制。实施工资集体协商制度，维护农民工报酬合理增长，全国共有29万多户企业实行了工资集体协商制，使员工能够依法参与企业的工资决策。其四，建立完善了最低工资保障制。目前有23个省市发布了小时最低工资标准，32个省、自治区均按政策要求颁布了最低工资标准，建立了正常调整机制。

（一）建立劳动争议案件"绿色通道"

获得工资报酬是农民工最核心的经济权益，农民工工资拖欠问题成为现阶段影响我国社会稳定和城镇化进程的重要社会问题。尽管党和国家近年来出台多项法律法规来遏制农民工工资拖欠问题，但往往是"按下葫芦浮起瓢"。全国人大代表陈雪萍分析指出，治理农民工工资拖欠问题，要将强化执法和健全法律援助机制有机结合起来。开辟农民工劳动争议案件"绿色通道"，是目前最有效的处理方式。应逐步建立健全我国劳动法律体系，形成保障农民工劳动报酬权益的法治合力；进一步强化和完善劳动执法监察，使追讨欠薪工作常态化、日常化；细化了农民工维权的司法保障措施，鼓励和支持各级人民法院根据当地实际，通过探索建立农民工工资清欠"绿色通道"、开展专项活动，为农民工依法追讨被拖欠的工资提供最有力的支持。

（二）完善相关立法、健全日常监督机制、强化工会作用

我国法律对农民工劳动报酬权保护的缺位，使得农民工劳动报酬权保护存在大量缺陷，应进一步完善相关立法，为农民工劳动报酬权的保驾护航提供可靠的法律支持。提升专门的工资立法质量，修改《劳动法》，强化《劳动合同法》一些条款，尽快制订和出台《农民工权益法》。

政府应当建立完善、有效的处置机制，既要建立企业预警机制，做好事前监督，又要进一步完善工资保证金制度和实名制管理制度，同时还应加强省际协作，多方联动，建立健全日常监督机制。建立健全欠薪预警机制，完善工资保证金制度，完善实名制管理制度，加强省际协作。

各地要切实做好农民工加入工会组织的工作，坚持"哪里有农民工，哪里就组建工会"的原则，在农民工分布密集、欠薪现象严重的地区要重点开展工

会组建工作，加强基层工会组织建设，提高工会组建率和农民工入会率，确保更多的农民工加入工会组织，从而为农民工劳动报酬权的保护提供便利。应当充分发挥工会组织的作用，切实提高农民工入会的质量，使得农民工一旦遇到侵权行为，能及时有效地通过工会组织维护自身的合法权益。

工会组织要加强对农民工的就业指导服务工作，为农民工提供政策咨询、职业培训、就业指导、维权指导等免费服务，切实做好农民工维权指导工作。要重建工会劳动保护的秩序，在明确工会责任的同时，充分发挥工会劳动报酬权保护工作中农民工的主体作用，切实做好各项监督检查工作，跟踪督查整改问题，及时获取维权过程中的相关信息。

实行"农民工实名制"登记，工会成立专门的管理工作领导小组，人保局、安检区、住建局、公安局等部门密切合作，各方力量协调一致，使得该制度的推行取得实效。在农民工维权过程中要积极推动建立"党委领导、政府支持、社会配合、工会运作、农民工参与"的五位一体维权机制。

（三）加大对用人单位监管力度，建立报酬监控机制

对于用人单位，政府应当加大对其法制宣传教育力度。在全国范围内建立完整的诚信制度体系，对用人单位的工资支付行为进行考评，银行应当建立企业诚信档案，对企业的信用进行考察，把有欠薪行为的用人单位录入企业诚信系统。

因恶意欠薪而信用较差的单位，在向银行贷款、参与投标等时应当受到一定限制，并且着重对其进行资格审查工作。用人单位自身更应主动加强对相关法律法规的学习，提高自己的法律意识，进一步规范用人单位的用工、工资和管理等，维护农民工的合法权益。农民工应加强对《劳动法》《劳动合同法》等法律的学习，明确自身的权利、义务以及应承担的法律责任。同时，用人单位还应完善包括医疗、失业、养老、工伤、生育等方面的保障制度，以避免和减少工资拖欠现象的产生。

相关部门应进行报酬监控，做到"事前检查，事中解决，事后纠正"三结合，将每个企业工资支付情况按月上报并录入电脑，力争使各企业工资支付、台账完备，这样才能建立"工资监控联动机制"。市、县、区、镇、村联网，建立

登记注册监控，推广建立欠薪预警制度，将拖欠工资的恶劣"大户"上网。"政府电子政务网"和"劳动市场网"相结合，定期公示企业的相关情况，让其在劳务市场无法招人坑人，将拖欠工资的恶劣"大户"公示，建立"齐抓共管"机制。

工商、住建、劳动、工会、法院、公安等相关部门成立联合检查组进行定期检查，加大治理的力度，引起企业的足够重视。地方政府出台建立健全用工企业信用评价体系，把按时发放工资当作一个重要的衡量标准，实行一票否决，将恶意拖欠民工工资、失信企业列入黑名单，使得企业为了自己的信用，不敢拖欠民工报酬，确保农民工工资都能得以准时、足额发放。

（四）开展农民工培训，提供法律援助

1. 加强对农民工的培训

政府应将农民工法律知识培训纳入普法重点，定期举办法制培训班，加大《劳动法》《劳动合同法》《法律援助条例》等与农民工密切相关的法律法规的宣讲力度，就农民工与用人单位之间的工资等纠纷情况、签订书面劳动合同的重要性、加班费的标准、被拖欠工资时如何收集证据等事项进行重点讲解。

加强农民工岗前培训、在岗技能提升培训；农民工自身更应当重视职业培训。在加大对农民工的法律知识培训的过程中，应当有针对性地开展法制宣传教育工作，要在农民工集中的地区和行业开展普法宣传，加强法制教育；要积极探索对农民工普法宣传教育的新举措，增强农民工的法律意识和维权意识，使农民工进一步了解劳动工资、法律援助、劳动仲裁等相关法律知识，掌握更加有效的维权方法，帮助农民工提高运用法律武器维护自身权益的能力。

2. 为农民工维权提供法律援助

《法律援助条例》第3条指出："法律援助是政府责任，县级以上人民政府应当采取积极措施推动法律援助工作，为法律援助提供财政支持，保障法律援助事业与经济、社会协调发展。"政府应当充分调动社会组织、律师工作者等多方面的积极性，为法律援助提供相应的经费保障。引导和推动法律援助工作，为开展法律援助提供必要的保障。各地政府也应成立农民工法律援助机构，培养大量有专业知识和办案技能、全职为农民工提供免费法律服务、有正义感、愿意奉献的良心律师。以政府为主体，充分调动律师、社会组织等多方力量，

为法律援助提供必要的经费保障，让更多的正义律师加入到为农民工提供免费法律援助服务的行列中，让农民工不为生活生计发愁，为社会的健康发展做出应有的贡献。

第二节 城镇化进程中农民工绩效工资制度创新①

2009年国务院决定在公共卫生与基层医疗卫生事业单位和其他事业单位实施绩效工资制并不断推进其进程，自此，绩效工资成了一个热点词汇，备受企业青睐，各种企业自创的绩效工资制不断出台，对于调动员工劳动生产积极性和提高企业效益发挥了巨大的积极作用。而对于企业员工而言，使能者勤者多得，人尽其才。然而，这样一种国家鼓励、企业青睐、员工拥护的工资制度，对于农民工而言，确似无缘从中受益。从当前农民工工资制来看，几乎走向两个极端：对于建筑业、制造业、加工业等行业企业而言，多采用计时工资制或计件工资制，没有基本工资作为其及其家庭的生活保障；而对于物业管理、餐饮业员工和机关事业单位临聘人员等则采用固定工资制，仅有因工作年限产生的工资细微差异，难以起到奖勤罚懒的作用。

一、绩效工资制度及其理论依据

根据《现代汉语规范词典》的界定，"绩效"是"业绩和成效"。② 当前人力资源管理领域对"绩效"从两个方面进行界定："绩效"首先指行动的结果，其次包含行动的整个过程。也就是说要从员工的职业生涯角度考察，不仅看他（她）当前做了什么，也要关注他（她）将来还能够做什么，能给组织带来什么价值。

建立在绩效基础上的工资即为绩效工资，也就是说，绩效工资是根据工作业绩来支付的浮动薪酬，其最大的特征就是非固定性，对于员工而言具有较强的激励功能，绩效工资的实行必须以一套完整科学的考核标准体系为基础。其实质是将与员工对应的岗位工资拆解成固定工资和激励工资，固定工资部分属

---

① 侯旭平.农民工绩效工资制度创新研究[J].长沙大学学报，2015(3)：47－49.

② 李行健.现代汉语规范词典[M].北京：外语教学与研究出版社，2004：621.

于保障性工资,激励工资部分才属于绩效性工资。然而这种划分并无理论和实践上的意义,缺少保障性工资的工资制度实为无本之木,而缺少绩效性工资的工资制度则难以发挥其对员工的激励作用,真正的绩效工资制应是两者兼备的绩效工资制。

因而真正科学的绩效工资制度应当以现有的工资理论为基础,主要包括基于条件的工资理论与基于公平和效率的工资理论,前者为保障性工资存在的理论基础,后者为绩效性工资存在的理论基础。

(一)基于条件的工资理论

此类工资理论认为,工资是员工维持劳动力的前提条件,或者是劳动力交换价值的表现形式。

威廉·配第和安·罗伯特·雅克·杜尔阁的最低工资理论认为员工生活的最低消费需求决定应获工资的自然价值,应获工资的自然价值决定员工最低工资,它是员工维持生存的基本保证和雇主获得生产劳动力的必要条件。如果员工的工资低于这一水平,劳动力的再生产和社会的稳定和发展就无法维系。

美国著名经济学家加里·贝克尔的人力资本理论认为人力资本是凝聚在员工身上的知识、技能、健康状况以及表现出来的能力等,它的形成很大程度上依赖于后天的努力,其中最重要的是教育。只有当员工的人力资本投资能够得到工资等形式的合理回报时,他才会愿意继续投资于人力资本建设。因而,工资是人力资本再生产的条件。

法国经济学家萨伊、美国经济学家克拉克和英国的经济学家马歇尔等人的要素分配理论认为,企业的利润来源于劳动、资本、土地和企业家等要素,相应也应以工资、利息、地租和分红形式分配下去,其中劳动要素是员工获取工资的条件。

(二)基于公平和效率的工资理论

亚当·斯密的工资差别理论认为,不同的职业性质造成差异,必须对那些使劳动者学习成本高、不愉快、不安全、责任重大、失败率高的职业支付高额工资,否则,就会造成工资分配的不公平,挫伤员工的积极性,限制职业间的自由竞争和影响劳动力的自由流动，导致生产效率低下。

美国行为科学家亚当斯的公平理论认为员工受到激励，不仅在于自己所获报酬的水平，而且还会通过与他人的报酬水平进行比较来确定分配是否合理和公平。如果认为分配是公平的，就会努力工作，否则，就会产生不公平感和怨气，从而消极怠工。

美国的经济学家克拉克的边际生产率工资理论认为，企业一般会对劳动力进行最优配置以获得最大利润，因而可以按照员工的边际生产率决定其工资，只有这样支付工资才是最经济和最有效的。①

经济学家索罗、夏皮罗、斯蒂格利茨等人的效率工资理论认为较高的工资水平可激励员工在劳动过程中加倍努力，因而，企业可以通过付给员工比市场水平高的工资来激发员工劳动的高效率。

美国心理学家马斯洛、赫茨伯格、弗罗姆、斯金纳、洛克等人的激励理论认为，不论怎样，企业员工的工资水平是激励员工生产效率的最重要的因素，尽管影响员工生产效率的因素复杂多变，但工资水平从来都是一个最重要的基本因素，它不仅是一种基于心理需要的激励手段，更是员工自我实现的表现。

二、企业绩效工资总量及农民工工资总量的确定及实证分析

从当前企业等用工单位发放的农民工工资情况来看，农民工收入与其对企业所做贡献之比明显失衡，笔者曾组织"和谐社会视野下女性农民工权益保障缺失问题研究"（湖南省教育厅青年项目，编号：10B011），课题组成员对2012年长沙市建筑业企业和住宅小区物业管理企业这两类使用农民工最多的劳动密集型企业的农民工工资总量进行实地调查和统计分析，研究发现：建筑业企业和物业管理企业农民工工资总量平均分别仅占企业利润（为便于计算和分析，此处利润界定为在扣除各项成本费用、缴纳税收和提取各项法定公积金和公益金后的可分配利润与企业工资总量之和）的10.76%和23.46%，管理人员工资总量分别为5.43%和6.51%。其余绝大部分作为资本红息分配给投资者。

而根据萨伊、克拉克和马歇尔等人的按要素分配工资理论，企业的利润来

---

① 唐士勇. 薪酬与福利管理实务［M］. 北京：中国人民大学出版社，2008：15－16.

源于劳动、资本、土地和企业家等要素，因而企业利润应按其来源要素贡献的大小进行分配，根据当前的建筑业来看，国家明令建设单位不得要求承包人带资入场，必须按工程进度拨付工程款，因而投资者资本投入较少，资本对企业利润贡献程度较小，企业利润主要来源于农民工的劳动，然而农民工的工资总量在企业利润中所占比重极小，农民工对企业利润的贡献与其所得工资相比，明显失衡。小区物业管理行业中，企业投资量更少，其劳动密集程度更高，然而农民工工资所得与其对物业管理企业利润的贡献之比，并不见得优于建筑业企业。

因而，企业应基于公平与激励需要，制定工资尤其是农民工工资总量制度，确保工资总量不仅能满足农民工劳动力存续和发展的基本需要，更要考虑企业尤其是劳动密集型企业对员工劳动积极性激励的需要。为保证社会劳动力能满足社会发展的需要，国家甚至可以强行介入企业工资制度，制定并推行企业工资总量制度，提高农民工的社会平均收入水平，遏制投资人畸高的社会平均利润水平，实现对劳动力发展和农民工生活水平提高的宏观调控。

企业工资总量特别是农民工工资总量的确定，应以萨伊、克拉克和马歇尔等人的按要素分配工资理论为基础确定企业的利润形成要素，作为工资总量确定的指标体系，再运用德尔菲法对各因素的贡献程度进行评价。以某建筑企业为例，我们可以评价出农民工劳动对企业利润的贡献度：

首先，聘请法律、财务会计、建筑、职业经理等方面专家共 20 名，其中法律、财务会计专家各 3 名，建筑、职业经理专家各 7 名，调查分多轮次进行，每轮次发放调查表 20 份。

其次，运用带确信度的 Delphi 法，进行评价。

（1）基本定义和假设。

定义 1　专家集：$E = [E_1, E_2, \cdots, E_n]$，$E_i (i = 1, 2, \cdots, n)$ 为第 i 个专家，E 为有限论域。

定义 2　因素集：$A = [a_1, a_2, \cdots, a_n]$，为各因素权重的集合，为有限论域，且满足 $\sum_{i=1}^{n} a_i = 1$。

定义 3　离差 $d = \dfrac{1}{n} \sum_{i=1}^{n} (a_i - \bar{a})^2$，预先给定离差的标准值 $\varepsilon (0 < \varepsilon < 1)$。

当离差 $d_k \leq \varepsilon$（其中 d_k 是第 k 次计算的离差）时，将所有平均值和离差再次交给各位专家，请他们给出因素 a 的最后估计值并标出各自所作估计值的"确信度"。

定义 4　各位专家对因素 a 的最后估计值给出各自的"确信度" e_i，得到集合：$[e_1, e_2, \cdots, e_i, \cdots, e_n]$，为有限论域，且满足 $0 < e_i \leq 1$。

定义 5　预先给定"确信度" e 的水平值 λ，且满足 $0 < \lambda < 1$。

（2）调查表设置。

由于该建筑企业的利润来源因素主要有劳动力、资本和企业家因素，可这样设置调查表：

①您认为本企业决定企业利润各因素的重要程度应各为多少？（用百分比表示，各种因素的百分比之和为 100%）

a_1 劳动力因素（　）%；　　　　a_2 资本因素（　）%；

a_3 企业家因素（　）%；

②……

（3）首次回收调查表后，首先利用专家对各因素给出的估计值计算其平均值和离差。如第 i 位专家对 a_1 给出的估计值为 $a_{1i}(i = 1, 2, \cdots, n)$。对于 $(a_{11}, a_{12}, \cdots, a_{1n})$，计算其平均值 $\bar{a}_1$ 和离差 d_1：$\bar{a}_1 = \dfrac{1}{n} \sum_{i=1}^{n} a_{1i} (n = 20)$，$d_1 = \dfrac{1}{n} \sum_{i=1}^{n} (a_{1i} - \bar{a}_1)^2$。（以下每步均以对 a_1 的估计为例说明）

（4）无记名将全部数据[如对 a_1 估计时的全部数据为 $(a_{11}, a_{12}, \cdots, a_{1n}; \bar{a}_1, d_1)$]连同调查表送交每一位专家，请每一位专家给出新的估计值。

（5）根据需要将上述过程重复若干次，直到离差 d_1 小于或等于预先给定的标准 $\varepsilon = 0.05$。如对 a_1 估计时若第 k 步达到 $d_{1k} \leq \varepsilon$，可进行下一步，其中 d_{1k} 是第 k 次计算的离差。

（6）再次将所有平均值和离差交给各位专家，以作最终的判断。如对 a_1 估计时各位专家给出 a_1 的最后估计值为：$a_{11}, a_{12}, \cdots, a_{1i}, \cdots, a_{1n}$（其中 a_{1i} 是第 i 位专家对 a_1 的估计值，$n = 20$），并请每位专家标出各自所作估计值的"确信度"：$e_{11}, e_{12}, \cdots, e_{1i}, \cdots, e_{1n}$（其中 e_{1i} 是第 i 位专家对自己估计值的把握程度，规定确信度的取值范围为$[0,1]$)。

(7)将专家的最后估计值(作第一行)和确信度(作第二行)列成矩阵并作

最后处理。如对a_1估计时对矩阵$\begin{bmatrix} a_{11} & \cdots & a_{1i} & \cdots & a_{1n} \\ e_{11} & \cdots & e_{1i} & \cdots & e_{1n} \end{bmatrix}$进行最后处理。设$e_1$

$=\lambda=0.8$,令$A_{1\lambda}=\{i|e_{1i}\geq 0.8, i=1,2,\cdots,n\}$,$\bar{a}_1=\dfrac{1}{|A_{1\lambda}|}\sum_{i\in A_{1\lambda}}a_{1i}=0.68$(此

处$|A_{1\lambda}|$表示集合$A_{1\lambda}$的元素个数),计算结果为确信度在0.8水平以上的评价值。同理,可求出其余各要素的评价值。由此可得,$A=[0.68,0.21,0.11]$。其中劳动力对该企业利润的贡献程度为0.68,资本对该企业利润的贡献程度为0.21,企业家对该企业利润的贡献程度为0.11。

同理,运用带确信度的德尔菲法可以求出农民工的劳动在劳动力贡献程度中的比重,以该比重乘以劳动力对该企业利润的贡献程度,即为农民工劳动对企业利润的贡献程度,将其与企业利润总额相乘,即为农民工工资总量。

三、农民工团队绩效工资与个人绩效工资制度构建

企业农民工绩效工资总量确定以后,还不能直接分解为个人绩效工资,因为根据亚当·斯密的工资差别理论和克拉克的边际生产率工资理论,从事不同职业的劳动者学习成本不同,产生的边际生产率也不同,从而对企业利润的贡献程度也不相同,如果无视其差异,工资制度必然陷入平均主义的泥潭。因而,从事不同职业分工的员工团队,比如专业技术人员、销售人员、管理人员对企业利润形成的绩效是存在差异的,甚至差异很大。而且过于强调个人的绩效,对团队工作是不利的:"每个人都在拼命向前赶,或者是为了个人的利益而去抢夺自己的求生工具。企业是必然的受损者。"[1]因而,企业绩效工资总量应首先分解为团队绩效工资总量,再由团队绩效工资总量分解为个人绩效工资。

(一)团队绩效工资制

团队是指企业内由相互依赖的个人,例如,具有不同的工作技能者(生产、

---

[1] W. E. Deming, "*Out of the Crisis, Cambridge, Center for Advanced Engineering Study*", Massachusetts Institute of Technology, 1986.

技术开发、营销等）按技能和职能所组成的正式团体，并负责完成特定任务。团队的成员致力于共同的宗旨、绩效目标和通用方法，并且共同承担责任。团队的分类多种多样，对于实行绩效工资分解的团队，以职能部门划分较为适宜，比如生产团队、R&D 团队、销售团队、售后服务团队等。

由于团队从事不同职能工作，不同职能之间不具可比性，因而，不同团队的劳动对企业利润的贡献难以量化，以建筑业企业为例，泥工团队、钢筋工团队、木工团队、油漆工团队和架子工团队等对企业利润的贡献度由于其不具可比性，很难量化。为避免定性评价误差过大的弊端，前述劳动力要素对企业利润贡献度评价的带确信度的德尔菲法不失为最理想的评价方法，只是此时评价因素为各团队的劳动。采用带确信度的德尔菲法评价出泥工团队、钢筋工团队、木工团队、油漆工团队和架子工团队等在劳动力贡献中的比（权）重后，以各自的权重乘以企业绩效工资总量，即为该团队的绩效工资总量。

团队的绩效工资总量确定以后，即可根据每个员工在团队工作中的绩效或贡献进行分配。

（二）个人绩效工资制

个人绩效工资分为保障性绩效工资和激励性绩效工资。保障性绩效工资又可称之为间接绩效工资，根据威廉·配第和安·罗伯特·雅克·杜尔阁的最低工资理论，员工的最低工资是员工维持生存的基本保证和雇主获得生产劳动力的必要条件，如果员工的工资低于这一水平，劳动力的再生产和社会的稳定和发展就无法维系。而加里·贝克尔的人力资本理论认为只有当员工的人力资本投资能够得到工资等形式的合理回报时，他才会愿意继续投资于人力资本建设。亚当·斯密的工资差别理论也认为，不同的职业性质造成差异，必须对那些使劳动者学习成本高、不愉快、不安全、责任重大、失败率高的职业支付高额工资。基于这些理论，保障性绩效工资主要承担劳动力存续和再生产的责任，以及从事复杂岗位和职业劳动力生产和发展的需要。

因此，与保障性绩效工资的责任和功能相适应，保障性绩效工资应设基本绩效工资、工龄绩效工资和岗位绩效工资。

基本工资由企业依据本地物价水平及最低工资标准来确定，主要体现工资对劳动力存续的保障功能。基本工资不能过低，过低的基本工资无法保障劳动力的存续，但也不能太高，过高的基本工资会导致员工贪图安逸，丧失进取精神。

工龄工资依据员工为企业累积贡献年限来核定，不因岗位而变化，用以保护核心员工的切身利益，鼓励核心员工长期稳定地为企业工作，增强员工的稳定性和企业的向心力，执行员工发展的功能。

岗位工资是主要体现岗位责任、技能、强度与环境等职业差异的工资，是岗位绩效工资制的主体，主要执行从事复杂岗位和职业劳动力生产和发展的功能。

激励性绩效工资又可称之为直接绩效工资，克拉克的边际生产率工资理论认为，企业应该按照员工的边际生产率决定其工资，只有这样支付工资才是最经济和最有效的。管理学上的激励理论则认为，尽管影响员工生产效率的因素复杂多变，但工资水平从来都是一个最重要的基本因素，它不仅是一种基于心理需要的激励手段，更是员工自我实现的表现。

激励性绩效工资主要执行激励员工、提高劳动生产率的职能，科学的绩效工资结构设计能有效地激励员工、提高人力资源素质，改善产品的质量，提高生产效率。劳勒在回顾了相关的研究后指出：工资在员工心目中的重要性，平均为第三名，更有27%的研究显示，其重要性名列第一。而其中，工资结构是组织设计中最重要的因素之一。[1]格哈特和米尔科维奇针对150家企业的工资状况研究后发现，不同企业不仅在工资结构上存在明显的差异，而且这些差异还导致了不同企业间的利润水平差异。[2] 激励性绩效工资产生的基础和前提是员工个人绩效的巨大差异，据国外一项研究成果，从事各种职业的员工绩效均存在较大的差异[3]，如表3-1所示。

---

[1]　Edward E. Lawler lll. "*Fawler*, *Fast*, *Track*", Business week, 1990, 10, 192 – 200.

[2]　B. Gerhart, G. T. Milkovich, "*Organizational Differenecs in Managaerial Pay and Financial Performance*", Academy of – Management Journal, 1990, 33, 663 – 691.

[3]　资料来自 M. K. Judiesch, F. L. Svhmify, J. E. "*Hunter, Has the problem of judgement in utility analysis been solved?*", Journal of Applied Psychology: Vol. 78, No. 6, Dec. 1993.

表 3 – 1　不同职业员工的绩效差异

序号	工作类别	高绩效与平均绩效的差异/%
1	蓝领工人	15
2	办事员	17
3	工匠	25
4	事务性管理人员	28
5	专业技术人员	46
6	非保险类销售人员	42
7	保险销售人员	97

激励性绩效工资主要包括绩效工资和奖金。绩效工资确定的基础是个人绩效，早期个人绩效主要指工作绩效，后来发展到将任务效率、被证实的努力及个人遵守纪律作为工作绩效的构成要素，甚至加入了团队合作与利他主义的要素，以至于情境因素也被作为衡量个人绩效的重要因素，诸如愿意完成工作中并未规定的任务、能帮助他人及良好的合作性等。

基于此，绩效工资确定的主要因素有：任务效率(T)、个人努力和守纪(D)、团队合作(C)以及工作积极性等(E)。任务效率(T)根据工作任务完成情况确定，可采用计件制，但要考虑产品质量，扣除不合格产品成本后确定。不宜采用计件制的，可采用计时制，即根据劳动时间来确定，任务效率(T)对绩效的贡献较大，相应权重应较高，比如总权重(β)为1的话，任务效率(T)的权重(β_T)应设定为0.7～0.8。个人努力和守纪(D)、团队合作(C)以及工作积极性等(E)难以量化，最好由被测员工的同事和顶头上司以打分的方式确定，权重(β_D, β_C, β_E)每项宜设为0.05～0.1，三项权重总和应为0.2～0.3之间。

农民工绩效工资部分得分可依下列公式计算：

$$P = T \times \beta_T + D \times \beta_D + C \times \beta_C + E \times \beta_E$$

假设某建筑企业木工团队农民工绩效工资确定的主要因素任务效率(T)、个人努力和守纪(D)、团队合作(C)以及工作积极性等(E)的权重分别为0.8、0.1、0.05、0.05，其中农民工甲任务效率(T)得分为0.9分，个人努力和守纪(D)得分为0.9分，团队合作(C)得分为1.0分，工作积极性(E)得分为1.0

分，于是其绩效工资得分为：

$$P = 0.9 \times 0.8 + 0.9 \times 0.1 + 1.0 \times 0.05 + 1.0 \times 0.05 = 0.91$$

如果该团队员工本月满分值的月绩效工资为 3000 元，则农民工甲的月绩效工资为 2730 元。

农民工奖金主要有专项奖金和年终奖，专项奖金主要有拾金不昧奖、见义勇为奖等，本书所涉奖金不包含专项奖金，因其与农民工工作绩效关联不大。以农民工工作绩效为核算基础的奖金主要是年终奖，年终时，绩优企业往往从年度利润中拿出一部分奖励员工，作为员工对企业年度业绩所做贡献的报偿。年终奖金的确定有两种方式，一为完全按月平均绩效得分分配，另外，也可设为两个组成部分：基本奖金和绩效奖金，少部分设为基本奖金，人人有份，平均分配，大部分为绩效奖金，按月平均绩效得分分配。

不管怎样设置绩效工资制度，有一点必须做到：绩效工资制度的内容必须向员工详细说明，做到人尽皆知。因为，只有当员工清楚地理解哪些行为能够联系到高的绩效并能被准确测量的时候，才提倡应用绩效工资结构。[1]

当前中国已面临劳动力短缺的严峻问题，农民工绩效工资制度不仅关系农民工劳动力的再生产和农民工劳动力向产业劳动力转化和进化的进程，而且农民工绩效工资制关系着农民生活水平的提高，是解决"三农"问题中农民问题的关键所在，在大量使用农民工的企业建立农民工绩效工资制度已迫在眉睫，作为社会管理和服务者的政府应着力推动此项关系社会发展和改进民生的系统工程。

第三节　城镇化进程中农民工工资集体协商机制完善

工资是维护劳动者生存的必要条件，是保证其劳动力生产和再生产的必需费用。工资分配是农民工取得劳动报酬的主要方式，它直接关系到劳动者的切身利益，关系到企业的发展和经济效益的提高，对国民经济的健康发展和社会

---

[1] Stajkovic, D. Alexnader, Luthans and Fred, "*Differential Effects of Incentive Motivators on Work Performance*", Academy of Managemant Journal, 2001(3)：20 – 25.

的稳定、进步有着极大的影响。工资集体协商是指工会或经民主选举产生的职工代表与企业代表依法就企业内部工资分配制度、工资分配形式、工资收入水平等事项进行平等协商，在协商一致的基础上，签订工资协议的行为。在全面建成小康社会的背景下，建立和完善农民工工资协商制度，是完善社会主义市场经济体制的重要内容，是建立新型劳资关系、实现劳资双赢的需要，也是广大农民工共享改革发展成果的现实体现。

一、建立并完善农民工工资集体协商机制的意义

第一，建立工资集体协商机制，是协调劳动关系，维护广大职工切身利益以及用人单位合法权益的重要手段。公开、公平、合理的工资制度和工资水平，有助于稳定劳动关系，并保障用人单位的持续健康发展。工资集体协商制度也是现代企业制度的重要特征，现代企业应该通过建立一套完整、严格和有效的运行机制，来保证分配过程和分配效果的公平性和合理性，在企业中能更好地进行权益的维护。

第二，建立工资集体协商机制是维护劳动者自身利益的一种有效途径。它一方面能够维护农民工的权益，使工资增长与企业效益提高相适应，确保每个农民工分享到企业发展的成果。另一方面，有利于建立和谐稳定的企业劳资关系，增强企业凝聚力，调动所有员工的积极性。对劳动者而言，工资集体协商能够有效维护其合法权益，促进工资水平与企业效益相挂钩，形成工资的正常增长机制，有利于劳动者共享企业发展与经济社会发展的成果；对农民工而言，工资集体协商有利于构建和谐稳定的劳资关系，调动农民工的工作积极性，从而为企业提高效益和长远发展奠定良好基础，创设良好氛围。

二、农民工工资集体协商机制存在的问题

从一些实施工资集体协商加制较早的地区和企业看，至 2017 年底，全国已有 20 多个省上万家企业开展了工资集体协商，河北、江苏、上海、河南、大连等地还开展了区域性和行业性工资集体协商。实践证明，工资集体协商在稳定企业劳动关系、维护职工的合法权益、促进企业发展等方面发挥了重大的作用。工资集体协商机制在我国的建立虽已经取得初步成效，但工资集体协商制

度尤其是农民工工资协商制度的实施过程中仍存在着大量的问题，面临着严峻的考验。

(一)农民工工资集体协商推行的覆盖面不广

我国早在 2000 年就已颁布《工资集体协商试行办法》(以下简称《办法》)，要求代表职工利益的企业工会或职工代表与企业代表依法就企业内部工资分配制度、工资分配形式、工资收入水平等事项进行平等协商，在协商一致的基础上签订工资协议。《办法》颁布后，国家要求在全国范围内逐步推行，从推行效果看，部分地区民营企业工资集体协商推行取得显著成效，但从全国范围看，工资集体协商制推行则比较缓慢。根据全国工商联于 2007 年在 7 省市开展的"全国工商联企业劳动关系状况调查"显示，与员工实行工资集体协商的企业占 39.89%，由企业领导决定的占 32.64%，由人力资源部门决定的占 27.48%。2000 年国家就要求工资集体协商制在全国范围内推行，但从 2007 年调查数据来看，真正开展工资集体协商的民营企业不足一半，而在这不足一半的开展工资集体协商的企业中还包括协商流于形式、效果差强人意的企业。工资集体协商在推行中遭遇困境。

(二)农民工工资集体协商开展的实效性不强

农民工工资集体协商涉及两方主体，一方为工会或经民主选举产生的农民工代表，一方为企业代表，只有双方主体协调一致，工资集体协商才能有效开展。但在实践中，双方主体显现出各自的问题。从农民工自身而言，一方面表现为并不知晓工资集体协商制度，另一方面表现为即使知晓，却缺乏通过工资集体协商来维护自身权益的意识，"工资由老板说了算"成为普遍现象。即使由农民工组成职工代表与企业代表谈判，也表现出力量不足、谈判能力缺失。集体协商的缺失，使得农民工的收入不能伴随经济发展而不断增长。根据全国总工会在广东省的调查显示，农民工对广东经济发展的贡献率高达 25%，然而广东省最发达的珠三角地区外来务工人员的工资几十年来一直在低位徘徊。

（三）农民工工资集体协商运行中的监管不力

劳资自治即劳资双方自行处理相互关系，自行协调相互矛盾。劳资自治是我们在劳动关系中追求的一种理想状态。但劳资自治是有前提的，成熟的劳方、成熟的资方、成熟的劳方组织、成熟的资方组织。而我国目前的劳方、劳方组织和资方、资方组织从整体上看依然处于不成熟状态。在各方因素不成熟状态下去追求劳资自治，无异于好高骛远、不切实际。劳资之外的第三方就显得尤为重要，而承担第三方角色的应该是政府，工资集体协商机制作为协调劳资关系、促进收入分配合理化的重要手段，政府在其中的作用不可缺失。

（四）工会作用发挥不到位

工会是工人联合会，是基于共同利益而组织的社会团体，是职工利益的代表，目前在企业、事业单位和机关中，工会组织率在国有企业中高达100%。中国工会的性质和机能决定了他们作为员工的代表与资方进行协商及谈判的能力和结果。但工会缺乏权威性，无法有效遏制员工之间的竞争，无法形成劳动力市场的买方垄断，如果工会控制了农民工劳动力供给量，也就影响了工资水平和工资率的规定（如图3－1所示）。[1]

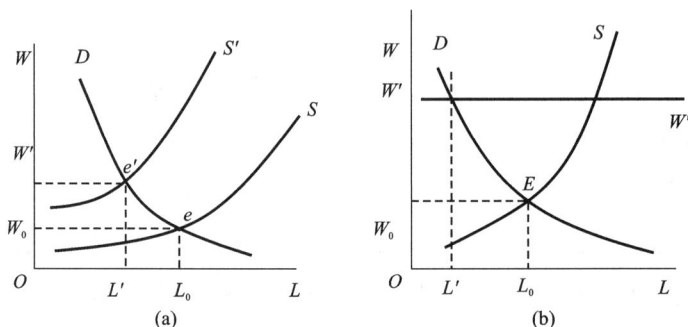

图3－1　工会作用下的工资决定

---

① 张翠燕，牛忠江. 工资集体谈判[J]. 企业人才，2007(6).

如图 3-1 所示，D 为劳动力需求曲线，S 为劳动力供给曲线，假设雇员组成工会，采取措施限制了劳动力的供给，致使劳动力供给量由 S 减省到 S'，相应的，雇用量由 OL_0 下降到 OL'，工资率则由 OW_0 上升到 OW'。假如工会促使政府规定最低工资率，如图 3-1(b) 所示，人为提高工资率，即由 OW_0 上升到 OW'，使工资率不得低于 $W'W''$ 线。相应的，雇用量也就由 OL_0 减少到 OL'。而非国有企业即使有工会，其组织力量也比较薄弱，不具备集体协商的"对等的能力"。职工代表在专业知识水平、自我保护能力、社会活动能力和社会影响力等方面均不能同业主相比，尤其是在非公企业中就业的员工有很多是刚刚走出农门的打工者，缺乏维护自身权益的意识。

(五)企业社会意识和责任的缺失

企业作为一种社会组织，不仅仅是谋取利益最大化的工具，它实际上也是利益相关者的一个集合，企业发展成果须由劳动者和企业主共同分享。这样才能形成利益共同体，培育职工的忠诚度和长期行为，积累起企业发展不可或缺的价值观和精神文化。放弃社会责任，企业只有回归到资本原始积累的起点，造成企业发展的全面退化。这不仅同社会主义发展目标相悖，同时也与国际企业发展趋势相违。很多企业少有鲜明的责任意识，企业在他们的观念中仅仅是一个私产，只是谋取利润的工具，对劳动的监管和企业的社会责任采取逃避态度。绝大多数企业虽有集体合同形式，但基本上是一纸空文，根本不能成为规范约束双方行为的法律性文本。还有相当一部分企业压根就没有签订集体合同，并且也不准备签订集体合同，这其中尤其以农民工最为突出。[①]

三、制约农民工工资集体协商机制实施的因素

(一)重效率轻公平

初次分配是我国收入分配的基础及主体分配渠道，其公平程度的高低对收入结果的公平程度有决定性影响。从改革伊始至 2006 年，收入分配政策逐渐

① 李友德.我国工资集体协商机制建立的有序化进程[J].求索,2009(7).

由重公平转向重效率，并大致先后历经了鼓励勤劳致富重效率、"以按劳分配为主体、其他分配方式为补充""把按劳分配与按生产要素分配结合起来，按要素贡献分配"重效率等阶段。1994 年召开的十四届三中全会明确提出"效率优先，兼顾公平"的思想，并确定了允许以属于个人的资本等生产要素参与收益分配的原则。效率优先、兼顾公平的分配原则，极大地调动了广大生产者的积极性，可以促进社会和经济的发展，也可以使社会资源得到合理有效的配置。但是由于每个人提供的劳动数量和质量不同，所拥有的生产要素也不一样，这种"效率优先、兼顾公平"的分配制度也会导致两极分化和贫富差距的进一步扩大。在具体执行这一分配原则和"以经济建设为中心"的基本政策时，各级地方政府片面化地将其理解为以 GDP 为中心。政府一旦把 GDP 增长作为工作重心，在以 GDP 挂帅的政绩考核体制的压力下，发展观便演变成单纯追求经济增长速度的扭曲发展观。那么，政府在决策时更注重经济效率，以牺牲社会公平为代价，忽略了社会的均衡发展。在劳资关系上就会偏袒资方，收入分配易变成重效率轻公平。同时也会导致劳动力市场中农民工最低工资、工资支付管理、工资增长等方面，缺乏相配套的有效监督管理体制。在劳动总供给过剩、资本供给短缺的情况下，劳动力在要素市场中处于更不利的地位。尤其是在低端劳动力市场中，以农村转移劳动力为主的非熟练、非技术劳动力的劳动报酬更是被压低，并且缺乏基本的社会保障。初次分配中的倾斜和扭曲，决定了收入差距呈不断扩大趋势。

(二)缺乏"劳资协商"的理念

"劳资协商"是以承认劳动关系的双方主体存在利益差异和利益矛盾为前提的，而这一点与中国长久以来一直存在的高度集中、一元化领导的传统是格格不入的。我们倡导和推崇集体主义，却对于个人的权利意识、权利保护则相对忽视。这一理念在劳动关系中的渗透，就转变为劳动关系双方主体皆由政府代表，相关事务由政府决策，相关矛盾和问题也就自然由政府处理。虽然实现了向社会主义市场经济的转轨，但人们观念的转变需要一个渐进的过程，通过协商来维护自身权益的理念同样需要一个渐进的过程。"劳资协商"理念的缺乏使人们相应地缺乏通过协商维护农民工权益的内在驱动力。

(三)立法层次低，违法责任不明确

我国法律和规章对集体协商谈判中的企业义务责任均没有规定，对拒绝开展协商或提供虚假信息误导协商的企业，缺少违法责任追究条款等有效的制约手段，在一定程度上影响了工资集体协商的严肃性。《劳动法》仅有四个条文，没有规定相应的法律责任，缺乏刚性约束条款。《劳动保障监察条例》没有将工资集体协商、签订集体合同情况列入监察范围，只管审查不管执行的情形较为普遍。《集体合同规定》虽然规定了企业在收到集体协商要求时无正当理由不得拒绝，但未明确何种理由为正当或不正当，亦未规定拒绝协商应承担的法律责任。工资集体协商的开展缺乏法律监督，违法行为也得不到追究，导致企业工资集体协商流于形式和走过场，缺乏针对性和实效性，使有关法律法规或规章在一些地方变成"棉花法""豆腐法"。

有关工资集体协商的规定散见于众多法律、行政法规及其他规范性文件中，缺少国家层面专门系统规范的法律法规。原劳动和社会保障部发布的《集体合同规定》《工资集体协商试行办法》虽然规定较具体全面，但只是部颁规章，法律位阶较低，效力不高。不少地方出台的有关集体合同、集体协商的地方性法规或政府规章，虽然起到了推动当地工资集体协商开展的作用，但由于其层次偏低，强制力不够，甚至与有的规定相冲突，因此作用受限。

四、完善和推进农民工工资集体协商机制的对策建议

(一)完善劳动力市场

没有市场，就没有市场工资，"市场调节工资"首先要以劳动力市场的发育成熟作为基础性前提。在许多劳动力市场中，劳动者通过组织工会与厂商讨价还价，工会作为劳动者的组织可以代表工人与资方进行谈判，从而改善劳动者的工作条件、工资率和福利水平。工会往往是通过限制劳动力的供给来提高工资率的。如图 3-2 所示，工会将劳动力的供给限制在 q 的水平，从而成功地将工资率提高到 w。但在此工资水平下实际的劳动力供给量为 q_2，从而产生了 qq_2 的失业者。而如果劳动市场是完全竞争的，工资水平会维持在 w，并实现均

衡的劳动力交易量 q_1。当然工会限制劳动力的供给行为是否会导致失业的增加，还取决于劳动力的需求弹性。如果劳动力需求弹性小，工资率提高后厂商并不能大幅度减少劳动力的需求，从而失业率提高的幅度较小。但从长期看，如果工资率持续升高，则厂商会寻找其他要素来代替劳动力，从而使劳动力的需求弹性提高，工资率提高的结果将以更多的工人失业为代价。工会的存在从供给的角度降低了劳动力市场的可竞争性。

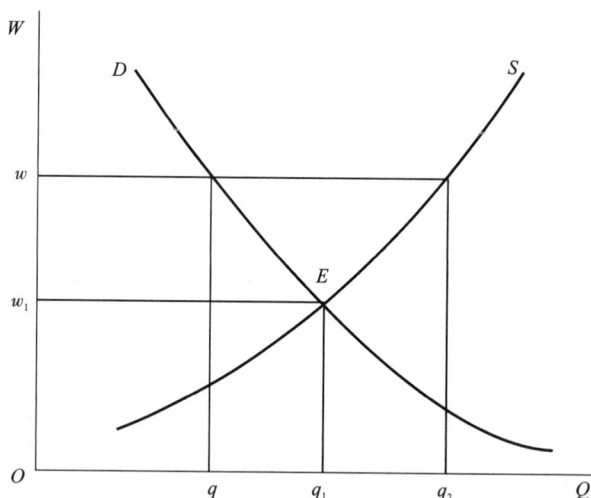

图 3 - 2　工会对劳动力市场供求及工资率的影响

当前国家还应加快建立和完善社会保障体制，积极稳妥地分流下岗人员，在全社会组织开展再就业工程，国有企业职工要全员劳动合同化，做到能进能出，双向选择，要按照科学化、规范化、现代化的要求，全面加强劳动力市场建设，在国家政策指导下，实行劳动者自主择业、市场调节就业和政府促进就业的就业方针。只有所有职工和所有企业都参与了劳动力市场的供求竞争，一个充分均衡的、具有调节力的市场工资机制才能真正形成。①

---

① 常凯.论不当劳动行为立法[J].中国社会科学,2000(5).

（二）加快立法，完善规则，推进农民工工资集体协商积极开展

1. 进一步加快立法步伐，为农民工工资集体协商提供法律支撑

工资集体协商是与市场经济相适应的劳动关系协调机制，也是推进基层民主、协商民主的有效载体。在集体谈判产生和发展过程中，西方国家注重将其纳入法制化、规范化轨道，作为调整和规范劳资关系的基本手段。1983年6月我国恢复在国际劳工组织的地位后，先后批准了与集体协商密切相关的公约。吸收借鉴国外经验做法，执行有关国际劳工标准，落实"十二五"规划提出的"积极稳妥扩大工资集体协商覆盖范围"，把推进集体合同特别是工资集体协商立法，作为加强劳动法制建设、维护职工合法权益、促进构建和谐劳动关系与和谐社会的一项重要任务来抓，研究总结工资集体协商的实践经验和理论成果，提升到政策和法律层面，积极推动在相关立法中纳入开展工资集体协商的相关规定，形成支撑工资集体协商的法律法规体系。

2. 加强对农民工工资集体协商工作的执法检查

执法不到位是影响农民工工资集体协商实效与水平的重要因素，要改变这种情形既要加强集体协商、集体合同的法制建设，又要强化对集体协商、集体合同签订和履行情况的监督检查，促进有关规定落到实处。充实劳动执法监管力量，建立劳动、司法、工商和工会等有关部门之间的协作机制，加强人大执法检查监督、劳动部门行政监督、职工群众内部监督、社会公众舆论监督等之间的相互配合，提高监督检查的综合效用。

3. 坚持党政工齐抓共管，建立健全社会化工作格局

要想让农民工工资权益得到有效保障，我们还要建立健全由各级政府牵头的农民工工资集体协商工作领导机构，依托劳动关系三方平台，联合社会力量，构建起"党政主导、三方指导、工会运作、各方配合、企业和农民工广泛参与"的工作格局。适应我国构建和谐劳动关系的现实需要，借鉴一些市场经济国家做法，推动全国人大增设一个专门委员会——劳动委员会，负责包括工资集体协商在内的劳动法律草案的拟订、审议和实施情况的监督。加快劳动关系三方机构高层化、实体化、专业化建设，赋予一定职权，如劳动政策的制定、劳动标准的确立、集体劳动争议的调处等，发挥三方在协调劳动关系中的独特作

用。各级党政机关要把工资集体协商作为保障和改善民生、加强和创新社会管理的重要内容，纳入经济社会发展规划和目标考核指标体系。政府主管部门要适时调整最低工资标准，发布工资指导线、劳动力市场工资指导价位、行业人工成本信息，为开展工资集体协商提供政策指引。各行业协会和产业工会要建立健全本行业劳动定额、劳动标准形成机制和劳动定额标准管理体系，为开展行业和企业工资集体协商提供现实依据和信息服务。发挥工资分配领域专家学者的作用，加强工资集体协商基础理论与法律政策研究，为开展农民工工资集体协商提供理论依据与专业指导。

（三）营造有利于农民工工资集体协商机制推进的氛围与环境

工资集体协商作为维护农民工劳动经济权益的一项重要工作，与基层的民主政治建设是息息相关、密不可分的。工会在新形势下要进一步推进这项工作，必须积极争取党政领导的支持，大力营造有利于工资集体协商工作推进的氛围与环境。集体协商的双方都要坚持该机制的定期正常运作，敢于抵制对该机制运作的不正当干扰。要善于通过协商，制定既有利于维护职工经济权益又有利于企业整体利益的劳动定额标准和收入分配标准。要注重保障工资集体协商成果在职工收入分配全过程中的体现，工作格局中的各方既要加强对职工收入分配标准的制定，又要积极参与收入分配过程的检查管理，更要参与对职工收入分配结果落实的有效监管。工会作为农民工利益的代表者和维护者，注重加强对工资集体协商成果全过程的保障更是责无旁贷。

（四）强化工资协议履约责任的内容

《劳动法》是当前规范企业劳动关系的重要法律依据，企业劳动关系要和谐，必须按《劳动法》办事。要积极构建人大执法检查、劳动部门依法监察、工会法律监督相结合的机制，采取多种形式加强对集体合同的履约监督检查，提高集体合同工作质量。要积极构建企业集体合同和农民工大会（职代会）相衔接的职工参与和评价制度及集体合同执行情况向农民工大会（职代会）报告制度。努力形成执法检查、行政监察和群众监督相结合的、自上而下和自下而上相结合的、规范有序的集体合同监督制约保证机制，增强集体合同工作的法律严肃性和约束力。加快立法步伐，为农民工工资集体协商提供切实有效的法律保障。随着社会主义市场经济的不断发展，我国劳动关系的实践早已远远走到了劳动立法的前面，这种立法滞后的现象，严重阻碍了农民工工资集体协商工作的开展。那种把工资集体协商寄希望于企业主的民主意识，显然不是解决问题的长远之计。加快立法迫在眉睫，特别是在非公有制企业真正全面建立起平等协商集体合同制度和工资集体协商机制，最终有待于《工资法》和《集体合同法》等法律法规的制定和完善。

虽然我国目前推行农民工工资集体协商制度初步取得了一定的成果，但是由于我国引进企业工资集体协商制度的时间还不长，这种制度不可能一步到位，需要有个循序渐进的发展过程。在这个过程中劳动力市场的成熟、政府的宏观指导、社会环境的稳定、制度和法律的健全以及健康的监督是必不可少的条件。农民工工资集体协商制度实际上是通过市场由劳动力供求双方来决定劳动力的价格，首先需要构建一个发育成熟的劳动力市场；其次要构建规范的谈判主体，谈判双方是能完全地、明明白白地代表所有者利益的企业和代表农民工利益的工会，且都具有一定的管理理念和管理水平；再次要有政府的宏观指导，政府要制定相应的政策、法规，以保证这一制度能够健康运行。

第 四 章
城镇化进程中农民工生产生活条件改善

农民工良好的生产生活条件是全面建成小康社会的重要指标，也是农民工迅速融入城市生活、实现市民化的重要保障。农民工生产生活条件的改善事关人民幸福，事关经济社会发展大局。改善农民工生活条件，实现农民工安全生产，对于实现"以人为本"新型城镇化建设目标、维护社会公平正义、构建社会主义和谐社会意义重大。

第一节　城镇化进程中农民工住房保障问题

住房条件是关系农民工生活水平与生活质量的关键性因素。自《国家新型城镇化规划(2014—2020 年)》实施以来，我国农民工生活条件得到显著的改善，但住房问题一直是困扰农民工尤其是新生代农民工生活的一项难题，也是农民工生活质量提高的一道坎。尽管近些年政府通过建立廉租房、经济适用房、限价房为主的几个层次的保障性住房体系来解决城镇中低收入居民的住房问题，但农民工由于其"边缘化"的群体地位，往往被排斥在住房保障政策之外。"大大的城市、小小的梦想"，这些无不折射着农民工对"住有所居"的向往。

一、农民工居住条件现状和需求

为深入了解城镇化进程中农民工住房保障情况，课题组采取随机抽样调查的方式对我国东、中、西部地区的浙江省、河南省、四川省的农民工进行问卷调查。调查涵盖农民工城市住房基本情况、政策、消费及购房意愿等。本次调查共发放问卷 1500 份（东、中、西部地区各 500 份），回收有效问卷 1412 份；对有效问卷进行整理后采用双盲录入方式录入数据库，并利用 SPSS17.0 软件对数据进行分析，结果整理如表 4-1、表 4-2 所示。

表 4-1　农民工城市住房基本情况

住房来源	政府保障性住房	0.5%	房屋类型	板楼	34.1%
	单位住房	59.5%		筒子楼	8.5%
	借住亲戚朋友家	2.6%		平房	34.6%
	个人租房	31.5%		活动板房	14%
	购买商品房	3.4%		地下室	5.0%
	其他	2.5%		工棚	3.8%
独立卫浴	有	38.2%	居住位置	市区	34.5%
	无	61.8%		郊区	64.5%
居住卫生环境	好	31.0%	居住治安环境	好	50.4%
	一般	44.8%		一般	40.6%
	差	24.2%		差	9.0%
交通工具	步行	55.2%	时间（分钟）[a]	小于 15	65.1%
	自行车、摩托车	20.4%		15 至 30	26.4%
	公共交通	19.1%		超过 30	8.5%
	其他	5.3%	人均住房面积（m²）	11.5	

注：a—即从住处到工作地点所需要的时间。

表 4 – 2　农民工城市住房政策、住房消费和购房意愿情况

单位缴纳住房公积金	是	8.2%	个人缴纳住房公积金意愿	愿意	23.8%
	否	76.8%		不愿意	41.2%
	不知道	15.0%		不知道	35.0%
住房优惠政策	享受过	5.2%	住房公积金(元/月)[a]		262
	没享受过	94.8%	住房费用(元/月)[b]		575
是否希望城市购房	是	50.4%	总体住房满意度	满意	32.8%
	否	12.0%		一般	44.0%
	没想过	38.6%		不满意	23.2%

注：a—这里是指有住房公积金的农民工的月均值。

　　b—这里是指住房费用不为 0 的农民工住房费用的月均值

(一)农民工城市居住条件现状

目前，我国农民工城市居住总体情况复杂多样，居住质量亟待提高。主要呈现如下特点：

1. 居住类型以单位宿舍和自租房为主

城市农民工居住类型多种多样，少数寄住在亲戚或朋友家中，多数统一安置于单位内部宿舍或施工现场。而随着农民工"常住化"的发展，越米越多的人选择以"租赁房屋"为主。表 4 – 1 数据显示，农民工住房来源主要有政府保障住房、单位住房、借住亲戚朋友家、自我租房等四种方式。其中，单位集体宿舍和租房是农民工最主要的两大居住方式，大约六成的农民工居住在单位提供的宿舍中，约三成自己租房居住，两项占比达 91%。与我国城镇居民相比，农民工在务工城市的住房自有率很低，约占 3.4%。政府保障性住房在农民工住房来源中更是相形见绌，只有约 0.5% 的农民工享受到廉租房保障。

2. 居住分布呈"大分散""小集聚"趋势

农民工居住地遍布城市各角落，但基本呈"大分散""小集聚"态势，城乡接合部和城中村成为农民工的主要选择居住地，表 4 – 1 显示，农民工近七成住在郊区(64.5%)。主要原因为：一是郊区房源相对充足，房租相对较低；二是

政府对城乡接合部的治理相对宽松，农民工日常行为可相对自由；三是城乡接合部保留了农村的生活方式和文化习俗等，农民工可以找到心理的慰藉；还有一个很重要的原因是这些地方便于形成老乡聚居地，农民工可通过地缘纽带建立相对稳定的社会网络。当然，农民工选择居住地点还会考虑交通便利问题，半数以上农民工住所与工作地点距离很近，可以步行到达的占55.2%，15分钟以内可到达的占65.1%。

3. 居住模式以混居为主

从居住模式来看，农民工以2~4人混住为主（如图4-1所示），占到52.0%，既包括以家庭为单位，也包括非家庭关系的合租，如工友、亲戚、老乡等情况。其中，9人以上混住的多集中在制造行业和建筑行业，如服装厂女工宿舍、建筑工地工棚等。

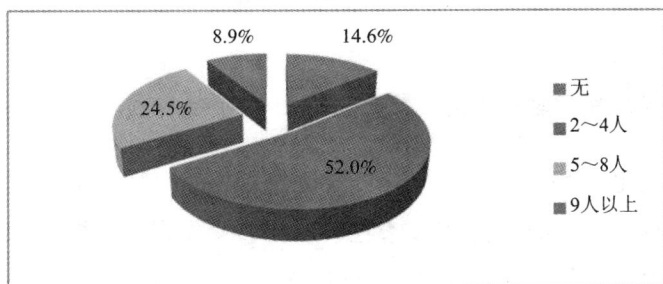

8.9%　14.6%
24.5%
52.0%

■ 无
■ 2~4人
■ 5~8人
■ 9人以上

图4-1　农民工混住人数调查图

4. 居住条件和质量不佳

农民工居住环境的共性特点是社会控制与社会管理体系比较薄弱，公共基础设施、交通出行、环境卫生等外部条件一般较差。表4-1显示，农民工居住环境的卫生状况一般和差者占69.0%，治安状况满意者仅占50.4%。考虑到经济因素，大量的农民工只能选择便宜的廉租住房，这些房屋的生活配套设施一般很不到位。从表4-1可得知，68.7%的农民工居住在板楼和平房内，且大部分（61.8%）住房没有独立卫浴，通风和卫生条件极差。

农民工人均居住面积约为11平方米，不到小康社会标准的40%，其中52.9%以上居住在面积15平方米以下的单间，与人合用厨房、卫生间、浴室；

30.2% 的农民工居住在 15～25 平方米带有简易厨房、卫生间功能的经改造的小套住房中,只有 5.7% 以上从事批发零售行业、收入相对较高并且比较稳定的农民工居住在 40 平方米以上的小套独立住房(如图 4－2 所示)。

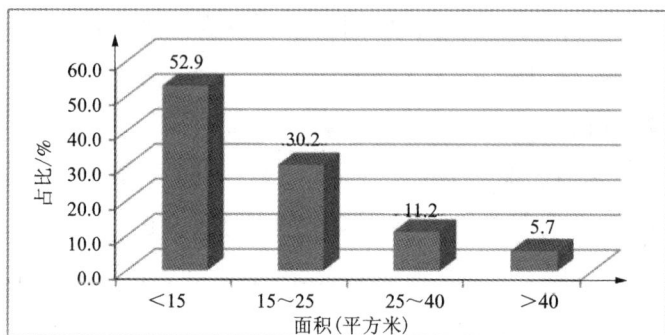

图 4－2　农民工居住方式调查图

(二)农民工居住条件需求

随着城镇化进程的加快,农民工群体尤其是"新生代农民工"融入城市的愿望增强,长期居住城市成为他们的梦想。在调查中发现,如果有住房补贴或租房补贴的情况下,问其是否愿在居住地定居,有半数以上的农民工表现出强烈的留城愿望。老一代农民工的心理期望值一般比较低,他们对住房的要求基本上也比较低,调查中有 76.8% 的人对目前的居住现状还是比较满意和满意的,对居住现状认为不太满意和不满意的农民工群体其年龄区间一般在 25～35 岁左右。

调查发现,购房需求与年龄阶段有密切的关联性。首先,在 21～30 岁的青壮年农民工中有购房需求的所占比例达到 30%,由于这个阶段的农民工正处在适婚阶段,受到社会环境以及家庭因素的影响,在城市购买房子的欲望很大,购房需求强烈。其次,在 41～50 岁的中年农民工中有购房需求的所占比例达到总数的 40% 以上。他们经济上有了一定的积累,就业和收入相对稳定,有改善住房的需求,成为城市购房的需求主体。另外,月收入在 5000 元以上的农民工群体,购房意愿也相对强烈,但往往因为房价太高,他们在购房时比较犹豫。

即使部分农民工对居住现状比较满意，但他们仍希望政府能够采取措施改变他们的居住状况。

为进一步提高人口城镇化水平，实现农民工市民化，推动以人为本的新型城镇化步伐，各地政府需要出台措施保障农民工进城住房需求。

二、农民工住房条件保障存在的问题

国务院发展研究中心数据显示，我国大部分地区未将农民工纳入住房保障对象。近些年来，中央和各地政府陆续出台了一些针对农民工住房的政策，但由于制度体系性不强，执行力度弱，农民工仍处于城市住房保障之外。

（一）住房保障的法制建设滞后

目前我国并没有出台相应的保障性住房法律法规，仅是制定了一些规范性文件来确保保障性住房建设和发展。我国住房保障体系的各项文件都是以通知、意见、办法等文件来发布推行的（如表4-3所示），这些文件具备的一个共同特征就是缺乏法律权威性，这样势必弱化了制度的强制性和执行力度。同时，我国住房保障的实施还缺乏相应的绩效考核系统，监管体系也不完善，管理机构等方面的界定还很模糊，这样导致政策难以落地且容易被钻空子，出现社会分配不公的问题。

表4-3 农民工住房保障相关政策

发布时间	政府主体	文件名称	主要措施
2005年3月	原建设部	2006工作重点	将解决进城务工农民工住房问题列入该年工作重点
2006年3月	国务院	关于解决农民工问题的若干意见	要求将农民工居住问题纳入城市规划，有条件的地区可为农民工缴纳住房公积金
2007年8月	国务院	关于解决城市低收入家庭住房困难的若干意见	多渠道改善农民工居住条件

续表 4 – 3

发布时间	政府主体	文件名称	主要措施
2007 年 12 月	原建设部等五部委	关于改善农民工居住条件的指导意见	将农民工住房问题纳入城市规划
2009 年 9 月	国土资源部	关于切实落实保障性安居工程用地的通知	确保保障性住房的建设用地供应
2009 年 12 月	中共中央国务院	关于加大统筹城乡发展力度进一步夯实农村发展基础的若干意见	多渠道多形式改善农民工居住条件，鼓励将农民工逐步纳入城镇住房保障体系
2010 年 6 月	住建部等六部委	关于做好住房保障规划编制工作的通知	加快建设公共租赁住房等，着力解决进城务工人员等中等偏下收入者的住房问题
2010 年 6 月	住建部等七部委	关于加快发展公共租赁住房的指导意见	鼓励有条件的地区将符合一定条件的农民工纳入公共租赁住房的供应范围
2011 年 9 月	国务院办公厅	关于保障性安居工程建设和管理的指导意见	加大保障性住房的建设和管理，让农民工等人群的居住条件能够得到明显改善
2013 年 12 月	住建部 财政部 发改委	关于公共租赁住房和廉租房并轨运行的通知	公共租赁和廉租房并轨运行，明确提出将农民工也纳入到公租房体系
2014 年 3 月	中共中央国务院	国家新型城镇化规划（2014—2020 年）	有序推进农业转移人口的市民化，把进城落户农民完全纳入城镇住房保障体系

（二）农民工住房保障政策申请门槛偏高

首先，虽然各地纷纷把农民工纳入住房保障的范围之内，但是申请门槛相对城市中低收入家庭来说太高，还绑定了很多附加条件，比如本地居住年限、暂居证明、缴纳社保年限等，这对外来务工农民来说，是可望而不可即的。其次，目前我国主要实行的是二元户籍制度，其中的二元指的就是农业户口与非农业户口。大多数的农民工虽然在城市打工、在城市生活，但是他们的户口都属于农业户口，城市中的住房保障措施，对于农民工是不适用的。虽然我国住房保障体系已经建成，但是现在的一线城市把户籍作为一个主要的制约因素，而这些流动的农民工正是受户籍地限制，无法享受廉租房、经济适用房、住房公积金等保障性住房制度。表4-2显示，单位为农民工缴纳住房公积金的不到一成（8.2%），还有很多农民工根本不知道住房公积金（35.0%），愿意缴纳住房公积金的农民工仅占到五分之一左右（23.8%）；享受到廉租房、经济适用房、公共租赁房、限价商品房等住房优惠政策的农民工比例更低（5.2%）。

（三）农民工的住房保障类型单一，且住房保障资源配置不均衡

2009年，我国提出将农民工纳入住房保障范围，但是农民工的住房问题至今没有得到实质性的解决。我国目前住房保障体系主要包括经济适用房、廉租房、公共租赁房和限价房四种类型。但是能够覆盖到农民工的住房保障政策少之又少，针对农民工的保障性住房主要是经济适用房、廉租房、公积金住房。农民工的收入普遍较低，如果得不到住房保障支持，是无法实现购房愿望的。农民工对住房保障的需求越来越呈现多样化，我国农民工基本上可以分为两类：一类是流动性的，他们知识文化水平不高，技能比较低，在城市定居的意愿较低，另一类是新生代农民工，他们的文化水平相对父辈要高，生活要求高，定居城市的意愿较强。农民工住房保障供给的不足以及形式单一化，与农民工的多样化需求形成尖锐的矛盾。

（四）农民工群体平均工资低且工作流动性大

收入状况决定了农民工的住房消费支付能力，也影响到他们的住房消费支付意愿。由于进城务工农民群体自身的知识水平和技术能力的不足，导致他们整体工资水平普遍偏低。近年来我国商品房市场存在着过度市场化的现象，大城市商品住房价格不断上涨，大大超出普通居民的购买能力。农民工收入普遍不高，在城市购买商品房成为他们不可承受之重。农民工大多数在基层一线岗

位，劳动密集型企业对此群体的岗位工资定位基本上是当地的最低工资标准，劳动密集型企业的流动性也比较大，农民工通常是去一个地方做完一段时间再去另一个地方，以寻求经济利益的最大化。然而城市房价又居高不下，在住宅消费过滤效应作用下，毫无疑问，对住房支付能力极其有限的农民工处于住房消费链的末端，其居住状况明显地劣于城市居民，这直接影响他们融入城市社会的进程。无论是房价还是租金水平都超出了他们的支付能力，这就导致了农民工在其务工的大中城市买房或者租住条件较好的住房并不现实，只有经济房或廉租房的价格水平才更加符合农民工的支付能力。

三、农民工住房条件保障缺失的原因分析

(一)政府原因：住房保障制度存在缺陷，农民工住房权益难以保障

从国家层面的住房保障制度来看，农民工并没有被排斥在制度之外，但实际上农民工很难从制度中获得受益。在大多数城市现行的住房保障体系中，主要推行的保障性住房供应方式是经济适用房和廉租住房两种形式，其适用人群主要是本市居民，极少数农民工能享受到单位的住房保障。从廉租房上看，目前大多数城市申请廉租房的硬性条件都需要具备本市户籍，虽然一些城市出台的规则和条例允许农民工申请廉租房等，但由于很难平衡地方政府、农民工、本地居民之间的利益关系，因而政策很难实施。从经济适用房上看，虽然一些城市允许农民工购买经济适用房，但也存在很多附加条件，例如，具有本市市区城镇常住户口且满 5 年，家庭人均月收入在规定标准以下，家庭人均住房建筑面积在规定标准以下，实际上将农民工排斥在外，降低了农民工这个弱势群体申请经济适用房的概率。

(二)社会原因：市场化机制管理、缺乏统一管控

农民工的租房主要通过市场化机制解决住房问题，而纯粹市场手段自主调节存在较多的问题。调查发现，目前很多城市的农民工住房市场处于不规范以及无序状态。首先，信息来源有限。农民工寻找住房方式主要是通过老乡、亲友或工友介绍，并没有规范的住房市场。因为获取信息渠道的限制，导致其住

房信息来源有限，可选择性很少，住房条件普遍不高。虽然租房中介可增加便利性，但需要收取金额不等的中介费，加大了租房成本。加之中介的服务质量低，恶意提供虚假信息，因此农民工一般情况下不会选择中介的方式。其次，供需不平衡，住房矛盾尖锐。外来务工人员总体数量的增加造成住房需求上涨，而市场上能提供的住房数量和类型不能满足需要，为适应这一群体的需求，许多不满足租住条件的住房也涌现出来，包括许多棚户区、违章搭建房、危房等，居住质量较低，对居住人群的人身财产安全也产生威胁。另外，工作单位、农民工、房东、合租者等多方之间在住房方面存在利益关系，相互矛盾存在激化的可能。再次，农民工因为工作不稳定的关系，工作地点的变动、工作单位的变化常造成住房地点的变动，这严重影响到住房决策。

（三）农民工自身原因

1. 农民工的流动性比较强

我国农民工群体的强流动性主要表现在：第一，部分农民工亦工亦农，他们主要按照农业生产规律呈季节性地穿梭于农村与城市之间；第二，部分农民工虽然长期在外务工，但对于目标打工城市的选择具有较大的不确定性，他们经常辗转于不同的城市之间；第三，部分农民工虽然能够相对地固定在某一个城市，但对于合适工作岗位的选择，也存在较大的被动性，奔波于不同的行业和岗位之间是一种常态。[①]

2. 农民工能力不足导致工资收入比较低

随着农民工用工制度和工资分配机制的逐步健全，我国农民工的工资收入得到较大的改善，但由于农民工群体自身的知识水平和技术能力的不足，他们往往处于产业链和生产链的最低端，其整体工资收入水平还是普遍偏低。我国大多数农民工就业还是相对集中在工业制造业、建筑业和餐饮服务等行业领域。调查数据表明，按从事工作的行业分，在制造业、建筑业、居民服务和其他服务业中工作的农民工分别占19%、15.5%和15.2%；在住宿和餐饮业，批发和零售业，交通运输、仓储和邮政业中工作的农民工分别占14%、9.5%、

---

① 罗辉.城市化进程中新生代农民工社会保障问题研究[J].广西社会科学,2013(5).

8.2%和1.3%。这些传统产业工资水平普遍较低。

四、农民工住房条件保障的对策建议

党的十八大报告中提出"建立市场配置和政府保障相结合的住房制度,加强保障性住房建设和管理,满足困难家庭基本需求"。党的十九大强调:"坚持房子是用来住的、不是用来炒的定位,加快建立多主体供给、多渠道保障、租购并举的住房制度,让全体人民住有所居。"这体现了新时代我国住房保障建设的新理念和新举措给农民工住房保障的实现带来了希望和福音。我们要以更大的决心和更有力的措施,全面加快推进保障性住房建设,着力提升住房保障能力,使广大农民工住有所居、安居乐业。

(一)政府方面

1.完善农民工住房保障相关的法律法规

在相关的法律法规中要充分考虑到农民工群体的特点,制定出符合农民工经济收入和支出的住房保障政策和法律法规。要在实践中不断创新保障房建设管理机制,如加强政府兜底保障,严格落实全面建成小康社会的标准,保障农民工人均居住面积不低于30平方米,严格加强农民工工作场地居住公棚条件的监管。同时,要坚持法律法规的实用性、统一性和延续性,确保公开、公正、透明。

2.构建农民工住房保障多元化体系

不论是用人单位还是政府,目前对于农民工的住房保障措施主要还是提供住所,但这种供给形式存在诸多问题。首先,单位建房与土地政策存在矛盾;其次,单位住房将农民工约束在工作场所附近,限制了农民工与当地社会和文化的融入;再次,由政府提供保障性住房的效率相对较低;最后,政府提供保障性住房区间相对集中,供给的动态性较差。因此,从促进农民工尽快融入城市和提高供给效率上,政府和用人单位都有必要将农民工的住房保障从单一的"实物供给"向多元化供给体系过渡,鼓励农民工根据自身情况选择住房来源和政策优惠方式。①

3.扩大保障性住房覆盖面，实行差异化的住房保障政策

在吸引农民工进城的因素中，虽然经济因素占主导地位，但是现如今农民工对住房等其他公共服务的需求也越来越高，也就是说农民工住房保障制度可以成为引导农民工合理流向的一个重要的驱动力。经济发达的一线城市资源集中，住房保障以及公共服务设施发展成熟，而一些中小城市住房保障体系仍不够完善，政府可以针对不同规模的城市采取不同的住房保障政策，对于一些规模较小的城市，可以适当放宽保障性住房的申请门槛，吸引农民工进城。对于一些一线城市，实施严格限制的住房保障政策，可以控制外来人口数量。

(二)社会方面

1.深化保障性住房供给侧改革

实际上农民工的择居行为往往受经济收入、家庭结构、社会文化背景、就业及留城意愿等因素的影响(基于住房需求供给的居住分异机制研究)。因此，深化保障性住房供给侧改革，在住房类型、面积、价格等方面为不同需求的农民工提供不同的保障性住房。

2.创新土地流通制度，扩大保障房供给

保障性住房与农民工住房一个最大的矛盾就是供需矛盾，农民工的保障性住房需求远远大于供给。要加快推进以满足市民多层次住房需求为重点的住房供给侧结构性改革，着力通过加快建设保障性住房和公共租赁房，加大供给力度，多渠道建设和筹集保障性租赁房、公共租赁房、保障性商品房房源，切实增加保障性住房有效供给。努力让城市中低收入和"夹心层"住房困难家庭及稳定就业的新市民住有所居。首先是完善土地制度，增加保障性住房的建设用地供给。其次是"盘活"农民工在农村的宅基地。充分发挥其宅基地的经济效益，为农民工住进保障性住房创造条件，对于自愿放弃农村宅基地的农民工给予一定的政策鼓励或者是在购买经济适用房时给予一定的补贴，鼓励农民工

---

① 程海悦.农民工住房社会保障问题研究[J].山西农业大学学报(社会科学版)，2014(5).

进城。①

3.扩大保障房建设的融资渠道

以政府为主导，建立保障性住房建设投资中心，创新保障房建设融资模式，最大限度调动社会资源参与到住房保障体系建设中，建立以政府为主导、社会全方位参与、多方面受益的模式，促进经济租赁住房社会服务功能多元化、社会化。

4.逐步实现农民工住房公积金制度

对一部分有稳定收入来源的农民工可以实施住房公积金制度，这部分农民工需要在当地工作3~5年以上。尤其是对于一些公益性企业或者经济效益较好的企业，可以先行实施该举措。

(三)农民工自身方面

1.提高农民工对住房保障政策的认知度

应本着公开、公正、透明的原则，加大对住房政策的宣传力度，增进农民工维护自身城市住房保障权益的能力。

2.增加农民工知识技能的培训

根据本地的流动人口数量和农民工培训需求，以及依据当地的产业发展规划和劳动力的形势，设立职业技能培训机构，经过劳动部门鉴定职业技能合格和取得国家职业资格证书的农民工可以享受一定的住房补贴。同时，在产业集聚的地方开设针对某一专业领域的培训学校，实现工种分类培训、持证上岗的目标要求，让有知识有能力的农民工获取足够多的工资，解决住房问题。

(四)具体措施

1.完善租赁市场，杜绝安全隐患

鉴于目前房屋租赁市场较为混乱、管理无序的状态，政府需要在规范住房市场方面有所作为。一是要组织法律专家、房地产专家、经济专家等，讨论和出台租房市场监管方面的法律法规或相关规章制度，建立统一管控机制。二是

---

① 刘琦.新型城镇化进程中农民工市民化问题研究[D].沈阳：辽宁师范大学，2016.

建立信息平台，为新生代农民工提供合法、规范、明确的住房信息和住房来源，供农民工进行选择。三是充分利用社会和媒体的监督作用，及时反映和报道不端行径，严肃打击和处罚违法犯罪分子，整治租房市场，保证新生代农民工的合法权益。

2. 对低收入的农民工提供政策性的廉租房

廉租房制度具有产权清晰、保障目标群体收入低的特征，比较符合农民工本身低收入的特点，另外廉租房制度的退出制度比较灵活，适应了农民工的流动性。

首先，不应该将外来务工人员和城市居民割裂，随着《居住证》的推行，外来务工人员应当逐步地被流动人口所代替，但是农民工的低收入不可忽视，在廉租房中应当保留一定比例给低收入的农民工，增加农民工住房的保障形式，尤其是发放租赁住房补贴、租金核减，缓解实物配租给政府带来的财政压力。

同时也要鼓励社会民间资本，多渠道地筹集资金来发展农民工廉租房项目。如由中国志愿服务基金会"张青志愿服务专项基金"捐资 3000 万元人民币，在长沙县政府免费提供土地的基础上，共建 1000 套廉租房，利用社会民间资本建设"幸福村"廉租房，就是一个很好的尝试。

3. 发放住房补贴，减轻租房支出负担

为了减轻新生代农民工的租房费用，政府可根据经济发展水平和房租价格为农民工发放住房补贴。具体来说，对于那些稳定就业的新生代农民工，可采取政府和用人单位共同承担一半、农民工自己承担一半的方式，从而减轻新生代农民工的租房负担。此外，也可以借鉴德国的经验，对家庭负担重、人口多、收入低的新生代农民工家庭，以补"人头"的方式给予特殊补贴，提高其租房支付能力。

4. 提供公共租房

把新生代农民工住房问题放到城市公共租房体系中去考虑，允许农民工承租城市的公共租房，保障新生代农民工的居住条件。考虑到农民工的工资水平相对较低，可在公共租房价格上予以优惠。2015 年南京提出建设共有产权房的设想便可作为解决农民工居住问题的重要渠道。

第二节 城镇化进程中农民工安全生产问题

获得劳动安全保护是公民劳动权的重要内容之一,劳动者在安全的条件下进行劳动是生存权利的基本要求。我国《劳动法》第52条、《安全生产法》第21条和第50条等法律法规对劳动安全保护问题做了较为详尽的规定,但实践中劳动安全保护的形势仍不乐观,安全生产领域农民工权利的保护更是严重缺失。目前,农民工已成为易遭受职业安全事故侵害的最脆弱的社会群体和职业病高发群体。据国家安监总局统计显示,我国每年有14万人死于生产安全事故,农民工的死亡比例高达80%以上。[①] 也有数据显示,目前我国高危行业工伤死亡事故中,农民工死亡占到七成。这不仅严重影响着农民工群体的生存和发展,也深刻影响着"以人为本"的新型城镇化建设和社会安定团结。以长远眼光看待农民工劳动安全权益保障问题,寻求有利于研究和解决该问题的合理方案与政策,积极营造有利于农民工劳动安全权益保障的制度环境,将有助于加强我国社会主义城镇化建设和新农村建设,维护社会稳定和发展。

一、农民工安全生产保障现状

(一)农民工劳动合同执行状况

劳动合同是劳动者遭遇工伤事故后启动工伤索赔程序的依据,也是申请工伤认定必须出具的材料证明。因此,农民工劳动合同执行情况在很大程度上决定了他们能否享有工伤保障以及工伤补偿程度。从目前的情况看来,在《劳动法》强制执行及社会各界的共同努力下,农民工合同签订情况较前有所改善。调查中也证实,建筑业、采掘业等高危行业合同签订率超过10%,但多为国有企业,私营企业签约率仍然低下。相对来说,服务业(25.2%)为所有行业中签约率最高的行业,这有可能是基于服务型行业多处于城市中心地带,政策执法

---

① 国务院发展研究中心课题组.中国新农村建设推进情况总报告——对17个省(市、区)2749个村庄的调查[J].改革,2007(6).

监督更为严格。

表 4 – 4　湘中五城农民工的劳动合同执行情况

变量	比例/%	变量	比例/%	变量	比例/%
日工作时间/小时		月休息时间/天		合同签订率	
≤8	17.2	1～2	26.4	制造业	11.3
8～10	45.3	2～4	47.6	建筑业	10.2
10～12	29.3	≥4	8.8	采掘业	12.8
>12	8.2	0	8.2	服务业	25.2
		不定时	29.0	其他行业	3.5

　　劳动合同执行情况对农民工生产环境以及劳动条件具有很大影响,在一定程度上决定了农民工工作中面对的事故风险高低。以上数据表明,湘中五城农民工工作时间明显已超过正常水平,每天工作 8～10 小时的占到近一半,符合劳动法规定的日 8 小时工作时间者不到 20%,而休息时间却远低于正常水平,月平均休息仅为 2.16 天,近 1/10 的农民工几乎没有休息日。由此可见,《劳动法》规定的日工作不超过 8 小时、周工作不超过 44 法定工时法令并没有得到严格执行,农民工仍处于超负荷劳动状态中,而这种过度疲劳正是致使农民工成为工伤事故受害者的直接原因。

　　劳动合同是农民工与用工单位确立劳动关系、明确双方权利和义务的协议,同样也是保护农民工合法权利的法律依据。从调查结果来看,大部分农民工能认识到与用工单位订立合同的重要性,只有很少数人认为没有多少必要,这表明农民工法律观念正在增强,维权意识在进步,但劳动合同实际签订率仍然不容乐观。所有调查样本中,只有 52.1% 的农民工与用工单位订立了劳动合同,大部分为一年期限,2～3 年的只占到 11.9%,且绝大多数为井下采矿农民工。

　　与农民工订立劳动合同的用工单位从高到低依次排序为国有企业、股份制企业、三资企业、集体企业、私营企业、个体经营者。调查结果显示几乎所有用人单位都有收取一定数额押金,从 300 到 1000 元不等,其中以股份制企业最高，三资企业最低。在不同城市之间，合同签订率差别明显，长沙、株洲和湘潭农民工签约率明显高于邵阳和娄底，这应当与由经济发达程度决定的监管程度严格与否有关。

(二)农民工劳动安全保护状况

表4-5　湘中五城农民工安全保护情况

变量	比例/%	变量	比例/%
高危岗位从业率		劳动安全保护	
(化学品类)有毒岗位	24.6	定期安全培训	8.2
(高空作业类)危险岗位	37.3	定期健康检查	2.7
(井矿尘粉类)有害岗位	17.3	机器设备防护	10.4
		劳保用品提供	18.2
		女性孕期保护	1.4

调查结果显示，从事化学有毒、高空作业及井矿尘粉类高危风险岗位农民工人数高达79.2%，劳动安全保护提供的依次排序为：①劳保用品提供(18.2%)；②机器设备防护(10.4%)；③定期安全培训(8.2%)；④定期健康检查(2.7%)；⑤女性孕期保护(1.4%)。而农民工对此需求的排序依次为：①机器设备防护；②定期安全培训；③劳保用品提供；④定期健康检查；⑤女性孕期保护。两组数据比照可以看出，劳动安全保护在农民工供需上不相匹配，很难真正起到保护农民工安全与健康的作用。进一步调查发现，发生在模具厂、五金厂等机械化工厂里的开冲压机、打磨机以及私家工厂开锯木机岗位的伤残几乎占到工伤事故的一半以上，其受伤部位基本上都是手指或手臂，这从另一方面证明了作业环境风险对工伤事故发生具有决定性作用。调查中出乎意料地发现，有近12.4%的受访者对安全保护措施表现出漠然，他们更关心的是能多挣钱，特别在计件工资状况下，农民工擅自调快机器速度以省去安全程序的情况很常见。从对"生产安全防护状况"问题的调查结果看来，农民工最担心的依次是"厂里机器从来都不检修，要松个螺丝什么的可能就会出人命的""厂里使用的大多是劣质设备，随时出故障，应对不及就会发生事故""机器设

备过于陈旧，常常失灵，操作迟钝，说不准什么时候就停工了"。在问及"是否了解安全操作规程以及安全事项"时，有73.2%的农民工表示从没看到过安全手册之类的东西。由此可见，用工企业使用低价劣质机器设备导致工伤事故频发是不容置疑的事实，而农民工个人安全防范意识缺乏也难逃其责。

(三)农民工岗位安全培训状况

表4-6　湘中五城农民工的岗位培训情况

变量	比例/%	变量	比例/%	变量	比例/%
上岗培训情况		上岗培训情况(基数为100)		培训时间	
制造业	6.3	国有	42.4	三天以内	51.3
建筑业	4.2	集体	18.4	周	23.4
采掘业	3.7	股份制	12.7	一个月以内	8.4
服务业	10.2	个体	6.2	三个月以内	7.2
其他行业	1.4	三资	14.3	三个月以上	5.7

　　农民工从农民转变为工人需要一定时期适应，农民工工业风险防范意识缺乏在很大程度上增加了工伤事故的发生率，而生产岗位的技能培训在很大程度上影响了他们的劳动安全保障。农民工只有在对大机器生产的危险性有必要的了解时，才能进行基本的劳动安全保障。从"你独立操作前经历过什么环节"此题回答结果来看，选项最多的是"没有经历任何环节，直接上岗"，占到总数的24.5%，"师傅示范几次后开始上岗"的占42.1%，"自己调试设备后就开始工作"的占23.4%，"厂里开了培训班学习后上岗"的仅为10.4%。另外一些分别是"从其他岗位临时抽调顶岗"或是"工人之间自由调换代班"等。调查到他们对无培训上岗现状看法时，近一半农民工不知道有岗前培训一说，23.1%的人不以为然，很明确地表示出对此不满的仅占10.3%。在风险认知上，设计或设置防护设施缺乏基本认识的占31.42%，13%的农民工有随意拆卸设备的经历，高达43.6%的受访者对施工机具性能、工作原理及适用环境根本不具备起码常识。可见，因岗位培训缺损所引致的事故隐患认知能力缺乏正在极大地增加农民工工伤风险。

以上调查数据显示，湘中五城农民工岗位培训状况不容乐观，经过培训后上岗的农民工只占到28%，其中，近一半来自于服务业(10.2%)，而作为高危风险行业的建筑及采掘业的培训率低于5%，三资(14.3%)及国企(42.4%)情形相对较好，个体企业最差(6.2%)，并且这些技能培训时间都很短，以三天以内(51.3%)最为常见，三个月以上相对系统性培训只有5.7%。显而易见，如此短暂的培训教育，农民工仅仅只是了解基本常识和操作技能而已，调查结果也证明，因对设计或设置防护缺乏基本常识而发生事故的农民工占到31.42%，其中13.4%的人有随意拆卸设备的经历。出乎意料的是，即使这些血淋淋的现实就发生在身边，但对岗位培训缺失很明确表示不满的农民工只占到10.3%，有将近半数农民工对此不以为然。由此可见，尽管国家要求将农民工培训教育提上日程，客观上农民工也迫切需要岗位培训，但企业社会责任感的缺乏和农民工素质低下两大因素阻碍了安全教育培训的展开，成为工伤事故数量居高不下的重要原因。

二、农民工安全生产中的主要问题

农民工遭受安全事故和罹患职业病的情况屡见于新闻报道中，这些引起了社会各界的关注，综合起来，农民工的劳动安全保护存在以下几方面问题：

(一)农民工的工作环境和工作条件恶劣，且欠缺必要的劳保用品，导致劳动安全事故和职业病高发

首先，它导致了劳动安全事故频发。我国每年各类工伤事故死亡接近万人，这些在事故中死亡的大部分是农民工。其次，它导致了农民工中患职业病的人数迅速增长。农民工生命和健康遭职业病吞噬情况日趋严重。据调查，罹患职业病的农民工，其打工场所主要集中在三资企业和民营企业、乡镇企业、个体矿山等，工作环境恶劣是致病的主要原因。

(二)农民工工伤救济途径不畅

首先，农民工的工伤参保率低。由于大多数农民工集中在私营、三资企业中，为了最大限度地降低用工成本，很多企业不按法律规定给农民工缴纳工伤

保险，有些企业对农民工采取了部分缴纳工伤保险费的办法。

其次，工伤认定和索赔程序复杂，维权成本巨大。普遍而言，工伤程序所花费的时间和成本要高于农民工的其他案件。伤残鉴定手续烦琐，需要提供的证明材料复杂，一般情况下，完成所有程序至少需半年以上时间。

再次，农民工难以得到足额的工伤赔偿款。即使经过一系列法律程序，法院判决了赔偿数额，农民工也很难拿到足额的赔偿款。还有一些农民工，为避免麻烦，采取与用人单位私了的办法，获得的赔偿款更是少之又少。

（三）相关政府职能部门怠于履行法定职责，无法有效维护农民工的正当权益

生产安全是人命关天的大事，除由国家统一规定、管理、监督外，各地政府及有关部门的依法履行职责是落实劳动安全保护的关键。虽然法律有明确规定，但是职能部门在实际工作中并没有将法律规定落实，没有依法履行其法定职责，导致了农民工在劳动过程中的安全和卫生权益屡受侵害。

（四）农民工的自我保护意识和自我保护能力欠缺

一方面，由于大部分农民工的文化素质较低，且长期生活在消息比较闭塞的农村，他们对工作环境中的情况并不了解，也缺乏劳动保护意识，另一方面，农民工欠缺必要的职业培训和安全教育。虽然有国家强制性规定，但比较而言，侥幸、冒险的成本低于守法的成本，因而很多企业选择了冒险，让未经过岗位培训且不了解安全卫生知识和岗位技能的农民工直接开始工作，以致他们根本不具备劳动过程中的自我保护能力。

（五）农民工维权成本巨大

因为维权耗费巨大的经济、时间和精力，很多农民工在受到侵害后，往往采取与用人单位私了的方式，很少选择司法途径。有关调查显示，只有不到两成的农民工会选择包括劳动仲裁和诉讼在内的司法途径去维护自己的合法权益。有些农民工在无奈的情况下，甚至会选择绑架、堵路、报复等暴力或极端手段来引起社会关注寄希望于此来解决问题。

三、农民工安全生产保障缺失的成因分析

(一)农民工维权意识偏低

调查显示,60%以上的农民工进城主要途径是"同样在外务工经商的同乡亲友"介绍,同乡亲友成了一些农民工在打工期间的重要依靠力量,在工作期间出现工伤事故或者其他纠纷案件后,往往不是寻找有关部门,而是立即寻求同乡亲友帮忙。在维权途径的选择上,农民工更偏向于"私了"或其他非法律途径,认为通过法律途径维权时间长,花费多,万一碰上司法不公等现象,自己最终还是要吃亏。

而在一些小企业尤其是家庭作坊式企业中打工的农民工,绝大多数拿不出明确的劳动关系凭证,甚至不知道用工单位负责人姓甚名谁。这给出现权益保障问题后的合理赔付、足额赔付带来严重障碍。

同时,在维权成本上,作为农民工,其收入本身就较为微薄,一旦发生权益纠纷问题,首先要停工为自己争取权益,但走完法律规定的所有程序所必须付出的各种开支费用无法预计,即便不要走完全部法律程序,整体费用支出对于农民工来讲,无疑也是难以承受的。

(二)社会保障存在缺陷

大量农民工只与劳务公司签订劳动合同,由于劳动用工制度的障碍,大多数工伤保险、医疗保险等不能得到有效落实。即使参加了社会保险,由于农民工流动性很大,社会保险又没有在全区联动,因此农民工很难受益。

调查显示,2017年与雇主或单位签订了劳动合同的农民工比重为35.1%,比上年下降1.1个百分点。其中,外出农民工与雇主或单位签订劳动合同的比重为38.2%,比上年下降1.5个百分点;本地农民工与雇主或单位签订劳动合同的比重为31.4%,比上年下降0.3个百分点。和其他企事业单位相比,农民工劳动合同签订率远远低于平均水平,在这种情况下,在制度法规上对农民工合法权益的保障被大大削弱了。

（三）社会对农民工权益保护的关注不足

由于城乡二元经济体制的长期影响，农民工只能游走于城市的边缘，难以真正融入城市。农民工作为一种新的社会群体，他们进城之后的公民权利却没有得到基本的保障，不能与城镇居民一样享受城市公共服务。农民工在城市中不能与城市居民享有同等的政治、经济及社会权利，资源和机会的获取受到很大的限制，长期被排斥在经济、政治、社会、文化的中心之外，而处在社会的边缘位置上，是一个典型的边缘群体和弱势群体。对于农民工，社会上长期处于"漠不关心"的忽视之中，更不用说对农民工群体的帮助了。

（四）立法指导思想存在误区

我国于 2002 年已颁布的《安全生产法》第 1 条将立法目的明确为"为了加强安全生产监督管理，防止和减少生产安全事故，保障人民群众生命和财产安全，促进经济发展"。《矿山安全法》的立法主旨为"为了保障矿山生产安全，防止矿山事故，保护矿山职工人身安全，促进采矿业的发展，制定本法"。尽管这两部法律都是保障劳动者职业安全的，但其首要目的是为了保障"安全生产"或"生产安全"。现行两部最重要的法律——《职业病防治法》和《安全生产法》，其立法精神侧重于"经济性"，缺乏"社会性"，偏向以安全生产、促进经济发展为主题，以人为本的终极关怀理念不够深入。

（五）农民工在安全生产工作中的话语权不足

在市场经济条件下，劳动关系双方在总体利益一致的情况下，存在着具体利益的矛盾乃至对立。用人单位追求的是利润最大化，而普通职工尤其是农民工追求的是劳动权益最大化，包括增加劳保投入，改善劳动条件，优化工作环境，这些投入在用人单位看来是增加成本，减少利润。在目前劳动力市场供大于求的情况下，劳动力使用者是这种利益博弈中的强势力量，而农民工在资源拥有方面处于劣势，缺乏充分的话语权和讨价还价的能力。[①]

---

① 陈娴.建筑业农民工劳动保护问题的难点及对策[J].建筑，2012(18).

处于弱势地位的农民工在面对工作中存在的问题时难以发声，包括危险的工作环境、不合理的工作时长、缺失的劳动保障等。这致使农民工中出现了诸多不合理的危险因素，危害了正常的劳动生产。

四、农民工安全生产保障的对策建议

（一）强化安全教育意识

任何企业想要提高经济效益，安全生产必须作为前提和保障。特别是对于煤矿、建筑、交通等一些高危行业，更是需要各级人员有高度的安全意识，要成立安全培训部门，不定期进行安全培训，有针对性地提高从业人员的安全意识。要聘请具有丰富现场经验及理论知识的专业人员作为主要负责人，定期以不同的方式为各层人员做详细的安全知识检测，防范各种安全隐患。而对于新入职的工作人员，严格进行周期性的培训和考核，通过考核授予上岗资格证。

（二）贯彻安全生产责任保险的实施

安全生产责任保险是安全生产工作的一项制度创新。2016 年印发的《中共中央国务院关于推进安全生产领域改革发展的意见》明确：在八大高危行业领域强制实施安责险，国家安全生产监管总局与中国保监会、财政部于 2017 年 12 月又联合印发了安责险实施办法，这标志着我国安责险经过 10 年的探索实践已步入制度化、规范化轨道。

第一，准确把握安责险的基本特征。安责险，顾名思义，"安"字当头，是建立在安全生产需求基础上的责任险种。准确理解和把握其内涵特征，必须厘清与其关联的 3 个方面的关系：安责险的安与保的关系、安责险与工伤保险的关系、安责险与其他责任险种的关系。

第二，强化安责险的事故预防功能。在实施安责险过程中，重中之重是要从多方面发力，挖掘其风险管控的潜力，使其真正在事故预防中发挥社会共治作用。明确安责险的保障范围，首先是对人身安全的保障，包括企业从业人员、第三者人员；发挥保险费率的杠杆撬动作用，针对不同行业领域的风险状况和企业安全生产的具体情况，分别实行差别费率和浮动费率，根本目的在于利用费率调整，促进企业不断加强安全管理、改善安全生产条件；提升保险机构的基础保障能力，判断一个保险公司是否具备安责险承保能力，除了必须具备偿付能力外，关键是看能否为投保企业提供安全培训、风险评估、安全生产标准化建设、隐患排查；联动专业技术服务机构开展，共治共享。

第三，健全安责险科学运行的保障机制。任何一项制度的实施，都有一个过程。安责险制度要加快落地见效，还需着眼于建立完善有效的保障机制，将安责险纳入科学运行的轨道上来。完善强制条件下的配套激励机制，安责险的"强制性"带有法治含义，需从法规建设上完善相应的激励措施；建立市场条件下的政府推动机制，主要方式是，将推行安责险的情况，纳入地方政府安全生产工作考核内容；建立公正条件下的规范约束机制，作为政府部门，制定一项制度要充分考虑社会公平公正性，要端正投保企业与保险机构这"两头秤"，不能有失偏颇。

（三）落实安全生产责任制

习近平总书记在十九大报告中明确提出"完善安全生产责任制，坚决遏制重特大安全事故"的新要求，切中了安全生产工作的要害。

一是要明确并层层落实各方面的主体责任。就安全生产责任主体而言，主要包括各类法人，相关团体、组织、机构，也包括自然人。这些责任主体有直接操作层面的责任、直接管理层面的责任、间接管理层面的责任，也有直接监管层面的责任、综合监管层面的责任等。要将责任具体化、岗位化、人头化，要把上上下下、方方面面不同组织、不同单位的责任和不同层级不同岗位的责任及责任制都汇集起来，形成上下贯通、左右衔接、横向到边、纵向到底的格局，构建起安全生产责任体系。

二是实现安全隐患排查治理常态化。坚持制度化、常态化开展安全生产专项整治，结合安全生产大排查大整治、打非治违和专项执法行动等活动，定期集中治理重点行业、重点企业和重要部位的安全隐患和问题。坚持"查、析、督"工作模式，开展立体式排查，分析安全生产工作形势，对发现的较大隐患，采取挂牌督办、限期整改、销号落实的办法加以解决。

三是落实动态分类分级监管模式。全面建立并落实 ABCD 动态分类分级目标监管模式，对重点行业、重点企业和重要部位采取逐家查核计分的方式，对升级的企业进行表扬鼓励，降级的企业进行通报批评，同时责令限期整改。通过分类分级目标监管，做到重点突出、精力集中、有的放矢。

（四）探索安全生产监管新模式

一是创新互联网＋等安全生产监管方式，采用互联网＋等新颖形式，开发手机 app 软件，对基层网格巡查工作和企业自查自纠等工作进行内容整合和量化管理，在网络上批量下发检查任务，实时掌握安全生产工作的开展情况。同时利用网络的便捷，上传整改前后照片，日常工作开展的内容，能够更好地服务安全生产工作。

二是健全社会化监管体系。整合各类监督资源，强化舆论监督和群众监督，切实落实广大职工和群众对安全生产的知情权、参与权和监督权，初步建成"人人关心安全生产""人人参与安全监管"的社会化监管体系。公开安全隐患举报电话，鼓励举报安全生产事故隐患或安全生产违章违法行为，并对群众举报事件进行认真处理。

第 五 章
城镇化进程中农民工社会保障机制完善

党的十八大报告指出，公共资源均衡配置和推进要素平等交换，形成城乡一体的新型社会关系，让农民共享现代化成果。目前我国农民工总人数已超过全国总人口的20%，作为城镇化的建设者，他们为城市的现代化建设做出了重大贡献，却被制度隔离在城市与农村的边缘，无法平等地融入城市，不仅各项权利容易被忽视，而且社会保障水平极低。农民工社会保障体系的建设作为一项民生工程，关系到其生存与发展，如果得不到较大程度的改善，那么社会的公平正义与城乡一体化统筹发展根本无法得以实现。如何解决好农民工社会保障问题日益受到政府和社会各界的关注。党的十九大报告明确指出，按照兜底线、建机制、织密网的要求，建成覆盖全民、权责清晰、城乡统筹、保障适度、可持续的多层次保障体系。这为新时代农民工社会保障机制的完善和发展确定了道路，提出了更新更高的要求。

第一节　城镇化进程中农民工养老保险机制完善

"老有所养"是全面建成小康社会的重要内涵，也是构建和谐社会主义的重要保障。长期以来，农民工作为城市中的一个边缘群体，一直被排除在养老保障体系之外。农民工养老保险参与率低、退保率过高、各地区制度模式不统一。2017年农民工总量达到28652万人，比上年增加将近500万人，增长1.

7%。农民工月均收入 3485 元，比 2016 年增加 210 元，上涨 6.4%。在社会保障方面，农民工加入养老保险的比例仅为 14%。[①] 随着我国城市化进程的加速和农民工数量的增加，以及我国的城市养老保险改革力度的加大，将农民工纳入养老保障体系已成为新型城镇化建设中的最紧迫的任务之一。

一、样本分析

课题组分别选择沿海和内陆有代表性的广东、四川两个省农民工养老保险情况进行了样本分析。

（一）广东省农民工养老保险情况

近些年来，广东省积极贯彻落实广覆盖、可持续、多层次、保基本的养老保障制度，加快健全农村社会保障体系，按照个人缴费、集体补助、政府补贴三方面结合的原则，建立新型农村社会养老保险模式，探索城乡养老保险制度有效办法。完善了农村最低生活保障制度，提高了保障标准和补助水平，加大省级财政补助力度，做到应保尽保，全面落实农村供养政策，确保保障水平与当地居民生活水平持平。

广东省新农村和城镇居民社会养老保险第四批次试点于 2012 年 7 月 1 日全面开展，农村和城镇保险实现了全面覆盖。据调查，农民工 60 岁以上者全部不用缴费，每月可领取基础养老金。如表 5 - 1 所示，2012 年，全省农民工参加养老保险人数 509.03 万人，2015 年为 2351.58 万人，增加了 1842.55 万人，养老保险金支出上升幅度大。广东省非缴费型社保稳步前进，经过 6 年的发展，广东非缴费型社保体系健全发展，社会福利和慈善事业全面展开。参保人数和基金收入一直保持"双增长"的良好势头，稳居全国第一。养老保险费征缴收入逐年增加，各险种基金收入、基金结余均稳步发展。

---

① 数据出自：国家统计局《2017 年我国农民工调查监测报告》。

表 5 - 1　广东省农民工参保人数

年份	基本养老保险参保人数/万人	基本养老保险基金支出/亿元
2012	509.03	16.34
2013	1307.97	35.14
2014	2273.31	68.12
2015	2351.58	90.93

(二)四川省农民工养老保险情况

四川省城镇化进程发展迅速,城乡居民收入比由 2010 年的 2.88 下降到 2015 年的 2.62,城乡差距明显缩小;城乡居民收入年均增速分别高于 GDP1.6 个和 3.7 个百分点,基尼系数稳定在 0.45 左右,较好地实现了经济社会发展成果全民共享。

1. 养老保险参保情况

资料显示,超过两成的农民工参加了农村居民养老保险,农民工参加"农村居民养老保险"和"城镇居民养老保险"比例接近,均为 25% 左右。

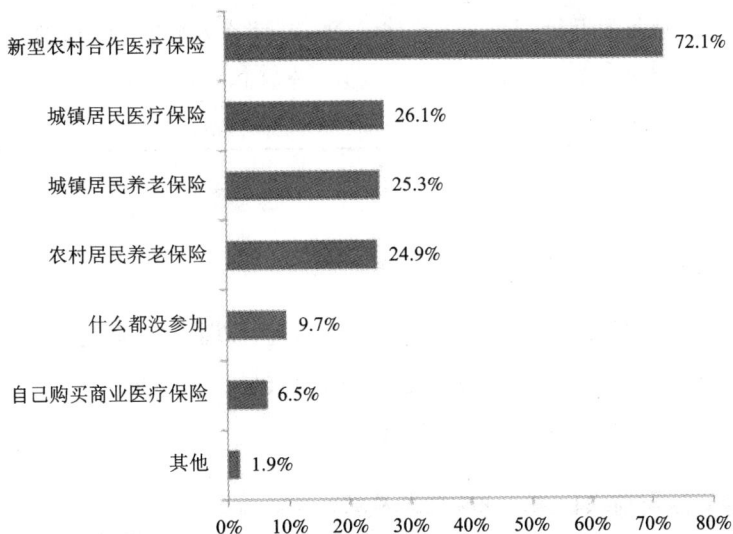

图 5 - 1　农民工参加社会保险情况

2. 农民工基本养老保险政策

四川省将农民工纳入到城镇居民的养老保险体系之内，缴费基数上，以实际工资作为缴费基数；缴费主体上，单位和个人共同缴费；筹资形式上，采用社会统筹和个人账户相结合的形式；养老金发放条件上，除了要求达到退休年龄以外，要求累计缴费满15年，退休后发放个人账户全部储存额。四川省采用的养老保险政策将与基本保险政策对接，使得成都近郊和准备长期在四川打工的农民工养老待遇有所提高。因为随着城市化进程的加快，这部分农民工一般都会纳入成都市户籍，综合保险可以转化为基本保险，享受的待遇自然提高。

表 5 - 2　四川省个人缴费基本情况

保障对象	农民合同制职工
缴费基数	实际工资
单位缴费	20%
个人缴费	8%
个人账户	11%，2013 年起为 8%
社会统筹	17%，2013 年起为 20%
发放条件	男年满 60 周岁，女年满 55 周岁，累计缴费满 15 年
不满足发放条件时对个人账户的处理	退休前发放或转移个人账户个人缴费部分，退休后发放个人账户全部储存额
能否与基本保险衔接	能

二、农民工养老保险现状

农民工保障体系的内容广泛，由于各种情况，以养老保险为核心的社会保障体系并没有建立起来，与城镇相比，目前的农村保障呈现应急性、缺乏制度化、保障项目少、社会保障水平低等特点。

(一)我国目前农民工养老保险的模式

在我国城镇化进程中，政府先后探索了三种农民工养老保险模式，即"扩面型"模式、"仿城型"模式、"综合型"模式。

1."扩面型"模式

这一模式要求把农民工纳入到城镇职工基本养老保险的覆盖范畴，用城镇职工的养老保险方法来管理农民工养老保险，即农民工要参照国家对城镇职工缴费比例的规定来缴纳养老保险费。企业为其个人账户和社会统筹账户缴纳的比例参照城镇职工基本养老保险的相关规定，在达到退休年龄后领取养老金的方式与城镇职工没有差别。同时规定，农民工要想在达到法定退休年龄后领取养老金，缴费期须满15年。对于农民工同企业终止或解除劳动关系，缴费期不满15年的，个人账户积累额应全部退还本人或转入农民工户籍所在地的社会保险机构。

2."仿城型"模式

这种模式要求为农民工制定一套独立的养老保险体系。这种模式是参照城镇职工养老保险的管理方法，将农民工纳入社会城镇职工养老保险的范畴，但缴费基数和缴费比例相对于城镇居民有所降低，同时降低了农民工养老保险的待遇水平。其具体做法是：企业以当地上一年度职工最低工资标准为基数，以一定比例为其所雇佣的农民工缴纳养老保险费，其中一部分计入个人账户，另一部分纳入社会统筹；农民工个人缴纳的部分则全部划入到个人账户中。当农民工达到相关法规规定的条件时，可根据个人的实际缴费情况领取社会养老金。

3."综合型"模式

这种模式是将农民工的养老保险、工伤、医疗集合在一起，为农民工专门建立的一项统一的社会保险模式。这种模式的基本做法是：以本地区职工上一年度月平均工资的比例作为基数，用人单位按照缴费比率缴纳保险费，部分保费用于农民工养老补贴，连续缴满规定的年限，就能获得老年补助凭证，达到法定退休年龄后，到户籍所在地的商业性保险机构领取养老金。

(二)我国目前农民工养老保险参保现状

1. 我国农民工保险参保率

农民工养老保险的参保比率非常低，大部分农民工的养老问题仍然没有可靠的解决渠道。在参加养老保险的农民工中，相当一部分参加的是家乡的农村基本养老保险，而非农民工养老保险。另外，不管农民工有没有参加养老保险，大部分的农民工对自己的养老现状都不是很满意，尽管他们大多数都为自己的养老问题担忧，但是却没有合适的途径解决，农民工的养老问题和农民工养老保险的现状不容乐观。根据国家统计局数据调查结果显示，农民工"四险一金"的参保率分别为：养老保险16.7%、医疗保险17.6%、工伤保险26.2%、失业保险10.5%、住房公积金5.5%，外出和本地农民工"四险一金"的参保率普遍较低。外出农民工在养老、失业和生育方面的参保率低于本地农民工，在工伤、医疗、住房公积金方面的参保率高于本地农民工。

2. 我国农民工养老保险参保方式

目前，我国各城市针对农民工的养老保险问题，推出了多种农民工的养老保险参保模式以供选择，但目前农民工参加养老保险的方式主要有四种，如图5-2所示：第一种，城市农民工可以按照"农民工与城镇职工实行同等缴费、享受同等待遇"即"城保模式"。农民工选择这种方式参保的最多，占39.1%，以广东、深圳为代表。第二种，将农民工纳入城镇养老保险制度框架内，实行"低门槛进入、低标准享受"即"双低"型模式，如浙江模式，农民工选择这种方式参保的人数占27.1%。第三种，为农民工建立专门的，既区别于当地城镇职工又区别于农村居民的这种独立模式，也占27.1%的比例。第四种，农民工可以按照"参加家乡所在地的养老保险"即"农保"模式，占比为10.1%。这说明，各城市针对农民工的养老保险模式都进行了有力的探索，并且也形成了各自的模式特色，虽然差异比较明显，但至少有相关的当地政策，农民工也可以按照这些方式进行参保。

（三）我国目前农民工养老保险需求度

城镇化进程中农民工外出务工年纪较小，长期脱离农村生活，对农业活动的熟悉度低，农村未安家，没有家庭负担，立足城市外出务工是工作重心。在融入城市过程中受城市环境影响较大，由于农民工身份边缘化，"土地养老"已经不太现实，准备长期立足城市发展，养老风险将是他们主要面对的重大问题。最近几年，我国农村养老保险体系的发展逐步形成，发展为一种较为完善

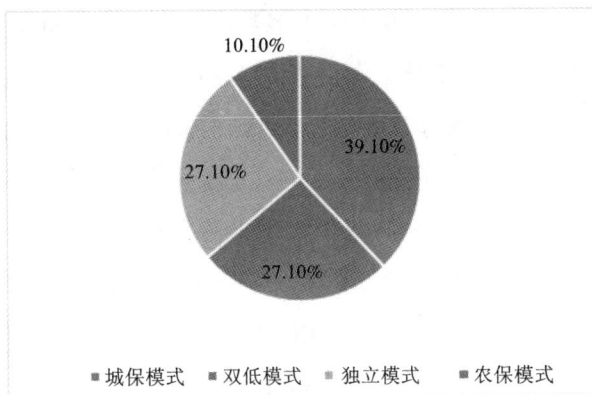

图 5 - 2　农民工养老保险参保方式

的体系，由于制度稳定、缴费少以及保障水平高等因素，为广大居民所接受。也符合收入整体水平较低，希望留在城市发展农民工群体的养老需要。

三、农民工养老保险存在的困境

城镇化的关键是实现公共服务的城乡均等化、一体化，不存在社会保障、户籍差异和教育等公共服务之间的差异，要覆盖全体国民。尽快制定和完善符合农民工实际特征的养老保险制度是必要的，也是紧迫的。只有明确了现行农民工养老保险制度实际存在的缺陷和问题，才能更好地针对这些问题进行全面的完善和改进。具体而言，城镇化进程中农民工养老保险面临着筹资方面、制度方面以及财政方面的困境。

（一）农民工养老保险的筹资困境

1. 养老保险费用超出农民工的经济承受能力

2007 年起，参保人要按照本人上一年度月平均工资的 8% 来缴纳养老保险费用，对于参保月工资水平低于城镇职工月平均工资水平 60% 的，按照该市城镇职工月平均工资的 60% 计征。2013 年，城镇职工的月平均工资为 5952.1 元，按照月平均工资 60% 的标准，2013 年养老保险缴费基数最低为 3571 元，按照

8%的缴费比例，2013年农民工每月缴纳的养老保险费用最低为285元。而从农民工的经济收入水平来看，2013年大多数农民工的月工资水平保持在2000至2500元的水平，较少一部分工作相对稳定的农民工收入水平会在4000元左右，也就是说，农民工大致每个月要拿出自己工资的15%左右用于养老保险费用的缴纳，这一部分支出对于进城务工的农民工来说是一个不小的经济负担。

2.现行政策不利于调动企业、农民工的参保积极性

企业可以通过获取廉价劳动力来降低生产成本、提高企业利润、扩大企业竞争力。按照城镇企业职工的标准为农民工参保缴费，将会增加30%左右的成本，每年要为每个农民工多支付2000多元，缴费标准将会加大企业的承受能力。而大多数的农民工专业知识欠缺，对国家养老保险政策知之甚少，同时法律意识薄弱，加之残酷的就业压力，导致农民工无法向企业争取养老保险待遇。基于以上种种原因，有相当数量的农民工享受不到养老保险的政策待遇。现有政策无法适应农民工频繁更换工作的实际情况，农民工参保、转保、续保、退保的具体程序并不明晰，退保手续十分烦琐，将会严重影响农民工参加养老保险的积极性。

（二）农民工养老保险的制度困境

1.养老保险关系异地转移困难

虽然我国现行的养老保险政策规定了职工在跨统筹地区流动时，可以转移自己的养老保险关系和个人账户基金，但在实际中，养老保险关系的转移是十分烦琐和困难的。原因主要有以下几个方面：一是我国养老保险制度被分割在多个不同的统筹单位，各统筹单位之间的政策不统一，造成跨统筹区域流动时，养老保险关系转移接续困难；二是目前我国的养老保险关系的管理手段还比较落后，相关业务办理耗时耗力；三是各地区的养老保险基金的支付压力大。养老保险异地转移基金一般只办理数额不大的个人账户，不转移统筹账户，在各地支付普遍困难、统筹基金缺口较大的情况下，各地方政府无疑难以承受调入者退休后的全部政策要求的养老金，不少地区"关门上锁"，拒绝转入流动人口养老保险关系。

2. 城乡养老保险制度不统一

目前，我国各地区的养老保险政策不完全同一，甚至在同一个统筹区域内，各地区间的个人账户的规模大小也有所差别，这不仅会导致地区间、企业间、农民工个人之间养老保险负担水平和收益水平的不平等，也不利于未来建立统一的城乡养老保险制度。此外，由于目前我国农村养老保险制度还不健全，相关法规政策还很不完善，使得城镇职工与农村居民的养老保险制度无法有效衔接，损害了农民工养老保险权益。

(三)农民工养老保险的财政困境

1. 财政支持农民工养老保险的政策不清晰

我国于 20 世纪 90 年代初才开始建立农民工养老保险制度。1991 年颁布的《全民所有制企业合同制工人的规定》，虽对农民工养老保险政策做了相关的规定，但是并不完善，以至于虽将农民工纳入养老保险的覆盖范围，但实际上并没有根据农民工的实际工作情况和特征做出具体的规定，这导致农民工参保率较低。

2. 国家财政对农民工养老保险资金投入过少

农民工养老保险金投入属于国家财政的转移支付使用，政府财政转移支付能力的大小，主要取决于中央财政收入占全国总量财政收入的比重和国家财政收入占国内生产总值的比重。借鉴西方市场经济国家的经验与方法，在政府间的财政收入分配中，总量财政要占主导地位，比重一般为 50% 左右。从实际情况看，中央政府所占的份额应该在 50% 到 60% 之间。

从 20 世纪 90 年代开始，我国财政收入的增长始终处于高速，且财政收入占国内生产总值的比重持续增加，这表明政府有能力在经济发展中汲取更多的资源。以 2018 年为例，我国经济总量为 90 万亿元，全国财政收入为 18.3 万亿。全国农民工总量达到了 2.88 亿人，假设政府每年为每个农民工补助 200 元，则需要 576 亿元，占 2018 年全部财政收入的比重仅为 0.31%。如此低的比例表明，我国公共财政对农民工养老保险的支持力度还很低，国家公共财政有能力为农民工养老保险的建立提供更多的资金保障，为建立完善的农民工养老保险体系做出更大的贡献。

3. 财政管理体制不利于农民工养老保险的发展

我国大多数地区仍然实行中央、省、市、县、乡五级行政管理体制，与此配套，实行的是与此相对应的财政管理体制。过多的财政级次分割了政府之间的财政能力，使各级政府之间的财政投入难以达到稳定的均衡状态。五级财政体制中，"市管县"的体制对农村社会保险的影响尤为明显。农村养老保险发展不完善，对于从城市返乡养老的农民工而言是极为不利的。由于目前我国农村养老保险制度的建设还很落后，相关法规政策还很不完善，使城镇职工与农村居民的养老保险制度无法有效地衔接，损害了从城市返乡的农民工的权益。

（四）农民工养老保险的其他方面的困境

1. 养老保险参保率低，行业间差异较大

2013 年全国农民工人数达到 2.6 亿，农民工人数总量仍在增加，养老保险入保人数比 2012 年只增长 1.4%，参保率为 15.7%。根据调查数据显示，受访者购买养老保险的不到 50%，购买养老保险受访者中，有 50% 是在本地购买了层次低的新农保，保障效果有限。而不愿购买养老保险的人由于不了解政策、没闲钱参保、不知参保流程、变更工作地、工作不稳定、养老保险转移续接手续麻烦、务工城市不熟悉、找不到办理机构等种种原因，最终不愿参保或选择退保。不同行业参保情况差异极大，大中型工业企业工作的农民工，养老保险参保率很高，只要工作一年以上，90% 都参加了养老保险。这些企业普遍管理制度比较规范，签订劳动合同的比例高，四险一金完整。建筑业民营企业和小型私企养老保险参保率偏低，甚至不到 20%。基于成本和盈利考虑，很少有企业替农民工购买社会保险，而由于工作时间短、流动性很大，农民工也更愿意领取现金。

2. 不同年龄段，不同文化层次间差异较大

截至 2013 年，1980 年及以后出生的农民工有 1.25 亿，占农民工总量的 46.6%，1980 年及以后出生的农民工在农村从业劳动力中的比重为 65.5%。农民工已经成为了中国建设的重要力量，在我国经济社会发展中发挥着不可估量的作用。尽管受国家政策的优待，农民工几乎不用花多少钱就能参入新农保，但不同年龄段、不同文化层次的农民工参加新农保差异较大。一般情况

下，受教育程度、文化层次、参保率、权益意识是与缴纳养老保险呈正比的。

3. 新农保比城市职工养老保险更受欢迎

"保基本、广覆盖、有弹性、可持续"的新农村社会养老保险，从实际出发，低水平起步，待遇标准和筹资方式与经济发展相适应，政府、集体、个人分担责任，在政府的大力宣传引导下，农民工更了解简单实惠的新农保政策。加之新农保的申办、缴纳、领取程序简洁、方便，让农民工愿意选择新农保。

四、农民工养老保险困境的成因分析

城镇化进程中农民工养老保险困境的成因复杂，主要包括社会、政府及农民工自身三个方面。

(一)社会原因分析

1. 企业社会责任感不强及对员工关怀不足

企业雇用农民工主要是因为该群体的工资水平低于城镇劳动者，农民工对于这类企业来说是实现以劳力为主的低工作要求、低工资水平的人力资源需求。为农民工参保将导致生产成本上升，因而企业缺乏为农民工参保的动力。究其原因，企业并未将农民工平等看待，对农民工群体的社会关怀不足。

2. 农民工市场地位过低

尽管农民工的规模日渐庞大，但是其经济社会地位，尤其是社会保障、公共服务等权益，并没有得到实质性的改善。农民工的市场地位很大程度上决定了企业是否会重视农民工的社会保障问题。当农民工处于供不应求的市场地位时，企业越会主动为农民工参保，即使企业单方面违反规定，农民工也能低成本地采取有效的手段(罢工、辞职或是到有关部门投诉)，对企业的违法行为进行抵制，强制企业履行参保责任。当农民工处在一个供过于求的弱势市场地位，又缺少强有力的法律和市场规制保护时，各企业间将如约定俗成般默契地忽略农民工社保问题。在此情形下，农民工对企业的侵权行为一般会采取克制和容忍的态度，这也导致企业逃避参保的行为得以长期存在。

（二）政府原因

1. 粗放统一的制度无法适应高度异质化的农民工群体

农民工群体是高度异质性的，不同代际、不同就业流动性的农民工在参保问题上已经出现分化。如举家前往城镇务工并有意向落户安家的农民工群体，对于他们来说，稳定且回报率高的保险形式将更受他们青睐；而对于单独外出务工的家庭主要劳动力来说，微薄的收入是他们支撑家庭生活的主要来源，而养老保险的支出将加重他们的财务负担；对于新生代青年农民工群体来说，养老保险之于此时的他们可能显得多余而烦琐，目前的工作并不是他们已经确定将选择一辈了的工作岗位，对于未来的去向和职业规划他们并不确定，而工作的调动可能使保险状况更加复杂化。目前我国粗放统一的养老保险制度根本无法适应逐渐分化异象的农民工群体的需求。

2. 政府财政压力大及财政规划不够完善

基于我国农民工养老保险财政困难的原因，利用 Auerbach 等（1991）提出的代际核算理论，我们从政府负担方面对我国农民工养老保险进行了模拟系统研究，结果表明政府责任的缺失和财政支持的不给力影响了农民工养老保险的发展。农民工养老保险属于外部性较强的准公共产品，对于该群体养老保险的覆盖和保障必须要有公共财政的参与和支持，而这对财政部门提出了更细致的要求：需要制定出符合农民工实际情况的支持政策，各级财政部门要制定出资金投入的具体规定，还要出台资金管理和使用方面的相关细则。截至目前，我国这方面的相关政策并不够完善，这不仅削弱了公共财政对农民工养老保险的支持力度，而且影响了农民工养老保险制度的构建和完善。

（三）农民工自身原因分析

1. 农民工群体经济收入低，养老保险负担大

在城市打拼的大多数农民工，其收入不仅要负担一家人的基本生活费用，还要担负起家中子女的教育费和老人的医药费，在其收入本就捉襟见肘的情况下，再让其负担相当于自己月工资12%的养老保险费用，无疑是困难的。由于养老保险规定的缴费基数和比例没有考虑农民工工资水平偏低的实际，超出了农民工的承受能力，导致农民工对参加养老保险的付费有严重的对抗情绪。

2. 农民工群体缺乏对社保制度的正确认识，导致参保意愿低

第一代农民工长期生活在农村，接触市场的机会有限，对市场风险和社会保障制度认识不足，认为参保的用处不大，部分农民工存在返乡回流的想法，对于在城镇参保的收益并不明确。对于新生代农民工来说，他们距离退休年龄较远，对年老时的生存问题考虑较少，参保的意愿和需求难免较弱。参保能力与个体和家庭的经济状况有关，农民工长期处于低收入状态，提高收入水平，缓解子女上学、建房、赡养老人的支出压力是外出务工的首要目的，而养老保险作为一项延时性较强的保障手段，无法为参保人提供即期效用，从参保缴费到享受养老金之间较长的储蓄过程延缓了家庭经济状况的改善。在现实的生存压力面前，农民工多选择暂时或永久放弃参保。

五、农民工养老保险机制的完善和发展

针对上述我国农民工养老保险存在的困境和问题，结合国外发达国家城镇化进程中农民政策选择的有效经验，现提出如下几点完善中国新型城镇化农民工养老保险机制的相关建议。

(一)推进财政支持农民工养老保障制度的建设

党的十九大提出，实施全民参保计划，尽快实现全国统筹，完善基本养老保险制度。公共财政对农民工社会保障支出必须有具体、详细的制度做保障，否则就会成为空谈。在今后一段时间内，公共财政工作的重点应放在建立起适合中国发展国情的公共财政框架上，框架的建立不仅要适应社会主义市场经济的要求，更要凸显以人为本的发展理念和发展思路，在不断提升先进生产力和努力增加财政收入的情况下，不断调整公共财政的干涉领域，不断优化公共财政的收支结构，不断从盈利性和经营性的领域中退出来，合理地减少行政事业费用的支出，将公共财力主要集中于建立外部效应大的公共需要和社会保障方面上。要抓紧推进财政支持农民工养老保险制度的建设，通过立法的形式来确立公共财政对农民工养老保险政策的责任和义务，并且通过立法的形式，来确立中央财政与地方财政的财权和事权，确立各自的责任与义务，防止政府间对

有关问题相互推诿的情况发生。要明确各地区间对统筹资金的转移支付方面的规定，尽快出台公共财政对农民工财政支持的相关政策，如各级财政的具体责任和义务、资金发放和管理细则、资金保值增值具体明细规定等，为农民工养老保险关系的异地转移与接续提供支持。

（二）调整财政对农民工养老保障的支出结构

优化公共财政支出结构可以大大提高政府财政对社会保障方面的资金支持力度。公共财政的主要职能是保障公共产品的供给，在市场失灵的领域发挥作用，满足社会的公共需要，例如科教文卫事业以及国防、社会保障等社会公共方面。长久以来，虽然我国公共财政支出中用于经济建设支出的比例在下降，但是相较于发达国家，其占比仍然很高，而用于科教文卫和社会保障方面的支出比重过低。在发达国家，公共财政用于科教文卫事业和社会保障事业方面的支出占比很高。根据 2012 年中国统计年鉴相关数据可知，在我国大部分地区，地方财政用于社会保障支出的比重一般为 6% 左右，对社会保障的支持力度还很不够，还有进一步提升的空间和潜力。并且，在当前中国国内需求严重不足的情况下，加大公共财政对农民工养老保险的投入，有利于提高农民工的消费水平，同时，提高对农民工养老保险的资金支持力度也是确保广大农民工共享改革发展成果的有效途径。这就要求我国财政支出结构进一步优化，明确中央财政和地方财政收入中用于社会保障支出的最低比例，提高财政用于社会保障支出的占比，进而提高对农民工养老保险的财政支持力度。

（三）加大公共财政对农民工养老保障的资金投入

由于政府在城镇居民养老保险中担任了组织管理与资金支持的角色，使得城镇居民养老保险运行得较为顺利。在当前农民工收入普遍不高、企业投入有限的背景下，中央政府和地方政府若真正承担起农民工社会保障的社会责任，加大对农民工养老保险的支持力度，便可以达到良好的预期效果：一方面可以缓解农民工因工资待遇较低、无力承担参加养老保险费用的难题；另一方面也可以间接促进农民工养老保险关系异地转移接续问题的解决。中央财政可以采取每年定额定员的形式，向每一名参加农民工养老保险的农民工给予一定数额的补贴，并计入统筹账户中，随农民工跨区域转移而相应地从转出地划转到流入地，这样，可以有效地保障转入地统筹账户的支付能力不受农民工数量的增多而形成巨大的压力，流入地养老保险支付压力没有加重，农民工养老保险关系跨区域转移自然不会再受到流入地的阻止，这更加符合农民工流动性较大的特征，保障了农民工养老保险政策的有效实施。地方财政也要建立起农民工养老保险的专项资金，增强地方财政解决农民工养老保险的能力。

（四）补贴农民工养老保险基金赤字

现行养老保险金虽然并没有赤字现象的出现，但是随着我国逐渐步入老龄化社会，养老保险的支付压力也会随之大大增加，这就要求我们一方面要努力实现制度设计上的合理性，加大政府对基金运作的监督和管理，提高基金运作效率，努力实现养老保险基金的财务平衡；另一方面，我们也要做好将来养老保险支付压力过大的准备，采取中央财政兜底责任制。确定中央财政承担最终的兜底责任，可以增强农民工对养老保险的信任度，树立农民工养老保险安全可靠的良好形象，间接提高农民工参加社会养老保险的积极性和参保率，使社会养老保险覆盖到数量更多的农民工，使农民工群体的权益得到更好的保障，使其真正享受到"老有所养"，为构建社会主义和谐社会创造更好的条件。

（五）确立"有限财政"理念，凸显财政补贴的激励机制和政策导向

在提高公共财政对农民工养老保险支持力度的同时，我国还要努力提高投入资金的配置效率，使其达到收益最大化。"有限财政"意味着现阶段，农民工养老保险制度的建立并不是一味地依靠公共财政来解决，而是要尽可能大地调动利益各方的参与积极性。因此，必须明确财政基金的激励机制和政策导向。激励机制主要表现在：明确公共财政对每个参保农民工的补贴力度和比例，国家以一定的补贴系数，以财政支出的方式注入到农民工的个人账户里面，国家补贴与个人缴纳成一定比例。农民工缴纳养老保险的数额越大，财政对其补贴得越多，并且缴费年限越长，获得的补助越多，以保证公共财政的激励作用，以便进一步激励更多的农民工参与到养老保险的体系中来，保证农民工养老保险健康稳定发展。政策导向作用主要是指，要建立农民工养老保险制度长久实

施的有效机制，从根本上解决农民工负担养老保险压力大的难题。这要求政府加大财力用于农民工自身技能的提升。各级政府必须划拨专用资金用于建立和完善农民工技能培训体系，逐步提升农民工的综合素养。

（六）对参加农民工养老保险的用工单位给予税收优惠政策

长期以来，地方政府尤其是经济欠发达地区的地方政府，为了发展当地经济，不得不充当地方企业的保护神。如此一来，就出现了某些企业逃避为其所雇佣的农民工缴纳养老保险金的现象。针对这种现象，政府应对参保企业给予一定的政策奖励，如税收减免、给予企业经营发展的优先条件等，这会在一定程度上激励企业为农民工缴纳养老保险。在给予参保企业优惠政策的同时，地方政府还要转变政绩观念和治理观念，不能仅仅将经济发展成果作为考核政绩的唯一标准，还要综合考察当地居民的幸福感，包括当地职工的社会保障状况。同时，要配合企业树立正确的发展观，企业在发展自己的同时也应承担起自己相应的社会责任。企业为了降低生产经营成本而选择不为农民工缴纳社会养老保险，不但会降低农民工的工作积极性，而且还会对企业的创造性产生影响。企业只有依靠科技的进步和创新才是可持续发展的保证，不考虑农民工利益的实现会使企业的利益受到损害，近年来发生的"民工荒"就足以说明问题。因此，企业要树立起正确的发展理念，承担起应负的社会责任。

第二节　城镇化进程中农民工医疗保险机制完善

农民工的医疗保障问题是全面建成小康社会进程中的重点难点问题。农民工医疗保障问题的解决，是"以人为本"的新型城镇化战略的重要举措，是维持社会秩序、保障社会稳定发展、建构健康国民经济体系不可或缺的重要一环。创新和完善农民工医疗保险机制，在理论上是新时期对科学社会主义理论的丰富和创新，在实践上是中国特色社会主义道路的重要探索。

一、样本分析

此次调研立足翔实的资料收集和信息搜寻，分别调查和分析了我国东、中、西部地区的三个典型省份：广东省、湖南省、广西省，总结三个地区的农民工医疗保险的发展现状，进而得出全国的医疗保险体系建设基本情况，分别从农民工医疗保险的制度建立、参保情况、监管机制及医疗条件和参保满意度四个方面进行了现状总结分析。

（一）东部地区——以广东省为例

自新医改以来，广东省以建设"健康广东"为目标，不断深化医保、人事、薪酬等制度改革，创新了"三医联动"改革。2017 年医保基金支付医疗费用超过 1200 亿元，约占医疗机构医疗收入的 60%，为广东省医疗机构的发展提供了强有力的基础性支撑。其主要做法是推动"四项改革"：一是深化医保支付方式改革，全面推进按病种分值付费，病种数超过 1000 种，引导医疗机构合理治疗，减轻参保人医疗费用负担；二是推广"罗湖经验"，探索适合医联体发展的支付方式，促进医保从"保治疗"向"保健康"转变①；三是推动医保与医药协同改革；四是深化人事薪酬制度改革，完善医疗机构分配激励机制、完善医疗卫生人才职称评价政策、提升基层服务水平。广东省仍在继续统筹推进医疗保险制度改革，在推进医保省级统筹和一体化改革、深化医保支付制度改革、完善异地就医结算等方面的探索为全国提供了重要的借鉴经验。

1. 广东省农民工医疗保险参保和报销情况

广东省人社部门把坚持人民健康摆在优先发展的战略高度，推动更加公平更可持续的全民医疗保险体系的建立，取得了一定成效。主要体现在：覆盖范围进一步扩大。截至 2017 年底，广东省基本医疗保险参保人达 10365 万人（如表 5 - 3 所示），覆盖率超过 98%，基本实现制度和人群全覆盖，待遇水平进一步提高。② 全省职工、居民医疗保险住院报销比例分别为 87% 和 76%，封顶线达 68 万元和 58 万元，全面建立门诊特定病种和普通门诊统筹制度，纳入医保支付的药品达 3000 多种，较好地满足了参保人的基本医疗需求。托底保障功能进一步强化，实施全民参保计划，推动贫困人员数据共享，建立医疗救助预

---

① 邹勇. 中美政府信息公开目录体系的比较与思考［J］. 中国科技资源导刊, 2011(3).

② 数据来源：《2017 年广东国民经济和社会发展统计公报》。

付款管理制度,确保贫困人员应保尽保。完善大病保险制度,保障待遇向困难群体和高额医疗费用群众倾斜。2013 至 2017 年,广东全省大病保险待遇支出近 100 亿元,受益人次超 500 万,支付比例在基本医疗保险之上平均提高 12 个百分点。大力推进广东省农民工医疗保险的监管机制及医疗条件城乡一体化、供给侧结构性改革、生育和医疗保险合并实施、长期护理保险等重点改革,医疗保险制度可持续发展能力不断增强,体制机制改革进一步深化。管理服务水平进一步提升,不断健全省、市两级管理,县、乡、村三级服务的经办管理服务体制,发放社保卡约 1 亿张,"互联网 + 医疗保险"迅速推进,公共服务均等化水平不断提升。

表 5 – 3　2017 年末广东省医疗保险参保人数

指标	参保人数/万人	比上年末增长/%
参加基本医疗保险	10365.07	2.1
职工医疗保险	3962.64	3.9
城乡居民基本医疗保险	6402.43	1.1

2. 广东省农民工医疗保险的监管机制及医疗条件

数据显示,截至 2018 年 4 月底,广东省共上线省内联网医疗机构 684 家,累计结算 126 万人次 302 亿元。2017 年,广东省集中攻关,推进跨省异地就医直接结算。截至 2018 年 4 月底,广东省上线跨省联网医疗机构 789 家,位居全国第一,累计结算 4.5 万人次 10.3 亿元,结算人次和金额均居全国第三(如表 5 – 4 所示)[1],保障参保人按时足额享受医疗保险待遇,打通服务群众"最后一公里",服务管理实现"四个统一":实现"一站式"结算,解决参保人异地就医垫支跑腿问题;实现"一账式"付款,全省统一结算,解决各市经办机构和医院多头对账问题;实现"一门式"经办,拓展线上服务,推行邮政快递上门、短信通知等便捷发卡服务;实现"一网式"监管,建设全省统一的异地就医智能审核

---

① 邹勇.中美政府信息公开目录体系的比较与思考[J].中国科技资源导刊,2011(3).

系统，实行全省异地就医结算数据实时监控。

表 5 – 4　2018 年广东省医疗机构建设情况

指标	机构总数/个	结算人次/万	结算资金/亿元
省内联网医疗机构	684	126	302
跨省联网医疗机构	789	4.5	10.3

3. 广东省农民工的医疗保险满意度分析

对于农民工医疗保险满意度的分析，课题组采取了电话访谈的方式，抽样调查了位于广东省的 113 位亲朋好友，其中男性 63 人，女性 50 人，男女比例 1.26∶1。针对其关于医疗保险的就医便利程度、服务质量和医疗费用三方面的满意度进行了调查分析，调查结果如表 5 – 5 所示。有 55 人、占比 48.47% 的农民工认为参与医疗保险后并没有给自己的生活带来便利；有 67 人、占比 59.24% 的农民工对于医疗保险的服务质量不满意；有 71 人、占比 62.77% 的农民工认为参加医疗保险所要提交的费用还是没有变化。有近六成的农民工对参与医疗保险表示不满。

表 5 – 5　广东省农民工医疗保险满意度调查

项目	很满意/%	满意/%	不满意/%
就医便利	5.74	45.49	48.47
服务质量	18.07	22.69	59.24
医疗费用	19.48	17.75	62.77

（二）中部地区——以湖南省为例

1. 湖南省农民工医疗保险参保和缴费情况

根据湖南省统计局发布的《湖南省 2017 年国民经济和社会发展统计报告》，湖南省常住人口 6860.2 万人，其中城镇人口 3747.0 万人，农民工总量

1776.4 万人,参加城乡基本医疗保险人数 6906.3 万人,其中参加城镇职工基本医疗保险人数 867.2 万人,参加城乡居民基本医疗保险人数 6039.1 万人。[①]

医疗保险的缴费标准为各统筹地区上一年度在岗职工的平均月工资的2%,由用人单位缴纳。2017 年湖南省农民工医疗保险总收入预计 17.09 亿元,同比增幅 9.87%,预计支出 14.63 亿元,同比增幅 11.85%。预计基金结余2.46 亿元,预计基金累计结余 22.19 亿元。[②]

表 5-6 湖南农民工医疗保险资金收支统计情况

	数额/亿元	同比增幅/%
农民工医疗保险总收入	17.09	9.87
农民工医疗保险预计支出	14.63	11.85
农民工医疗保险累计基金结余	22.19	——

2. 湖南省农民工医疗保险的监管机制及医疗条件

(1)监管机制。

根据湖南省人力资源和社会保障厅 2014 年发布的《人力资源社会保障部关于进一步加强基本医疗保险医疗服务监管的意见》,湖南省在医疗保险监管制度方面所做的主要工作是:强化医疗保险医疗服务监管,将监管对象延伸到医务人员;优化信息化监控手段,建立医疗保险费用监控预警和数据分析平台;明确医疗保险基金监管职责,充分发挥各方面的监督作用;分类处理监管发现的问题,妥善解决争议;加强配合协同做好工作。

(2)医疗条件。

《湖南省基本医疗保险监督管理办法》对申请成为协议医疗机构以及协议零售药店的规定相当严格。只有持有有关证件,合法经营的医疗机构才能成为协议机构。这很大程度上保障了农民工就医的医疗条件,使农民工能在好的医院就医,吃放心安全的药品。

---

① 数据来源:《湖南省 2017 年国民经济和社会发展统计公报》。

② 数据来源:湖南省人力资源和社会保障厅 2017 年度《城镇职工医保基金预算支出绩效自评报告》。

3. 湖南省农民工的医疗保险满意度分析

以长沙市为例，调查样本中农民工对不同类型医疗保险的选择如表 5 - 7 所示。从表中可以发现，农民工选择农民工医疗保险的比例不太高，证明农民工对农村医疗保险的满意度不高，农村医疗保险虽然是为农民工制定的，但并不能满足农民工的需求。

表 5 - 7　湖南省农民工医疗保险选择情况

类型	人数/%
城镇职工医疗保险	7.14
新农村合作医疗保险	45.83
农民工医疗保险	15.48
商业保险	1.19
不知道该参加哪类保险	23.22
都不想参加	7.14

(三) 西部地区——以广西省为例

1. 广西农民工医疗保障制度情况

广西壮族自治区从 2017 年 1 月 1 日起，开始实行全区统一的城乡居民基本医疗保险制度。它将现有的城镇居民基本医疗保险制度和新型农村合作医疗相结合，建立了全区的城乡居民基本医疗保险，整合方向包括：管理体制、覆盖范围、筹资政策、保障待遇、定点管理、医保目录、基金管理等。

在管理体制上，由人力资源和社会保障厅统一管理全区城乡居民基本医疗保险。在筹资政策方面，在全区统一实行个人缴费标准和财政补助标准，逐步建立个人缴费标准与城乡居民人均可支配收入相匹配的机制。这一系列政策的改进旨在要通过不断完善信息系统、完善支付方式、加强医疗服务监管和创新经办管理等措施提高政府的服务效能。

早在 2015 年广西省人社厅就下发通知，要求行政区域内城镇所有与用人单位建立劳动关系的进城农民工，均应依法参加职工基本医疗保险。政府部门一再强调，在岗员工中，进城农民工是参加基本医疗保险的重点保护对象。

2. 广西农民工医疗保险参保和缴费情况

根据《2017 年度广西人力资源和社会保障事业发展统计公报》显示，截至 2017 年，广西壮族自治区就业人员 2842 万人，比上年末增加 1 万人，近几年来城镇新增就业人数变化不大；其中农民工数量约为 1276 万人，比上年度增加 44 万人，增长率为 3.6%。截至 2017 年，全自治区参加基本医疗保险人数为 5173.29 万人，其中参加职工基本医疗保险人数为 556.75 万人，而参加基本医疗保险的农民工人数为 25.03 万人，比上年末减少 1.51 万人。①

农民工医疗保险的缴费标准是社会平均工资 60% 的 1%，其缴费比例统一调整为 12%，与城镇职工缴费标准一致。具体来说，职工基本医疗保险费由用人单位和个人共同缴纳，其中用人单位按照 10% 的比例缴纳，个人按照 2% 的比例和每人每月 3 元缴纳。数据统计，广西壮族自治区职工 2017 年基本医疗保险基金收入为 195.28 亿元，基金支出 148.35 亿元，基金累计结存 278.53 亿元。②

单位：万人

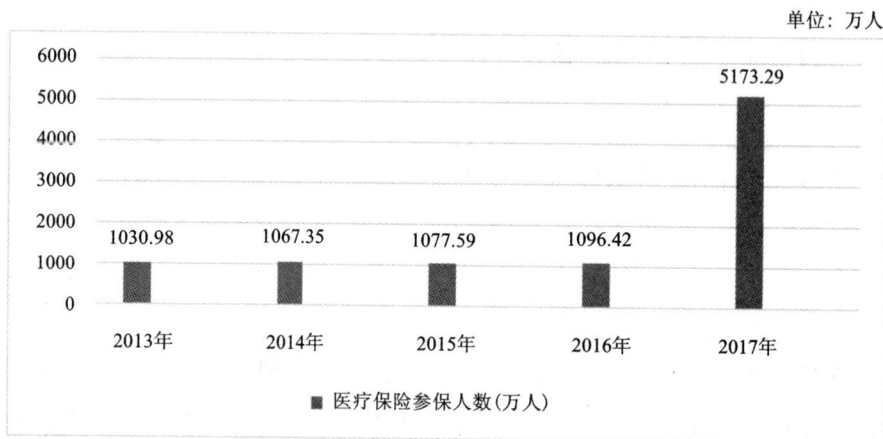

图 5-3　广西近 5 年医疗保险参保人数

---

① ② 数据来源：广西壮族自治区人力资源和社会保障厅 2017 年度《广西人力资源和社会保障事业发展统计公报》。

3.广西农民工医疗保险的监管机制

为强化医保经办机构对医疗服务的监控作用,从2011年起,自治区人社厅开始进行医疗保险反欺诈信息系统的试点推广工作,该系统覆盖了10个地区市级以及县级的1488家定点医疗机构、2463家定点药店。[①] 相关工作人员表示,这一监管机制的运用,不只在审核控费方面把关监控,更是对医保的廉政风险进行了防控,优化再造医保业务流程,尤其针对农民工群体而言,更是为其撑开了一把保护伞,保证其在进行医疗过程中消费的透明化。

4.广西农民工的医疗保险满意度分析

调查数据显示,截至2013年,广西壮族自治区农民参加职工基本医疗保险的人数占农民工人数的5.28%。截至2018年,农民参加职工基本医疗保险的人数占农民工人数的1.96%。尽管农民工人数增加,但全区参与职工医疗保险的农民工人数在下降是毋庸置疑的事实,我们从中可以了解到针对农民工的医疗保险制度正在不断进步,然而农民医疗保险的参保率和满意度却较低。

二、农民工医疗保险现状

根据国家统计局最近公布数据表示,截至2017年,我国农民工人数的总量已达到28652万人(如图5-4所示),比上年增加481万人,增长1.7%,增速比上年提高0.2个百分点,其中外出农民工达约17185万人,全国各地区的外出农民工分布也各不一样,如表5-8所示。

表5-8 2017年外出农民工地区分布及构成

按输出地区	外出农民工总量/万人			构成/%		
	外出农民工	跨省流动	省内流动	外出农民工	跨省流动	省内流动
合计	17185	7675	9510	100.0	44.7	55.3
东部地区	4714	826	3888	100.0	17.5	82.5

---

① 数据来源:广西建立医保反欺诈信息系统提升医保服务监管效能——中新网广西新闻,2017年4月26日。

续表 5 - 8

按输出地区	外出农民工总量/万人			构成/%		
	外出农民工	跨省流动	省内流动	外出农民工	跨省流动	省内流动
中部地区	6392	3918	2474	100.0	61.3	38.7
西部地区	5470	2787	2683	100.0	51.0	49.0
东北地区	609	144	465	100.0	23.6	76.4

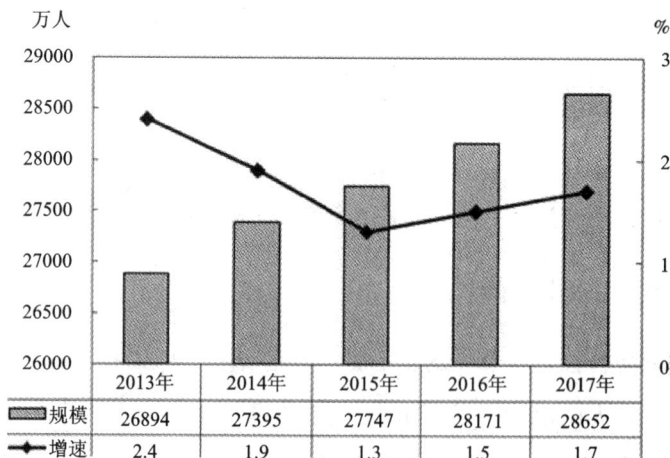

万人					%
	2013年	2014年	2015年	2016年	2017年
规模	26894	27395	27747	28171	28652
增速	2.4	1.9	1.3	1.5	1.7

图 5 - 4 农民工总量及增速

(一)医疗保险制度体系建立健全情况

医疗保险制度是一个国家或地区根据保险原则为解决居民防病治病问题，筹集、分配和使用医疗保险基金的制度。1883 年德国颁布《劳工疾病保险法》，标志着医疗保险作为一种强制性的社会保障制度而诞生。[①] 我国现行的医疗保险主要有 5 类：新型农村合作医疗保险、城镇职工医疗保险、城镇居民医疗保险、各地农民工医疗保险暂行条例或办法规定的医疗保险、补充商业医疗保

① 刘江.建立农民工医疗保险的对策思考[J].长春理工大学学报：社会科学版，2012(6).

险。农民工参加哪种医疗保险，除了考虑这种保险对农民工是否准入之外，还需要考虑农民工本身的条件是否具备。

从 2002 年开始，国务院、劳动与人事保障部、财政部、卫生部等部门出台了系列政策和法规，以推动农民工医疗保险改革。在国家政策的指导下，各级地方政府制定了相关地方法规（如表 5-9 所示），形成了农民工医疗保险的多种模式。除了新型农村合作医疗保险模式以外，北京、上海和深圳根据地方特点探索了多种农民工医疗保险模式。其中，新农村合作医疗（以下简称"新农合"）是目前采用最普遍的一种农民工医疗保险模式，从 2003 年起在全国部分县（市）试点，各地相继出台并实施相关政策，到 2010 年基本实现覆盖全国农村居民。

表 5-9　农民工医疗保障制度相关法规

颁布时间	名称及主要规定
2002 年	《中共中央、国务院关于进一步加强农村卫生工作的决定》：各级政府积极引导农民建立以大病统筹为主的新农合制度
2004 年	《关于推进混合所有制企业和非公有制经济组织从业人员参加医疗保险的意见》：应该将与用人单位形成劳动关系的农民工纳入医保范围
2006 年	《关于解决农民工问题的若干意见》："十一五"期间总体解决数亿外来民工包括基本医疗保险在内的社会保障问题
2006 年	《关于开展农民工参加医疗保险专项扩面行动的通知》：2008 年争取所有农民工基本纳入医疗保险
2010 年	《流动就业人员基本医疗保障关系转移接续暂行办法》：进城务工农民可以在就业当地参加职工基本医保，回农村后可带回，转为新农合
2016 年	《关于整合城镇居民基本医疗保险制度的意见》：整合城镇居民医保和新农合，适当提高个人缴费比重

（二）农民工参保情况

据中国统计局 2017 年统计年鉴分析，截至 2017 年，我国参加基本医疗保险人数为 117664 万人，比上年增加 43272 万人。其中，参加职工基本医疗保险人数 30320 万人，比上年增加 789 万人；参加城乡居民基本医疗保险人数 87343 万人。[①] 可见，农民工对于医疗保险越来越重视，参保人数呈现逐年增加的趋势。如表 5 - 10 所示。

表 5 - 10　2015—2017 年医疗保险参与情况

年份	基本医疗保险 人数/万人	职工基本医疗 保险人数/万人	城乡居民基本 医疗保险人数/万人
2015	66582	28894	37689
2016	74392	29532	44860
2017	117664	30320	87343

(三)农民工医疗保险监管机制及医疗条件

根据调查了解到，目前医疗保险的监管在乡一级的工作主要是由乡镇卫生院承担，日常监管只能靠卫生院的自我约束，很容易给合作医疗带来隐患，影响农民工医疗保险的良性运行，从而使得农民工不愿意参与合作医疗。设置尚未健全的农民工医疗保险的管理机制还缺乏特定的工作人员及其机构进行管理。大部分农民工对当地的医疗条件基本满意，部分农民认为医疗设备还有待完善。

(四)农民工参保满意度

当前我国医疗保险制度及相关立法的不够完善，使得大部分农民工被排除在城镇职工医疗保障体系之外，种种因素导致他们参加的新农合(或城乡居民医疗保险)在门诊费用报销、起付线和封顶线、报销流程、大病住院及报销和保险转接便利性等方面，还存在诸多不尽如人意的地方，与农民工实际需求还有

[①]　数据来源：中华人民共和国国家统计局《中华人民共和国 2017 年国民经济和社会发展统计公报》。

相当大的差距。迅速完善农民工医疗保险，增加医疗保险待遇，进一步消除他们在城市生活、工作的后顾之忧，提升他们的满意度，对于农民工共享改革发展红利、构建和谐社会、推进城镇化步伐都具有重要意义。

三、农民工医疗保险存在的缺陷

(一)农民工医疗保险适用范围的局限

农民工医疗保险政策的适用范围仍存在局限性，不断出台的医疗保险政策反映了国家对其的重视，但由于种种原因实施效果并不理想。如上海出台的外来从业人员综合保险办法适用于所有的外来从业人员，包括农民工在内，将高低收入群体置于同一政策下。而深圳农民工的医疗保险适用范围则过窄，其规定政策只适用于与城镇用人单位建立劳动关系的农民工，而农民工群体中大多以非正规就业者为主。因此，将医疗保险范围扩大化，或将其与劳动关系捆绑在一起，大大削弱了医疗保险的职能。

(二)新型农村合作医疗服务的可及性较弱

目前政策显示，农民工的户口在农村，他们可以加入新型农村合作医疗服务，与身在农村的农村人口相比，这一制度对农民工而言，有很多不利之处。第一，以户参保的方式使一些流动状态的农民工处于两难的状态，因其与家人的利益为一体。第二，医疗服务的方式通过报销费用和指定医院优惠就诊，除去报销手续繁杂不便以外，对于流动性较强的农民工，无法解决其异地就医的需求。第三，部分地区的诊疗目录和药品目录不统一，产生了医疗费用无法报销的风险，容易引起医疗纠纷。

(三)医疗费报销手续复杂

目前，我国新医改已经渗透到城乡居民和医疗卫生的方方面面，看病报销的福利几乎实现全覆盖。但医疗保险报销流程相对复杂，在医保报销上还存在一些亟待解决的问题。调查发现，96.4%的被访者均表示对医疗报销问题的关注，然而，超过40%的被访者表示不了解医保报销范围，60%以上的认为报销流程复杂。异地医保报销手续办理不方便，成为目前医疗报销中最大的难题。目前异地就医的现象相当普遍，根据现行的医保政策规定，参保人员只有到当地指定的医院看病费用才能按标准报销，跨省则难报销或报销比例比本地标准大幅降低。调查了解到，80%以上被访者认为异地就医医疗费用报销手续不方便。被访者认为异地医疗报销存在很多问题，主要问题是报销报销手续烦琐和流程复杂、报销所需材料多、等待时间长等。按目前新农合的规定，农民工在参加了新农合的情况下，如果在城镇工作需要异地就诊，就必须返回户口所在地村镇医院就医并经审批同意后才能在城镇医院就医和享受医保。当在户口地以外地方就诊时，不仅报销比例比在户口地就诊要低很多，报销程序也烦琐很多。农民工看病报销时，要带齐收据、病历、相关证件，到当地居（村）委会填表、盖章，再到办事处审批。农民工很多时候因为审批手续烦琐且成本太高，宁可不去享受这一保险。因此，即使有近一半的受访农民工参加了新农合，他们在异地城镇工作实际上很难享受到许多应有的医疗保险待遇。农民工异地就医，等待报销的时间也很长，少则1~3个月，多则超过一年，异地就医费用能在1~3月内报销完毕的约占55.8%。超过40%的被访者认为是所就诊的医疗机构和单位（医保关系所在部门）造成的。

（四）农民工医疗保障资金筹集渠道单一

根据目前的农民工医保政策"其基本医疗保险费由用人单位和个人共同缴纳，其中用人单位按照10%的比例缴纳，个人按照2%的比例和每人每月3元缴纳"的规定，农民工医疗保险基金主要来自单位和个人。个人少缴费或不缴费减轻了农民工的负担，同时却加重了企业的负担。这容易造成企业为减少劳动力成本而裁员，导致农民工失业现象出现，且部分地区缴费门槛偏高。如陕西省2017年农民平均月工资为3446.7元，按照缴费比例，企业缴费10%，个人缴费2%，即企业每月需承担344.67元，这对于许多企业而言负担过重。

四、农民工医疗保障缺陷的成因分析

(一)社会因素分析

1. 城乡二次元结构和户籍制度的阻碍

户籍制度和城乡二元结构的长期存在,是农民工医疗保险问题不能很好解决的根本原因。目前尽管随着城镇化进程的加快,我国已逐渐取消户籍制度歧视政策,但政策的落地需要一定的周期,而农民工职业的城镇化、身份的市民化和意识的城镇化,更是任重而道远。

2. 医疗保险模式的条块化

中国医保制度主要采用的是渐进式发展道路,城镇职工、城市居民和农村人口医疗保险的发展呈现出不平衡的状态,缺乏统一的标准和整体性的制度设计。农民工医疗保险往往采取属地管理,且多种形式并存,各省各自为政,条块分割严重,重复参保严重,互联管理难以实现。因此,城市与农村之间、不同的统筹地区之间无法实现有效的对接,又加上农民工流动频繁,所以异地费用结算和保险关系转接存在着现实的困难。

3. 制度层面的因素

尽管理论上农民工可参与城镇职工医疗保险,在农村可以享受新型农村合作医疗制度,但现实生活中医疗救治也只覆盖了少数农民工。由于城镇职工基本医疗保险的交纳费用较高,农民工普遍经济水平较低,并且往往无固定职业,因此参保积极性不高。新型农村合作医疗虽然起点较低,农民工能够承担参保的费用,但又由于农民工一般常年在城市生活,根据目前新农合的政策,农民在户籍地缴纳保费后必须在当地就医和报销,农民工实际上享受不到参保的真正益处,因此吸引力并不大。[①]

---

① 官翠玲,程潇,张晓香,等.中国农民工医疗保险现状分析及其对策思考[J].决策与信息,2016(6).

（二）政府因素分析

1. 相关法规的缺失

一直以来，我国对社会保障的立法重视不够，社会保障的发展主要依靠政府相关政策的推动。直到 2010 年，国家颁布的《中华人民共和国社会保险法》才规定"进城务工的农村居民依照本法规定参加社会保险"，从此，农民工的医疗保险权益在法律上予以确立。而对于如何处理地区分割利益、转移续接等问题，目前仍未从法律层面予以规定，因而影响了农民工医疗保险的发展。

2. 政府未能充分履行职责

一方面，政府机构责任心缺乏，掌握的农民工信息不全，资金投入不足，制度制定缺乏可操作性；另一方面，相关部门监察不到位，处罚不严，为用人单位不履行责任提供了可乘之机。加之医保政策宣传力度不够，医疗保险办理程序烦琐，导致农民工参与医疗保险的积极性不高，效果不佳。

（三）个人因素分析

1. 农民工缺乏维权意识

根据《中华人民共和国社会保险法》规定：职工应当参加职工基本医疗保险，由用人单位和职工按照规定共同缴纳基本医疗保险费；基本医疗保险必须覆盖城镇所有用人单位，用人单位对职工办理医疗保险负有法定义务。在现实中，一些用人单位尤其是私营和个体企业主，却以各种理由故意拖延或不为农民工办理基本医疗保险，而农民工缺乏维权意识直接助长了企业这一行为的猖獗。

2. 农民工缺乏保险意识和知识

由于传统思想的影响，我国农民工一直不注重医疗保险，保险意识薄弱。加之收入低和流动性强，农民工更是较多关注眼前利益，参保积极性不高。

五、农民工医疗保险机制的完善

(一)建立符合中国国情的医疗保障体系

近年来，医疗费用的过快增长给日本和德国的社会经济发展带来了沉重的负担，这就启示我们要从国情出发，制订合理的医疗保障水平和医疗保障体系。现有的国情决定了"低水平、广覆盖"是现阶段必须遵循的基本原则。"低水平"是指基本医疗保险的水平与现阶段生产力发展水平相适应，我国还必须根据"收支平衡"的原则来确定基本医疗保险可以支付的医疗服务范围和支付标准，基本医疗保险只能提供基本医疗保障，保障水平不高是一种必然现象。"广覆盖"，就是要将基本医疗保险覆盖城镇居民和农村人口，同时，也必须积极探索城市农民工、失地农民等特殊新城市化人口的医疗保险制度。将农民工涵盖在城镇居民基本医疗保险之内，这是城镇化进程和城乡统筹发展的客观要求。农民工参加城镇居民基本医疗保险能激发农民工对所在城镇的建设热情，有效地改善医疗公平性，促进社会公平。这是我国社会经济发展的必然趋势，也是我国建立和完善基本医疗保险制度的需要。

(二)构建完善的医疗保障法律体系

保障每一个公民病有所医，享受基本的医疗保障，是政府的职责和社会和谐的重要保障。在我国，由于立法滞后，医疗保险各行为主体在很多方面还很不规范，致使该缴的保费不能及时到位，同时医疗费支出得不到有效控制，卫生资源得不到合理利用。我国应制定统一的《公民基本医疗保障法》，用法律的形式保障每一个公民平等就医合法权益的实现。

(三)完善新型农村合作医疗制度

发达国家的政府大都对农民的健康保险给予特殊照顾。由于我国地方政府财力有限，农村人口多，各地经济发展不平衡，农村新型合作医疗制度建设境况不容乐观。政府应通过必要的资金投入、政策倾斜和技术援助，帮助恢复和发展农村合作医疗保险制度，逐年提高农民医疗服务的公平性。可以从以下几点着手：第一，农村的医疗保障要与公共卫生紧密结合，新型医疗合作制度要加入预防保健等基层社区卫生服务内容；第二，制定支持农村地区公共事业发展的财政政策和基层化的财政支付原则；第三，积极探索适合广大农村特点和需要的农村医疗救助制度。

（四）完善农民工医疗保险筹资机制

应建立多元化的农民工医疗保险的筹资渠道，费用可由企业、个人、政府三方共同承担。改革方向可以从几个方面考虑：第一，确立合理、适宜的缴费基数和比率，使企业、个人的承受能力与其缴纳的保费相匹配。第二，运用税收政策激励和支持用人单位为农民工缴纳社保费，提高企业参保的积极性。第三，政府可按照投保人数对个人进行补贴，激发其投保意愿。

第三节　城镇化进程中农民工工伤保险机制完善

保障农民工身心健康和生命安全是全面建成小康社会的一项重要指标，农民工工伤保险问题被政府和社会高度关注，2012 年人力资源和社会保障部明确要求地方各级政府高度重视农民工的权利保障工作，2013 年，国务院颁布了《国务院关于解决农民工问题的若干意见》，意见明确提出农民工的工伤保险事关社会稳定，特别是建筑业、采矿业等高风险行业的农民工必须参加工伤保险。人力资源和社会部推出农民工"平安计划"，计划用三年的时间，实现建筑、矿山等高风险行业的农民工工伤保险全覆盖。农民工的工伤救助越来越成为社会责任中的重中之重，政府的社会责任感不断加强，社会各界越来越重视农民工的职业安全和生命安全，而非政府组织也为农民工提供了更多的关爱和支持。

一、农民工工伤保险的基本现状

（一）农民工工伤保险的基本情况

20 世纪 50 年代我国的工伤保险制度初步确立，在社会主义建设阶段对于促进生产发展、保护劳动者、稳定社会安定发挥了重要作用。随着经济建设的加速，企业职业病发病率和伤亡事故率逐渐上升，职业安全防治形势不容乐观，事故多发与制度的落后以及法律滞后，严重影响社会的稳定和经济的可持续发展。

农民工工伤保险制度自建立以来取得了相当可观的成绩，较大程度上保障了农民工的各项权益，但还存在诸多不足和缺陷。改革开放后，我国工伤保险制度虽然得到了很大的完善，但是农民工工伤保险依旧被拒之门外，农民工无法真正享受工伤保险。在这种情况下，2006年3月，国务院颁布了《关于解决农民工问题的若干意见》，该意见明确指出："应当依法将农民工纳入工伤保险范围。所有用人单位必须及时为农民工办理参加工伤保险手续，并按时足额缴纳工伤保险费，特别强调工伤风险程度较高、农民工较为集中的建筑行业、煤炭采掘业的农民工要参加工伤保险。"2006年5月17日，原劳动和社会保障部颁布了《实施农民工"平安计划"加快推进农民工参加工伤保险工作》，将建筑、矿山等高风险行业纳入工伤保险。在中央文件精神的指示与引导下，各地也都出台了农民工工伤保险办法，办法都明确规定统筹地区的各类企业和有雇员的个体工商企业，依法为农民工办理参保工作，足额缴纳工伤保险费。

在工伤事故方面，据国家安全监督管理局不完全统计，我国每年因公致残的人员大约有70万，其中农民工占绝大多数，重大安全事故中，失去生命的也主要是农民工，2010年全国发生各类事故363383起，死亡79552人，煤矿事故数量和死亡人数分别为1403起、死亡2433人，农民工死亡人数占了总死亡人数的80%以上；在职业病方面，据全国工伤职业病报告显示，2010年全国新发职业病27240例，比2009年增加50%，其中尘肺病23812例，农民工尘肺病患者占80%以上。在工伤保险参保率方面，人力资源部的数据显示，2011年我国农民工总数为2.5亿，比上年增加1000万，增长4.4%；2011年6月底，全国工伤保险参保人数为1.6亿，比上年增加655万，增长4%，其中农民工6555万人，比2010年增加255万人，农民工工伤保险参保率为27%。从建筑行业来看，据国家统计局资料显示，2010年建筑业全社会从业人员达到4000万人以上，其中农民工人数约为3900万人，占农民工总数的20%。《2011中国发展报告》表明，建筑单位与农民工劳动合同的订立率为29.1%，建筑业工伤事故率排第一，达到85%，死亡率在行业中位列第二，建筑单位为农民工缴纳工伤保险的比率则仅为16.6%。[①]

表5-11　我国农民工参加工伤保险情况

年份/年	全国职工参保人数/万人	农民工参保人数/万人	农民工所占比例/%
2007	12158	3966	32%
2008	13810	4976	36%
2009	14861	5580	37%
2010	16173	6329	39%
2011	17696	6828	39%
2012	19010	7179	7.7%

（二）工伤保险的制度模式

从世界范围看，工伤保险制度至少有四种模式：①公共管理模式。由唯一的公共组织运行工伤保险，这种模式的工伤保险又被称为工伤社会保险。采用这种模式的有法国、埃及、保加利亚、玻利维亚、巴西、智利等。②公共管理机构与商业保险公司结合模式。商业保险公司允许与公共管理机构竞争工伤保险业务。例如，美国的21个州都允许商业保险公司与公共管理机构就工伤保险业务展开竞争。③商业保险模式。这种模式又被称为工伤商业保险，但有严格的费率规制，采用这种模式的有荷兰、比利时等国。④自我保险模式，即允许雇主自行储备基金以抵御工伤风险。截至1995年，世界上共有159个国家和地区实行了工伤保险，其中采取工伤社会保险方式的国家和地区有98个，公共管理机构与商业保险公司结合模式的有14个，商业保险模式的有25个。在美国，除北达科他州和怀俄明州外，其余各州允许雇主采用自我保险模式。若雇主能证明其企业有能力提供工伤保险补偿，雇主可以进行自我保险。一些州还允许同行业雇主集团（groups of employers）通过集团自我保险（group self-

---

① 胡莹.农民工工伤保险问题研究[D].长沙：中南林业科技大学学位论文，2012.

insurance)的方式提供保险。自我保险意味着企业自行处理工伤补偿申请,但为确保受伤雇员能够得到照顾,自我保险给雇主强加了很多限制。①

二、农民工工伤保险存在的问题

在经济发展取得一系列成绩的同时,我国农民工工伤保险存在的问题不容忽视,调查数据显示,有一半的农民工没与用人单位签订劳动合同,与此同时,建筑业、制造业作为工伤风险较大的行业,企业和雇主为农民工缴纳各项社会保险的比例相比其他行业则比较低。

(一)农民工工伤保险参保率低,赔偿金额低

据人力资源和社会保障部的数据信息,截至 2017 年底,农民工参加工伤保险的人数为 6969 万人,以此数据来推算,我国农民群体参加工伤保险的比率较低,约占 24%。虽然很多企业和农民工签订的劳动合同中明确表明给农民工购买工伤保险,但却很少有企业能在农民工受伤后提供相应的物质补偿。很多农民工工伤保险意识淡薄,他们觉得能给他们按时发工资的企业就是好企业,他们也不会督促用人单位为其缴纳工伤保险,这是我国农民工工伤保险参保率低的一个主要原因。企业为了降低劳动经济成本追求利润的最大化,不愿意为农民工缴纳工伤保险,一些地方企业为工伤事故的农民工提供的经济补偿很少,用于治疗工伤的钱杯水车薪。

表 5 – 12　不同行业农民工参加社会保险的比例

行业	养老保险/%	工伤保险/%	医疗保险/%	失业保险/%	生育保险/%
制造业	8.8	27.5	14.7	4.2	2.4
建筑业	1.8	15.6	4.4	1.0	0.6
交通运输仓储和邮政业	10.7	27.2	15.4	6.1	3.5
批发和零售业	6.1	11.6	8.3	3.1	1.8

---

① 于欣华.农民工工伤保险制度研究[D].杨凌:西北农林科技大学学位论文,2009.

续表 5 - 12

行业	养老保险/%	工伤保险/%	医疗保险/%	失业保险/%	生育保险/%
住宿和餐饮业	3.6	11.7	7.1	1.7	0.8
居民服务和其他服务	4.8	14.2	9.4	2.7	1.6

资料来源:《2009 年农民工监测调查报告》中华人民共和国国家统计局,2010 年。

外出农民工参加工伤保险的总体水平比较低,工伤风险较高的建筑行业农民工参保率较低,雇主或单位为其缴纳工伤保险的比例仅为 16.6%,农民工工伤保险的供需尚未平衡,远不能实现农民工的安全保障。第三产业农民工的参保率低,农民工群体在第三产业就业人数增多,并有往第三产业就业转移的趋势,但是表中的第三产业参加工伤保险比例平均不到 13%。另外在我国城市中有一部分流动就业农民工,他们没有固定的用人单位,基本靠打零工或跟着"游击队"维持生计,这部分农民工基本没有参保意识,没有参加过任何社会保险和商业保险,甚至有的根本不知道什么是工伤保险,这种状况令人担忧。

(二)农民工获得工伤赔偿过程复杂,赔偿难度大

我国农民工获得工伤赔偿难主要体现在两个方面:一是工伤认定程序复杂,工伤补偿遥遥无期;二是农民工伤保险待遇索赔程序漫长,维权成本高。

农民工劳动关系认定困难。农民工在申请工伤保险补偿的时候,先要向用人单位提供书面劳动合同的证明材料进行工伤认定。用人单位为了追求利润的最大化,降低成本,逃避责任,往往不与农民签订合同,甚至不承认和农民工事实存在的劳动关系。国务院研究室公布的《中国农民工调研报告》显示:和用人单位订立劳动合同的农民工只占到 32.6%。而进行工伤认定,必须要提供书面劳动合同,在劳动合同缺失的情况下,农民工只能通过劳动仲裁来认定事实劳动关系,而在仲裁时,若提供不了事实劳动关系存在的证据,基本就以败诉告终。农民工获得工伤保险补偿的权益往往由于劳动关系认定困难而难以得到有效保障。

申请工伤保险待遇程序复杂。按照规定,劳动者申请工伤保险待遇要经过工伤认定、劳动能力鉴定和工伤保险待遇给付三个阶段。由于各个阶段的经办

时间漫长，申请程序复杂，从开始申请工伤保险待遇到最后领取工伤保险补偿金，可能需要花上一年多的时间，如果中间过程再出现一些突发和意外情况，整个过程拖延更长的时间也很正常。由于申请工伤保险待遇的程序复杂而漫长，农民工的维权之路非常艰难，甚至有些农民工还没领到工伤待遇就已因治疗无效而离世。在这种情况下，很多农民工为了能尽早拿到赔偿金，宁愿选择和企业主私了也不走正常的法律程序，这就使农民工的各项权益难以得到有效保障，而用人单位却可以利用这段时间来转移资产，劳动者进行诉讼也就失去了实际意义。

劳动争议程序的复杂也是农民工工伤赔偿难度大的重要原因。目前我国的劳动争议程序为"一调一裁二审"。首先要经过调解委员会调解，对调解达不成协议的，必须提交劳动争议仲裁委员会仲裁，对仲裁裁决不服的，可以向人民法院起诉。人民法院一审程序在 6 个月内审结，有 15 日的上诉期限，二审程序在 3 个月内审结。如此冗长的处理周期使得劳动争议得不到及时的解决，增加了当事人的诉讼成本，使农民工这个弱势群体的权益得不到有效的保障。

（三）农民工工伤保险赔偿机制不完善

工伤保险制度主要是工伤预防、工伤康复、工伤补偿，"三位一体"的工伤保险制度在我国还未完全建立。我国工伤保险法律条款的制定对于工伤预防的内容关注不多，更多关注的是工伤事故发生后的工伤认定、工伤等级的确立以及给付的金额和赔偿标准。

工伤风险大增的原因主要有如下三个方面：一是企业忽视安全生产，生产操作的相关标准和评估指标分析没有形成制度化；二是政府出于经济收益的考虑，重点关注的增长，没有对危险及有害工序进行整治，默许其存在，工伤预防因政府责任的缺失而被忽略；三是农民工自身缺乏对所从事二三产业的安全和技术常识，尤其是用工企业使用禁用原料，超负荷工作，工伤风险居高不下。

做好工伤预防可以减少工伤事故和职业病的发生概率，保证农民工的人身安全，从而也减少工伤保险基金的支出，一举两得。从现状来看农民工工伤康复运行机制尚未启动。这一方面存在农民工个人原因，文化程度的低下导致了他们目光短浅，这致使农民工相对于健康康复而言更重视对工伤保险补偿金的追讨。相关调查资料显示，农民工多倾向于选择"无康复高补偿"的赔偿方式，而不选择"康复后低补偿"，有的农民工甚至拒绝工伤康复治疗，另一方面，技术与经济上的制约也是不可忽视的影响因素。农村的医疗水平与城市的医疗水平之间的巨大差距使康复治疗满足不了治疗后期的农民工的需求。还有农民工的居住地与工伤保险经办地或用人单位所在地不一致等因素，这些也都给工伤保险制度的具体执行增加了困难。工伤预防或工伤康复制度的缺乏使得农民工在发生工伤事故后都以赔偿方式解决，缺乏对工伤致残的农民工工伤保障机制构建的整体研究。

(四)农民工工伤保险基金缺乏增值机制

在现实生活中，大部分工伤保险基金都用于了工伤赔偿，而用于工伤预防和工伤康复的基金却很少。工伤保险金应该是工伤赔偿、工伤预防和工伤康复三位一体的统一。目前工伤保险金的筹集通常以将来支出的多少来确定收取保险费的多少，让工伤保险金长期保值、增值缺乏长远规划。工伤保险基金缺乏统一的财务管理制度，渠道不统一，开支项目混乱；部分企业为了少交保费，故意瞒报工人人数，有的企业出现工伤事故之后才愿意投保；个别企业将缴纳的保费计入员工福利、生产成本、营业外支出等。个别医院为了套取保险基金，有意开高价药、进口药，甚至造假报销医药费用，导致了工伤保险金不能发挥作用，影响工伤保险基金的正常运作。

三、农民工工伤保险问题的成因分析

(一)政府的原因导致农民工工伤保险缺失

1.政府管理职能缺失

第一，工伤法规对企业违法行为的处罚力度较小。在农民工工伤风险问题上，企业有两种选择，一是按规定为农民工缴纳工伤保险费，工伤事故发生后由工伤保险基金支付补偿费用；二是不为农民工缴纳工伤保险费，工伤事故发生后，企业来承担全部的治疗费用。我国《工伤保险条例》规定："如果用人单位没有给农民工参加工伤保险，工伤事故发生后，应当由社保部门支付的保险待遇全部由用工企业承担。"鉴于农民工用工单位的经济承受能力,制定了低费率的工伤保险缴纳标准,从理论上讲应该调动起用人单位参保的主动性和积极性,在现实生活中,企业单位逃保漏保现象普遍存在。工伤法规对逃保漏保行为的惩治力度较小,执法秩序混乱,企业即使不参保也有机会逃避赔偿损失。《工伤保险条例》第六十条规定:"用人单位应当参加工伤保险而未参加的,劳动保障行政部门责令改正;未参加工伤保险期间用人单位职工发生工伤的,由该用人单位按照本条例规定的工伤保险待遇项目和标准支付费用。"企业即使不给农民工缴纳工伤保险费,在发生工伤事故后也不会受到额外的惩罚,就算受到了惩罚,罚款数额也远远低于为农民工缴纳的工伤保险费,而且事故发生后,企业通讨与农民工私下协商,支付住院急救费用后就可高枕无忧,在这种状况下,企业选择风险自担要比给农民工参保更划算。

第二,地方劳动监察部门对工伤保险监督不力。《关于农民工参加工伤保险有关问题的通知》要求地方劳动保障部门推行农民工工伤保险,高度重视农民工工伤保险权益维护问题。地方政府片面追求经济增长,在企业能为地方经济发展带来收益的前提下,对于企业逃保行为往往视而不见,或处罚不严。这在一定程度上使得企业漠视对农民工的劳动安全保护,不按规定给农民工缴纳工伤保险费,导致农民工工伤保险覆盖率低。

2. 农民工工伤保险法律法规不健全

我国工伤保险的法律依据是国务院公布的《工伤保险条例》,该条例的公布标志着以《劳动法》为基础,以《工伤保险条例》为核心的工伤保险法律体系的形成。而现实生活中《工伤保险条例》对违规行为的处罚力度不强,难以达到预期效果,原因就在于该条例是行政法规,立法层次较低,约束能力较弱,难以在实践中发挥效力。

(二)企业从利益角度出发不愿缴纳工伤保险

企业以营利为目的的本质使其不愿为农民工缴纳工伤保险费,这就导致农民工的合法权益很难得到有效保障。农民工游离于城市边缘的弱势地位也决定了他们很难为争取到良好的工作环境和社会保障待遇而抗争,很多农民工只看到眼前利益,更愿意私下解决工伤事故,这就更加助长了企业不为农民工缴纳工伤保险的气焰，不按照条例办事，私下解决事故，这样就使农民工权益得不到长期有效维护。

（三）农民工自身的原因导致农民工工伤保险实施困难

我国农民工文化程度普遍不高，大多数农民工只有小学或初中文化程度，较低的文化水平致使农民工在工作环境较差、社会地位较低的岗位上工作，这些职业反过来又导致农民工得到的报酬较少，社会地位较低，权益容易受到损害。在很多农民工看来，企业只要按时给他们发工资就可以了，至于是否签合同、是否有保险均无所谓，这导致他们在权益受到侵害时也就得不到法律的有效保护。

由于缺乏法律知识，大部分农民工对可能发生的风险不能进行预见，在工伤事故发生后，为了快速处理工伤事故，农民工都不愿意通过法律程序来解决问题，而是持忍耐态度或是选择私下解决，将希望寄托于企业主的良心发现。同时农民工的组织化和团结性程度低，很少有农民工有机会加入工会组织，农民工的权益维护和利益表达也因组织的缺失而缺少相应的载体和渠道，农民工自身权益无法通过集体得到更好的维护。

四、农民工工伤保险机制的完善和发展

城镇化的快速发展对农民工工伤保险提出一系列新的要求。我国应依据本国的具体国情，以政府、用人单位和农民工三方面为重心来思考工伤保险制度在工伤的预防、争议、康复三个层面的系统构建，以此达到维护农村劳动者进城务工时的工伤保障权益、促进城镇化有序推进和社会和谐健康发展的目的。

（一）完善农民工工伤保险相关的政策

1. 充分发挥政府在农民工工伤保险制度中的主导作用

我国农民工工伤保险制度仍处于建立的初始阶段，发展还很不完善，农民工工伤保险制度依旧存在很多问题。政府应承担起主导责任，促进农民工工伤保险制度的完善。政府职能定位主要包括：第一，政府与各保险机构配合，建立负责机构、管理办法、保险缴纳标准、理赔方案等一整套的工伤保险体系；

第二，制定法律法规，规定企业、保险公司、农民工群体的相应权利和义务；第三，政府为农民工提供发生工伤事故后的取证、理赔等的人力、物力资源的支持，开展协调、取证、奖惩等工作。

2.进行户籍制度改革

户籍制度对农民工来说是一种全面的、多角度的制约，多数农民工会认为城市只是短暂的打工地，由此忽视工伤保险。现行的户籍制度已不能满足我国的城市化发展进程，需要尽快进行改革：一是降低农民工取得城市户口的条件，适当放宽迁移标准；二是允许流动较长时间的农民工享有与有户籍人同等的待遇，提供公平的竞争标准，增进人口流动，全面提升公民素质。

3.加强农民工工伤保险法制建设

2003 年，我国出台了《工伤保险条例》，可是其中的很多内容已经不适用于现在的社会发展状况了，农民工工伤保险参保和理赔等各方面都显示出我国在工伤保险方面的立法缺失、不足和不适用，因此迫切需要我国修改有关农民工的工伤保险政策，需要我国在工伤保险制度和相关立法方面做出改革，建立切实可行、方便操作的法律法规，同时提升农民工法律意识，促进我国农民工工伤保险制度的发展和完善。针对我国当前的国情，可根据各地的具体情况、政策法规、经济发展水平等情况建立地方性法规。为保证有法可依，政府还应加快制订相应的惩罚措施，并提高惩罚力度，公示企业的违法行为，切实保障农民工合法权益。

4.征收工伤保险差别费率

可根据企业行业的不同划分高中低三个层次，再根据相同行业的不同危险程度再细分几个小档次，在每个缴费层次中还可再细分不同的保险费率，供企业申请，在申请过程中自然会注意企业在生产安全中的细节，排除安全隐患。风险较大的行业，比如采矿行业，需要按高档的缴费标准缴费。而对于风险较小的行业，如服装餐饮行业，则需要按照抵档的缴费标准缴费。企业也可参考车辆强制保险的内容，工伤事故发生得少，发生的程度不严重或经济损失不大，可以在下一年度降低工伤保险的缴纳费用，或适当返还上一年度工伤保险金额；如果工伤事故发生的风险较高，或造成的经济损失金额较大，工伤的伤害程度严重，就要在下一年度追加工伤保险的缴纳费用，并处以相应的罚款。

这两种不同的奖罚方式，会促使企业做相应的政策修改，提高安全生产意识，解决安全隐患，从根本上解决农民工安全问题，达到工伤保险投保的根本的保障目的。

（二）加强社会服务，完善农民工工伤保险

1. 帮助农民工建立维权组织

仅仅依靠农民工个人的力量来维权是非常有限的，农民工需要借助于相关组织的力量来帮助农民工维权：其一，加入农民工工会。工会组织可以与雇主谈判工作条件、工资薪水、工作环境、工作时限等。当农民工对于城市规则、维权渠道等系列情况都不清楚时，农民工工会可以集中对农民工进行相应的培训，提高农民工各方面的能力和素质，提高其维权能力。其二，建立农民工行业协会。在企业竞争异常激烈的形势下，建立农民工行业协会，不仅可以协调企业之间的关系，而且可以向政府反映和申诉自己的意见，同时也能将政府的声音传到广大企业中，发挥其服务、咨询、沟通、监督、公正、自律、协调的职能，维护农民工合法权益。

2. 充分发挥媒体监督作用

在融媒体传播高速发展的今天，媒体监督是我国社会监督体系的重要组成部分，正确发挥媒体的监督作用，有利于公民知情权的实现，对完善我国监督体系、防止权力滥用具有十分重要的意义，有利于促进社会公正。在维护农民工合法权益方面，新闻媒体不仅要做好宣传工作，还应对用人单位进行监督，对某些用人单位的不合法、侵犯农民工合法权益的行为进行客观真实的报道。违法企业的违法行为一旦在媒体上曝光，这些企业就会引起政府和社会各界的注意，最终将会为农民工维权形成良好的社会氛围。

（三）提高农民工工伤保险的维权意识

1. 加强农民工安全生产知识宣传

社会的发展为我们提供了多种多样可采取的宣传形式，既可以是报纸、电视，也可以是定期在人口密集的工矿地区、建筑工地进行的宣传。为了使工人能够随时学习安全生产知识，企业负责人还可以为工人发放安全手册，农民工

对工伤保险政策和安全生产知识的了解直接关系到其工伤保险工作的实施和落实，为农民缴纳工伤保险是"双赢"，这不仅对农民工有利，而且有利于促进生产，增加企业利润。

2.普及法律知识，提高农民工的维权能力

提高农民工素质是一个长期持续的过程，农民工权益维护工作又迫在眉睫，国家应发挥宏观调控的职能，出面进行干预。农民工是生活于城市边缘的群体，农民工有权享受国家提供的相关法律援助，各级政府应重视农民工法律知识的宣传教育，为农民工提供法律援助，提高农民工的维权意识和能力。

第四节　城镇化进程中失地农民失业救助[①]

随着城镇化进程的不断加快，我国失地农民人数剧增，失业问题加剧，成为现阶段社会发展中的重大问题。失地农民失业救助面临着覆盖面的非均衡性、救助渠道单一、救助机制不健全等困境。转变失业救助理念、建立健全城乡一体化的社会保障制度、整合资源增强失地农民的就业能力、推进失地农民失业救助法律规制体系的建设、实现政府救助管理向救助服务的转变是破解失地农民失业救助困境的主要出路。

一、问题的提出

我国自改革开放以来，城镇化水平逐年提高，据国家发改委2016年《国家新型城镇化报告》数据显示，至2016年底，我国城镇化率达到57.35%，比2010年提高了21.15个百分点，比世界平均水平高出约2个百分点。然而，在这看似繁荣的背后却隐藏着一个人们为之深深担忧的客观事实，即农村人口城镇化远远滞后于农村土地城镇化所引发的一系列社会问题，这不但有可能动摇我党的合法性根基，而且很有可能影响我国社会秩序的稳定。这里的所谓农村人口城镇化，是指在城镇化进程中，农村人的生产和生活方式向城镇人的生产与生活方式转变的过程；所谓的土地城镇化，即指农村的农业用地向城市工业

---

① 侯旭平.城镇化进程中失地农民失业救助困境及其破解[J].湖南社会科学，2015(3).

和商业用地转化的过程。据有关数据显示，我国失地农民超过 5000 万，占现有农民人数的 1/10 以上，其中完全失去土地、没有工作的农民至少在 1000 万人以上，占失地农民的 20%。① 对于缺乏工、商服务技能的农民而言，失地就意味着失业，失业就意味着没有稳定的收入，没有稳定的收入就有极可能使他们的行为游走在法律与道德的边缘或干脆偏离法律与道德的轨道。当该群体的这种非理性行为成为一种常态时，那么这个社会就可能陷入无序状态。尽管当前我国的失业率还没有达到警戒线，但是城镇化进程中失地、失业农民人数剧增可能导致的社会问题却不容小视。

针对这一问题，当前学界和实践界纷纷提出了自己的见解和主张，其中，完善社会保障制度，尤其是完善其中的失业救助制度的观点，不仅在两者间达成了共识，而且被认为是当前乃至今后很长一段时间内解决因失地失业而引发社会问题的最有效的方法之一。所谓失业救助制度，是指在城镇化进程中农民因土地被征收、缺少经济来源导致不能满足其最基本的生活需要，由国家或社会提供物质或精神上的帮助，以保障其最低生活需求的社会保障制度。它主要包括物质救助、精神救助和技能救助三个方面。② 当各项保险无法正常维持失业者的基本生活需要时，失业救助既可以成为保障失地农民权益的最后一道屏障，也可以成为稳定社会的稳压器。加强和完善失地农民的失业救助制度，既是"以人为本"发展观的体现，也是推动工业化、城镇化健康发展的现实需要，它不仅关系到失地农民自身价值的实现和我国城镇化事业的可持续发展，而且也关系到我国社会政治稳定和全面建成小康社会的大局。

二、城镇化进程中失地农民失业救助现状及困境

为深入了解城镇化进程中失地农民的失业救助情况，本课题组采取随机抽样调查的方式对我国东、中、西部地区的失地农民进行问卷调查。调查涵盖救助方式、获得救助人数及其他相关内容，其中救助方式包括土地补偿金、住房安置、创业帮扶、劳动技能培训等内容。本次调查共发放问卷 1200 份（东、中、

---

① 陶自详. 挤升与固化：理解失地农民阶层流变的二重维度[J]. 广东行政学院学报，2012(2).
② 史册，杨怀印. 我国城镇失业群体的培训管理误区及对策[J]. 教育理论与实践，2013(2).

西部地区各 400 份)，回收有效问卷 1173 份；对有效问卷进行整理后采用双盲录入方式录入数据库，并利用 SPSS17.0 软件对数据进行分析，结果如表 5 - 13 ~ 表 5 - 15 所示。

表 5 - 13　我国东、中、西部地区失地农民失业救助情况表

救助方式	土地补偿金	住房安置	创业帮扶	劳动技能培训	就业救助	社会保障		
						养老保险	医疗保险	最低生活保障
救助人数/人	1173	853	17	74	84	146	89	23
救助人数比例/%	100	72.72	1.45	6.31	7.16	12.45	7.59	1.96
备注	其中 796 份注明土地补偿金偏低，未按标准执行，占 67.86%	其中 789 份注明安置房价太高，土地补偿款不够购房，占 92.49%	限于少数县市区	限于少数县市区	限于少数县市区	限于少数县市区，其中办理医疗保险的 89 人都办理了养老保险。获得最低生活保障的 23 人，调查表注明达到最低生活保障标准的有 117 人，仅为 19.66%		

表 5 - 14　救助后我国东、中、西部地区失地农民失业基本情况表

所在地区	调查人数/人	失业人数/人	失业比例/%	失业人各年龄段人数及比例	失业人学历段人数及比例	失业人家庭经济状况各段人数及比例
东部地区	387	283	73	20 ~ 40：157(55%) 41 ~ 60：126(45%)	初中及以下：184(65%) 高中或职高：99(35%)	困难：61(22%) 一般：187(66%) 较好：35(12%)
中部地区	394	322	82	20 ~ 40：163(51%) 41 ~ 60：159(49%)	初中及以下：107(33%) 高中或职高：215(67%)	困难：186(58%) 一般：129(40%) 较好：7(2%)

续表 5 – 14

所在地区	调查人数/人	失业人数/人	失业比例/%	失业人各年龄段人数及比例	失业人学历段人数及比例	失业人家庭经济状况各段人数及比例
西部地区	392	361	92	20～40：187（52%） 41～60：174（48%）	初中及以下：239（66%） 高中或职高：122（34%）	困难：304（84%） 一般：57（16%） 较好：0（0%）

注：失业人家庭经济状况一栏中，困难是指难以维持基本生活；一般是指能维持基本生活，但无可支配资金；较好是指维持基本生活外，还有少量可支配资金。

表 5 – 15　救助后我国东、中、西部地区失地农民就业基本情况表

就业基础	就业总人数/人	东部地区人数/人	中部地区人数/人	西部地区人数/人
创业帮扶	17	9	5	3
就业救助	84	43	28	13
劳动技能培训	培训74人，就业71人，就业率96%	29	30	12
自行就业	35	23	9	3
合计	207	104	72	31

从上述表格数据资料不难看出，当前我国失地农民失业救助除土地补偿和住房安置做得较好外，其他方面所暴露出的问题是十分令人担忧的，失地农民工失业救助面临种种现实困境，其具体表现如下：

1. 失地农民失业救助覆盖面具有非均衡性

由上述调查结果可知，失地农民除了土地补偿金和住房安置覆盖面较宽之外，创业帮扶、劳动技能培训、就业救助和社会保障等失业救助措施覆盖面极其狭窄，仅仅只有少数失业农民办理了养老、失业、医疗保险等手续，大多数失地农民连基本的社会保障都无法享受。而在土地补偿金和住房安置两种失业救助措施实施中，67.86%的调查对象表明土地补偿金偏低，未按标准执行；92.49%的调查对象表明安置房价太高，土地补偿款不够购房。这使得土地补

偿金和住房安置这两种覆盖面高的失业救助措施发挥的救助作用大打折扣。

有学者认为，这种覆盖率的非均衡性，在一定程度迫使一部分失地失业农民的行为游走在法律与道德的边缘。在他们看来，高住房安置、土地补偿金覆盖率使一部农民失去了劳动创造价值的动力，创业帮扶、技能培训、就业指导以及其他方面的社会保障覆盖率极低，又使他们难以适应身份改变而失去劳动创造价值的信心和能力，因此，部分失地农民的行为就变得越来越不理性：有因过度消费和打牌赌博导致家庭贫困的，有因缺少再就业技能而产生过剩时间与精力的"逞能"斗狠的，还有因家庭成员或邻里之间的利益冲突以及因土地补偿金太低所导致的矛盾没有及时获得化解而上访的等。凡此种种非理性行为，均与当前失业救助覆盖面的非均衡性有关。

2. 失地农民失业救助渠道单一

目前我国失地农民失业救助方式局限于单一的政府物质救助，且主要为土地补偿金和住房安置两种措施，能力救助覆盖率极低，精神救助几乎缺失。调查对象中，获得创业帮扶、就业救助者全部就业，获得劳动技能培训的人就业率也高达96％，但是由于这些救助方式严重供给不足，能获得这些救助的人微乎其微。这也就意味着，大部分农民的房地被拆迁之后，对于其是否创业、是否就业、是否能确保生活质量不下降，再也无人问津，更谈不上稳步提高其生活水平。许多失地农民无法通过失业救助缓解因失去土地而遭受的损失，在没有其他收入来源的情况下，一旦土地补偿金花费完毕，往往陷入生存、发展、社会保障缺失的三重困境。尤其是西部地区，失地农民中失业者41岁以上人口近半（调研样本比例为48％），初中及以下学历者近三分之二（调研样本比例为66％），而随着生产力发展的现代化水平越来越高，就业机会对于他们来说越来越少，加之失地失业后家庭经济状况困难者超过百分之八十（调研样本比例为84％），由此造就了一批新的贫困人口群体，带来了一系列的社会问题。

3. 失地农民失业救助机制不健全

首先，失地农民失业救助职能条块分割较为严重。失地农民失业救助需要住房保障、民政、人力资源与社会保障部门的共同努力才能实现，但从当前我国救助机制的运行情况看，救助部门间的条块分割较为严重，尤其是政府组织与非政府组织之间的分割更为明显。在我国政府部门的职能划分中，社会救助职能尽管归口民政部门,但是,救助所涉及的各个方面又与其他政府职能部门之间有着千丝万缕的关系。以现行的技能培训救助为例,民政部门和人社部门均举办,但到底归于哪一政府职能部门管理、培训的什么内容等,由于两者之间并没有建立起联动的运作机制,从而导致管理时的你推我让、培训的内容存在诸多的交叉和重复现象,这不仅会导致管理的错位、失位与越位,而且更为严重的是导致救助资源的巨大浪费和失地农民的无所适从。因此,建立和完善救助部门间的联动机制,是解决失地农民失业救助"瓶颈"问题的关键所在,是保障失地农民家庭基本生活、维护城市郊区和农村社会稳定、促进农村经济发展的前提。

其次,失地农民失业救助资源缺乏。其一,救助工作力量薄弱,专业人员严重短缺,使得科学识别和监察受助对象难落实;其二,救助资源贫乏,对于当前加速城镇化进程中越来越多的失地农民失业问题而言,犹如杯水车薪,上述调查样本资料中能获得创业帮扶、就业救助和劳动技能培训的失地失业农民比例分别仅为 1.45%、7.16% 和 6.31%,就充分表明了救助资源的贫乏程度。

最后,失地农民失业救助制度缺位。其一,由于没有一套规范的统计调查程序、救助实施程序、受助对象申请程序、政府和社会监督程序等,使得冒名顶替、挪用救助款等不良现象层出不穷;其二,失地农民失业救助责任追究制度缺位,导致拆迁部门"只拆不管",只要拆迁完了,政绩到手,失地农民的后续保障便与其毫无关系,而专司失业救助的政府部门更是睁一只眼闭一只眼,上述调查样本资料中获得养老保险、医疗保险和最低生活保障的失地失业农民比例分别仅为 12.45%、7.59% 和 1.96%,可见一斑。没有制度的约束,便没有对失地农民失业救助资源进行整合的动力和压力,没有资源整合,失地农民失业救助问题难以从根本上解决。

从前述调查样本资料可知,尽管创业帮扶、就业救助和劳动技能培训具有较强的解决失地农民就业的能量,但由于失地农民失业救助职能条块分割、救助资源缺乏、救助制度缺位,从而导致能获得这些救助的失地农民比例低,难以从根本上解决失地农民的失业救助问题。

三、影响失地农民失业救助效果的相关因素

影响失地农民失业救助效果的因素很多，既有失业救助制度本身的缺陷，又与救助环境有着紧密的关联，其中，救助观念滞后、城乡二元体制制约、救助制度设计的非科学性与非合理性及其他限制性条件太多是主要原因。

(一)救助观念滞后是前提

从政府部门来看，一些地方政府的领导把失地农民权益问题简单地看作是经济补偿问题，认为国家征地已经给为农民提供了货币补偿，对失地农民培训、再就业等问题政府可以不管或少管①，这严重影响了针对失地农民的救助政策的顺利实行。

从失地农民方面来看，根据国家政策，未就业的符合条件的失地农民到自己户口所在地登记后就可以领取最低生活保障金，但是失地农民往往因为传统观念对自己的影响而不愿意去登记，他们有的认为只有那些没有劳动能力的或者残疾人才能领取救助，还有的对失业救助制度的认识比较肤浅，甚至不信任，失地农民这种传统的个人认识，使得他们把自己排斥在社会救助的范围之外。

(二)社会保障的城乡二元体制制约是根本

我国计划经济时代形成的城乡二元体制结构是失地农民工失业救助保障缺失的根本原因。相关政策和制度的缺陷，导致表面上农民失去的仅仅是土地，而深层次背后却是就业岗位、生活保障及集体资产等的流失，农民失去土地的同时，更多的是失去了赖以生存、发展的基础保障。目前，我国二元制户籍制度虽然在逐步打破，但低保、医保、养老保险、失业保险等制度未完全实现城乡并轨，相关的制度配套在很大程度上仍然限制了失地农民公平地分享城镇化建设成果。在失去就业、养老、最低生活保障为一体的土地后，失地农民游离在城市与农村之间，不仅不能获得与城市居民同样的就业机会和社会保障，还

---

① 周云华，谈玉坤.切实增强失地农民再就业培训的实效[J].中南林业科技大学学报(社会科学版)，2007(4).

要为此付出转变就业方式、生活方式的成本。

（三）失业救助制度设计不合理是核心

到目前为止，我国还没有建立起适应城镇化进程的针对失地农民尤其是失地失业农民的救助保护制度，现有的失业救助制度设计存在很多不合理的方面：其一，失业救助的实施对象应当是全体失业人员，然而在现实社会中只有缺乏生活来源无依无靠、遭受突发性自然灾害和生活水平低下的失业人员才享有社会失业救助的权利。《中华人民共和国宪法》第四十五条第一款规定："中华人民共和国公民在年老、疾病或者丧失劳动能力的情况下，有从国家和社会获得物质帮助的权利。"①这种情况下只有陷入贫困的社会成员才能得到国家援助，绝大多数失地农民被排斥在失业救助范围之外。其二，劳动者一旦失业，必须本人到有关部门登记并通过审查才能获得救助，一般情况下，失业者不愿意到相关部门登记，而救助部门一般要求受助者在规定日期内登记个人信息和收入状况，容易引发受助者的排斥情绪。另外，由于很多失业者不懂失业救助政策，根本不知道如何去进行登记。

（四）失业救助限制条件太多是关键

在我国，由于户籍制度的原因，失地农民只能在户籍所在地才能得到相应的社会救助，外来的失地农民在当地是无法得到社会救助的，各地方的失业救助项目大都不一致，各地都有符合本地区情况的失业救助方案，领取的救济金也不一样。我国的失业登记程序相对比较繁杂，失地农民想得到失业救助，必须返回当地的社会保障厅和民政部登记。失地农民领取救济金也要有相关的证明，首先需要失业证明，其次是到民政部和社会保障厅去认证，确定其失业的真实性，然后才能等待被救济。② 这一烦琐的社会救助限制条件，导致了很多失地农民放弃失业救助申请。

---

① 杨红燕.中央与地方政府间社会救助支出责任划分——理论基础、国际经验与改革思路[J].中国软科学，2011(1).

② 李乐为，王丽华.就业激励和援助：贫困救助制度演进和优化的基本取向[J].甘肃社会科学，2011(3).

四、失地农民失业救助困境的破解路径

随着我国城镇化进程的加快推进，传统的有关失地农民失业救助制度已无法适应转型时期的中国国情，我国失地农民失业救助制度亟须和现实发展接轨，进行制度升级，变福利排斥为福利包容。[①]

(一)转变失业救助理念

转变失业救助理念，是解决失地农民失业救助问题的前提和重要保障。随着我国城镇化进程的不断推进和我国进入全面建成小康社会决胜时期，以片面强调生存权保障为理念的失业救助制度已经不能从根本上解决失地农民的生存和发展问题。创新救助理念，实现由传统的"生存型"失业救助向"发展型"失业救助理念的转变，是提升失地农民失业救助效能的当务之急。在推进"以人为核心"的新型城镇化建设的过程中，应坚持人本情怀，从新型城镇化建设和全面建成小康社会的目标与要求出发，变单一物质性救助为综合性服务，变消极的"他助"为积极的"自助"，变政府单一管理为社会多元化服务。不仅要让失地农民在生活上有保障，而且还要保障失地农民的基本生存权和发展权，帮助他们提升能力，促进其自力更生，从而更充分地分享城镇化和现代化建设的成果，生活得更有尊严感和幸福感。

(二)建立健全城乡一体化的社会保障制度

大批的失地农民如果得不到"可持续生计"，必然成为社会的隐患，因此，必须从稳定和发展大局出发，高度重视失地农民的生存问题。要充分发挥政府主导作用，推动城乡一体化的社会保障制度建设，突出解决失地农民的最低生活保障、养老保障、医疗保障和社会就业等问题，保障失地农民基本生活。其一，把失地农民纳入最低生活保障覆盖范围，确保失地农民的最低生活要求得到及时保障；其二，实现"征地补偿"与"社会保障"并轨运行，采取政府、集体、

---

① 陆林，杨睿.金融危机背景下我国返乡农民工失业救助体系构建的思考[J].西南大学学报(社会科学版)，2010(3).

个人多方筹资的方式，建立健全失地农民养老保障制度；其三，强化社区经济、企业、慈善机构及个人等多元投入机制，建立失地农民多元化的医疗保障制度。

（三）整合资源，增强失地农民的就业能力

失地农民就业能力弱是导致就业难的根本原因，只有整合资源，增强其就业能力，才能从根本上解决失地农民的失业救助问题。首先是要加大对失地农民的技能培训，才能提升他们的就业竞争能力，实现由"他助"到"自助"转变。要从市场的需求和农民的需求实际出发确定培训项目，从失业劳动者技能类型、学习接受能力、文化水平、年龄层次等不同模块进行针对性培训服务；要对失地农民再就业人员建立激励机制，对培训表现优秀的失地农民进行免费、优先工作介绍并提供额外奖励；其次是通过适当实施保护性就业措施、鼓励失地农民自主创业，对自主创业的失地农民，要给予政策上的扶持，让他们与城镇失业人员同等享受免交相关税费、提供小额担保贷款等优惠政策；另外，还应当建立健全失地农民失业登记制度，完善城乡一体化的就业机制。

（四）推进失地农民失业救助法律法规体系的建设

通过立法将失地农民失业救助以法定文件形式固定下来，一方面可以避免实际操作者在实施时的随意性和无序性，达到稳步顺利实施的目的，另一方面也是为了从立法上保障失地农民的权利和利益，让失地农民失业者感受到国家的亲切关怀。目前，我国出台的相关法规和制度没有形成一个完整的失地农民社会保障法律体系①，还没有一部失地农民社会救助相关的实体法来指导操作，一些部门规定和规章制度具有随意性，严重影响了救助工作的实效。因而，首先要尽快出台《失地农民社会保障法》，依法确立失地农民失业救助实施内容、主体、资金来源，明确失地农民失业救助主管部门的职责，规范失地农民失业救助行为。其次要确立失地农民失业救助责任制度，增强对失地农民失业救助的动力和压力，使失地农民失业的统计调查、救助实施由被动转变为主动。同

---

① 王国奇.构建失地农民社会保障制度的法学思考[J].法制与社会，2008(12).

时，要建立失地农民的法律援助制度，确保失地农民在其合法权益遭到侵害时具有平等的寻求保护的便捷渠道，真正解决他们权益保障难问题，从而及时消除和化解矛盾，维护社会稳定。

(五) 实现政府救助管理向救助服务的转变

我国现行的失业救助制度，从一开始就是政府出资、运作和管理一元体制，属于典型的"政府"救助，而不是真正意义上的"社会"救助。政府应改变包揽失业救助事务的状态，从救助管理转向救助服务，要充分发挥服务主导者作用，为各类社会力量搭建资源平台，支持有服务能力的社会组织参与失地农民的失业救助。应合理引导和鼓励慈善事业为失地农民服务，让更多的资金、管理、技术投入失地农民的失业救助。同时，政府部门应转变长期以来被动登记失地农民状况的管理理念，把主动为失地农民提供上门登记服务作为现代政府部门工作人员的服务理念。

城镇化进程中"农民失业"不可避免，"农民就业"又困难重重。① 失地农民本应该是城镇化进程中的直接受益者，应充分分享城镇化所带来的成果，但由于相关政策和制度的缺陷，导致失地农民陷入生存、发展、社会保障缺失的三重困境。在"推进以人为核心的新型城镇化"过程中，有效地解决失地农民问题尤其是失业救助问题，既是保障失地农民分享现代化、城镇化发展成就的需要，也是构建社会主义和谐社会和全面建成小康社会的基本要求。我们应充分落实全面建成小康社会和"五大发展"理念的要求，从我国的国情出发，坚持人本理念，制订科学全面的失业救助政策措施，促进体制改革和创新，建立失地农民工失业救助服务体系，有效促进失地农民生存、发展权益问题的解决，最终促进城乡经济繁荣和社会全面进步，从而加快推进社会主义和谐社会建设和全面建成小康社会的历史进程。

---

① 刘钊，张震.市民化进程中我国农民失业救助困境的行政伦理审视[J].理论与改革，2012(1).

第 六 章

城镇化进程中农民工职业化发展

随着我国经济高速发展、产业结构不断升级换代,农民工职业技能缺乏与企业对技能人才需求大增的矛盾日益突出。从"民工潮"到"民工荒"与"技工荒"表明了改革开放 40 多年来农村劳动力的转移出现的新问题。农民转变为农民工是工业化和城镇化发展的需要,但农民工要转变为合格的产业工人还需要经过职业化这一过程。① 农民工职业化是新型城镇化建设的内在要求,也是农民工融入城市社会的重要保障。从现实状况来看,一方面,新生代农民工面临着自身素质低、职业技能培养培训缺乏、城市歧视性用工政策等诸多的困境,另一方面,农民工职业化问题还没有引起足够的重视,从政府、企业到农民工自身都缺乏促进农民工职业化的动力。这种现状将制约产业结构升级,阻碍农民工市民化进程,直接影响新型城镇化建设水平与社会和谐稳定,农民工职业化问题不容忽视。

第一节 城镇化进程中农民工就业机制的完善

农民工平等就业是指农民工不因身份而受到不公正待遇,能和其他劳动者一样享有平等就业权。面对同样的就业机会,农民工能够以相同的录用标准和

---

① 王微. 从职业社会学角度看中国农民工的职业化缺失[J]. 河南大学学报, 2010(4).

平等的身份参与竞争、实现就业。其内容包括平等的就业机会、自由的择业权利、公平的工作条件和待遇等。随着城镇化进程的加快，农民工的数量也在飞速增长，但在调整产业结构的情况下，文化水平不足与技能水平低下的农民工群体难以满足企业对高素质高技能劳动力的需求，从而造成农民工就业越来越困难的局面。

一、样本分析

表6-1　2017年外出农民工地区分布及构成

按输出地分	外出农民工总量			构成		
	外出农民工 /万人	跨省流动 /万人	省内流动 /万人	外出农民工 /%	跨省流动 /%	省内流动 /%
合计	17185	7675	9510	100.00	44.7	55.3
东部地区	4714	826	3888	100.00	17.5	82.5
中部地区	6392	3918	2474	100.00	61.3	38.7
西部地区	5470	2787	2683	100.00	51.0	49.0
东北地区	609	144	465	100.00	23.6	76.4

由表6-1可知，我国东中西部地区的外出农民工数量不同，城镇化进程对于不同省份的影响程度也各不相同。本书选取四川省、江苏省为样本分析农民工就业机制情况。

(一)四川省

四川省是劳动力输送大省，截至2016年，全省转移输出农村劳动力达到1874.1万人，比2015年增加237万人，增长14.4%，是之前20年来增长规模最大的一年。其中，省内转移839.7万人，省外输出1031.0万人，境外劳务输出3.4万人。从行业分布看，四川省输出的劳动力主要集中在制造业、建筑业、社会服务业、住宿餐饮业和批发零售业，五大行业占了农民工总数的97%。从地区流向看，主要集中于北京、上海、深圳、广东、厦门、浙江、江苏等省外沿海发达城市，其中广州和深圳约400万人。省内转移主要集中在成都(约100

万人)和市县城镇,部分农民工集中于乡镇企业。

面对这样的社会现实,四川省政府对进城务工的农民工的就业权益保障给予了高度重视,采取了一系列的措施。一是全面开展劳动合同制度实施三年行动计划,加强农民工劳动合同签订工作。二是在全省建立农民工工资保证金制度,颁布最低工资标准,预防农民工工资拖欠和改变农民工工资偏低状况。三是推进农民工工伤保险和医疗保险工作。2016 年末,四川省内就业农民工参加工伤和医疗保险人数分别达到 41.9 万人和 65.6 万人,比 2015 年分别增加13.8 万人和 42 万人。四是有效处置劳务纠纷,保障农民工合法权益。2016 年全省接待农民工政策咨询 13 万人次,受理农民工投诉 7 万多件,处理劳务纠纷1.47 万件,挽回经济损失 2.7 亿元。五是加强安全生产培训,农民工安全生产和职业病防治工作得到加强。2016 年全省累计培训企业负责人 0.8 万人,安全生产管理人员 0.7 人,特种作业人员 4.5 万人。三类岗位持证上岗率分别达到98.3%、93.5% 和 97.8%。

(二)江苏省

据权威部门最新统计报表显示,2005 年江苏农民工规模已增长到 402 万之多,约占城镇就业人口的 20%,为全省劳动适龄人口的 8.73%,相对而言,江苏省农民工劳动报酬水平较高,继 1984 年以来地方政府以放宽农业户口迁入城镇的政策为先导,江苏省出台了一系列新的户籍制度,不断完善管理机制,使得农转非不再困难,农民工实现进城务工经商意向相对比较容易,较大规模的举家流动是在 20 世纪 90 年代中后期,并在近几年城镇化进程中得以迅速扩大,且与全国总体进展情况相比至少早 3~5 年。江苏省政府自 2016 年起,高度重视农民工就业权益保障,制定了一系列惠工政策,帮助指导农民工与企业签订劳动合同,建立欠薪报告制度,解决农民工工资拖欠问题。定期开展农民工工资支付专项检查工作,对无故克扣、拖欠农民工工资,违反最低工资规定的企业"零容忍"。同时建立强化"人工成本预测预警""劳动力市场工资指导价位"和"工资指导线"等农民工工资增长机制。畅通农民工劳动争议案件"绿色通道",提供律师在线维权。2016 年还实施失业保险支持企业稳定岗位政策,缓解了农民工就业严峻的形势。

二、农民工就业现状及问题

(一)农民工就业基本情况

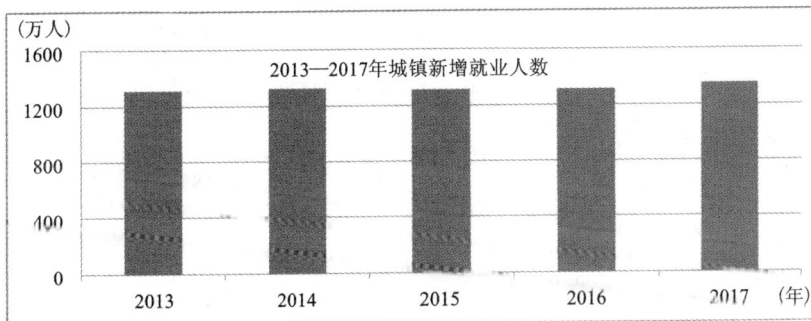

图 6 - 1　2013—2017 年城镇新增就业人数

数据来源：中华人民共和国 2017 年国民经济和社会发展统计公报

国家统计局 2017 年发布的《中华人民共和国 2017 年国民经济和社会发展统计公报》显示，2017 年全国农民工总量为 28652 万人，比上年增长 1.7%。其中，外出农民工 17185 万人，增长 1.5%；本地农民工 11467 万人，增长 2.0%。农民工流动情况，分区域看，东部地区省内流动的农民工占 82.5%，比上年提高 0.3 个百分点；中部地区省内流动的农民工占 38.7%，比上年提高 0.7 个百分点；西部地区省内流动的农民工占 49%，比上年提高 1.2 个百分点；东北地区省内流动的农民工占 76.4%，比上年下降 0.7 个百分点。[①]接受过农业或非农职业技能培训的农民工占 32.9%，与上年基本持平。其中，接受非农职业技能培训的占 30.6%，比上年下降 0.1 个百分点；接受农业技能培训的占 9.5%，比上年提高 0.8 个百分点；农业和非农职业技能培训都参加过的占 7.1%，比上年提高 0.6 个百分点。其中，本地农民工接受农业或非农职业技能培训的占

---

① 数据来源：国家统计局发布《2017 年农民工监测调查报告》，https://www.tuliu.com/read - 79449.html.

30.6%，比上年提高0.2个百分点；外出非农职业技能培训的占35.5%，比上年下降0.1个百分点。[①]

表6-2　农民工接受农业或农民工从业行业分布图

	2016 年/%	2017 年/%	增减/%
第一产业	0.4	0.5	0.1
第二产业	52.9	51.5	-1.4
其中：制造业	30.5	29.9	-0.6
建筑业	19.7	18.9	-0.8
第三产业	46.7	48.0	1.3
其中：批发和零售业	12.3	12.3	0.0
交通运输、仓储和邮政业	6.4	6.6	0.2
住宿和餐饮业	5.9	6.2	0.3
居民服务、修理和其他服务业	11.1	11.3	0.2
其他	11.0	11.6	0.6

由表6-2可知，目前农民工主要从事第二产业，但有向第三产业转移发展的趋势。城镇化进程中，离开家乡外出的农民工越来越多，而我国相应的针对农民工就业权益保障制度仍在不断完善中。目前我国农民工就业权益保障制度仍存在许多不足，亟须得到重视以及进一步解决。

国家在政策制度上缺乏对农村流动人口就业权益的保障，就业政策不平等，就业待遇没有保障，这主要体现在我国的户籍制度中，在城镇化进程影响下，不少农民工离开家乡去往经济更发达的城市，然而在城镇化压力下，输入地政府面对就业压力增大的情况，往往优先考虑城市人口、本地人口，因此政策有所倾斜，而企业也会相应地对于非城市户口的农民工就业有所歧视，由此引发一系列如工资待遇上不公平、农民工欠薪现象屡见不鲜等问题。另一方

---

① 数据来源：国家统计局发布《2017年农民工监测调查报告》，https：//www.tuliu.com/read-79449.html.

面,用人单位与农民工之间的权利义务关系不对等。由表6-2可知,大部分农民工主要从事技术含量较低的岗位,可替代性强,农民工的就业信息渠道狭窄,可供农民工选择的就业行业有限。

(二)农民工就业存在的主要问题

1. 农民工在获得就业机会方面的劣势

由于劳动力供求信息的社会化程度很低,而且虚假信息的比例很高,导致农民工职业信息获取渠道狭窄,求职受骗现象充斥劳动力市场。

表6-3　农民工职业信息获取渠道

职业信息获取渠道	占比/%
公开广告信息	12.9
亲友告知	54.5
政府职业介绍所	21.5
自己到工厂询问	4.3
非政府职业介绍所	2.5
其他	4.3

调查表明,从职业信息获取渠道分析,通过公开广告获得信息占12.9%,亲友告知占54.5%,政府职业介绍所占21.5%,自己到工厂询问占4.3%,非政府职业介绍所占2.5%,其他占4.3%。上述数据清楚表明,非制度化的亲友告诉途径成了招工信息的主渠道,公开广告和政府职介所这两种社会化信息手段,对职业介绍的贡献率仅占34.4%,众多的非政府职业介绍所的作用微小。

农民工进入劳动力市场,必然加剧城市劳动力的竞争,一些大城市和特大城市为了解决本地居民的就业问题,通常对流动劳动力设置一系列政策障碍,对农村流动劳动力实施总量控制和实行差别就业等限制性措施。有的城市为保护本市居民就业,在一些行业实行按比例就业制度,限制外来劳动力就业人数。这些限制性政策严重违背了公平和公正的原则。

另外,由于种种原因,旧的企业制度的变迁具有很强的刚性和惯性,即使在市场经济体制已初步建立的制度背景下，仍然有不少企业沿用过去的劳动用工制度和工资制度，实行分层运行的体制，劳动力进入市场因身份差异而被纳入不同的用工轨道，农民工无法真正自由选择，机会不均等。在晋升机会、技术培训等方面存在明显差异，因而难以消除劳动力市场中的用工制度障碍。①

2. 就业中农民工身份的受歧视性

农民工由于其农业户口身份，被人为地进行职业分隔，只能进入收入低、工作环境差、待遇差、福利低劣的劳动力市场，从事那些脏、累、苦、险、差的、属于次级劳动力市场的职业，这些行业主要集中在制造、建筑、采矿、清洁、环境保护、清洁、厨师、服务员、车工、钳工、钟点工或保姆等。一些城市规定，党政机关的工勤人员、高精尖行业及管理人员等科技含量高的行业工种禁用农民工。职业歧视的存在，使得农民工陷于双重身份的矛盾中，既非传统意义上的城镇居民，也非传统意义上的农村居民，而是介于两者之间的边缘化的特殊社会群体，大多被认为是城市中的边缘人。

无数事实证明，农民工的职业安全和人权歧视的程度也是较严重的。首先，集中表现在农民工的生命安全方面，工矿企业是农民工就业集中的行业之一，而这些企业生产条件和设施十分简陋，生产环境恶劣，工伤事故和职业病已经严重危害到农民工的健康和生命安全。其次，劳动者的人格尊严受到严重侵犯，在一些企业存在对女员工全面搜身的侵权行为，还在一些企业存在禁止员工从正门出入的规定，构成对劳动者人格的极大侮辱。农民工正当权益遭到侵犯会带来大量的消极影响，助长企业尤其是部分非公有制企业肆无忌惮地侵犯农民工的利益，而农民工在通过正常途径不能有效维护自己的正当权益时，容易产生偏激情绪，采取非常手段，导致集体争议、罢工等案件发生，有时会发展成聚集政府办公大楼、堵路等恶性行为，造成严重的经济损失，危及社会稳定。

3. 劳动关系解除后的低保障性

当农民工与企业解除劳动关系后，随之而来的是失业即失去一切保障，他们通常不能平等享受城市职工所拥有的医疗保险、养老保险、失业保险等保

---

① 赵卉. 农民工权益保障问题研究[D]. 沈阳：东北师范大学硕士论文，2012.

障。甚至有的因工伤而解除劳动关系的农民工也得不到企业任何经济补偿，更谈不上长远的社会保障，这严重影响了农民工的生活质量与发展。

三、农民工就业问题的成因分析

目前影响农民工平等就业的因素在于：农民工个人自身素质的制约、市场资源配置作用的缺位以及政府就业保障职责的缺失。

(一)农民工个人自身素质的制约

1.受教育程度仍然偏低

农民工的受教育程度一般停留在九年义务教育之内。一方面是由于农民工家庭和社会环境对教育的不重视引起的，农民工家庭把接受高等教育看成是浪费金钱，"读书无用论"导致很多农民工家庭认为大学生都一样不好找工作，还不如义务教育完成后就早点出去打工，另一方面，长期以来我国基础教育资源的区域配置严重失衡，在教育资金投入、教育基础设施建设、师资水平等方面农村基础教育和职业教育都存在不足，严重影响整个农民工群体文化素质和职业素养的提高。

2.未能充分发挥农民工的主观能动性

大多数农民工意识到通过努力工作可以实现自己的成长，但是仅仅只有少部分的人能够付诸实践。一方面部分农民工就业选择具有盲目性，普遍对技术型人才存在片面理解，认为中专等技校是学习成绩不好、升学无望的学生去读的，即使找到工作也不够体面，从而让农民工不愿成为技术型工人，即使国家政府对中专等高职院校在校学生给予了大量的优惠激励政策，但从生源上就严重制约了我国技能人才队伍的发展，在中专技校中往往计算机、市场营销等"白领"专业爆满，与高等院校同专业出来的大学生直接形成市场竞争，且毫无竞争优势，而焊接、汽修等市场急需的大量蓝领技术型专业往往生源较少，从而进一步加剧了劳动力市场结构性矛盾。当理想中的体面又待遇优厚的工作竞争不上，又不肯"退其求其次"，对稍微脏、苦、累的工作岗位避之不及，导致失业在所难免。

3.心理健康问题堪忧

由于社会长期以来对农民工的歧视和偏见，再加上就业竞争的激烈，在理想与现实之间的差距面前，很多农民工容易产生自卑、报怨等消极心理。同时，由于社会的忽视和缺乏心理疏导机制，随着心理健康问题的日积月累，一旦集中爆发，后果不堪设想。富士康集团短时间内发生的多起农民工跳楼轻生的事件就是最现实的证明，心理不健康也容易让农民工误入歧途，走上犯罪的极端道路。

（二）市场资源配置作用的缺位

1.传统观念思维上对市场的偏见

中华人民共和国成立以来，由于党和国家长期实行计划经济体制，对市场存在"投机倒把"的偏见。改革开放后，随着社会主义市场经济体制的建立和完善，市场在商品经济中发挥的显著作用和我国经济社会快速发展的现实，让广大人民群众对市场有了重新的认识和理解。但在包括就业保障在内的公共服务领域，人们对市场的偏见较为根深蒂固，认为市场主要追逐利润，无法保证公共服务和其他公共产品供给的质量和平等性，甚至有人认为在公共服务领域实行市场化影响到我国社会主义制度的社会基础。

2.体制和历史因素的制约

我国政府在计划经济时代统管一切，计划经济时的全能型政府的体制惯性使得企业和民间社会组织等社会主体的发展都受到长期性的制约。根据国外发达国家的经验，民间社会组织的发展壮大是公共就业服务的一种有效补充，但在我国，民间社会组织还将长期处于初级发展和完善阶段。另外地方保护主义的普遍存在，也影响到公共就业服务领域参与和投资主体的多元化。

3.配套制度和措施的缺乏

由于我国社会对市场的概念和规则的忽视，社会的整体诚信观念和信用意识还明显不够。同时，由于配套制度和措施的缺乏，使得市场在公共就业服务领域试点中容易出现操作不透明、权力寻租导致腐败、只对领导负责不对群众服务等不良现象，因此市场在公共就业服务领域的作用还有待于我国社会主义市场经济制度和配套措施的进一步完善，仍将有一段较为长期的"水土适应期"。

(三) 政府就业保障职责的缺失

农民工的就业环境面临"先天不足"和"后天畸形"的双重压力和尴尬环境。"先天不足"是指农民工成长环境、社会关系、受教育程度等方面与同龄城市人口相比有所差距;"后天畸形"则是指农民工就业过程中遇到的公共就业资源分配不均、政府公共就业服务供给不足等现象。作为公权力的拥有者,政府是制定公共政策、实施公共管理、提供公共服务的主体,因此政府在改善农民工就业环境上有着不可推卸的责任。

1. 公共就业保障服务供给水平的落后

公共就业保障服务机制不健全,农民工的就业工作属于"九龙治水",由教育部、农业部、人保部、财政部、总工会等多达十几个部门共管,造成资源过于分散、水平参差不齐、经费来源不固定等乱象,对农民工的就业培训支撑难以形成压力,也往往让农民工无所适从,组织保障机制和职权范围有待进一步完善。由六大部委从 2004 年就发起的"阳光工程",旨在提高农村劳动力劳动技能的免费培训项目,至今仍在运转,但很多农民工都不知道,宣传方式和渠道不适应农民工的媒体接触特征,从而导致农民工对政府的政策措施知之甚少。

2. 社会支持体系发育不成熟

农民工就业集中于民营企业和个体工商户,普遍缺乏市场核心竞争力,经营困难现象普遍,再加上我国企业税负普遍过重,企业天生具有降低成本、追逐利润最大化的天性,企业作为"理性经济人",出于对企业成本的控制和对付出培训成本后可能出现的辞职走人风险,企业为农民工就业能力提升的付出实在有限。而民间社会组织的发育受制于法律法规不健全、设立门槛高、缺乏固定资金支持等因素,仍然处于规模较小、管理不规范、效率低下的状态,不但缺乏系统规划引导,而且缺乏相关的扶持,还未能发挥起积极作用。

3. 就业保障制度不完善

就业保障制度的不完善和城乡二元的社会经济体制严重制约着农民工的就业保障,公共资源分配实行差别化的二元制度,造成了一种人为的制度上的不公平,使得农业人口特别是广大为城市经济贡献血汗的农民工无法享受到城市发展所积累起来的资源,侵犯了农业人口工作和发展的合法权利,造成社会保障差距巨大、劳动力市场割裂、就业身份歧视等一系列社会不公。

四、完善农民工就业机制的对策建设

(一)健全法律体系,提供完备法律依据

从 1994 年我国第一部《中华人民共和国劳动法》颁布以来,我国的劳动法律体系建设取得了很大的成就,但是跟其他发达国家相比,我国的法律体系仍有较多待完善的地方。法律法规作为公平、公正的标准,是规范农民工与企业之间的劳动关系和维护农民工劳动就业权益的根本依据。

1. 建立和完善相关法律法规

从立法方面来说,要建立和完善相关法律法规,一要完善《劳动法》及其配套的法律法规:明确各部门权责,加强各个部门之间的协调与合作;要根据社会环境的要求对其进行修正和完善,以保证法律的先进性、合理性以及可操作性。二要建立专门的农民工劳动就业权益保护法,针对农民工的相关劳动就业权利进行统一的详细的规定,使农民工有明确、权威的法律依据来维护自身的合法权益。

2. 加强执法力度,发挥立法监督职能

从执法方面来说,要组建优秀的执法队伍,加强执法力度,发挥立法监督职能。从建立政府部门的追责制度、完善对用人单位的监督机制、严格规范企业的用工行为、建立企业诚信用工记录制度以及完善社会保险缴纳监察机制等多个方面促进农民工的权益的切实保障,更好地实现其权益在形式上和实质上的平等。

3. 完善农民工法律援助制度

建立专门的农民工法律援助管理部门并加强其工作人员的配置,让农民工更好地了解和咨询法律援助制度,同时明确规定法律援助经费来源。简化农民工办事流程,高效处理援助申请。此外,充分发挥法律志愿者的作用,降低法律援助的成本。

(二)改革管理制度,建立农民工就业权益保障机制

1. 建立统一的劳动就业市场

为建立统一的劳动就业市场,政府部门应取消对农民工就业的各种限制,确保农民工就业机会平等。加强专门服务于农民工的劳动中介机构的建设,形成与农民工和企业单位的三方结构,协调处理农民工与企业之间的各项事务,帮助农民工维权。最后,建立免费的就业信息平台,向农民工提供便捷、公开、公正且正确有效的劳动就业信息和咨询服务,组织各种免费招聘会,为农民工提供一批适宜的就业机会。

2. 健全社会保障制度

健全社会保障制度,要从社会保障制度的法制化、资金投入、监督管理机制建设和对女性农民工以及未成年农民工的特殊保护制度建设等多个方面进行,逐步完善包括就业保障、失业保险等在内的全面的社会保障制度。

(三)构建维权渠道,降低维权难度

1. 发挥工会作用,建立农民工维权组织

根据新《工会法》的规定,农民工有依法组织和加入工会的权利。因此,为保障农民工的就业权益等合法权益,必须加强工会的建设。通过简化农民工入会程序、降低入会门槛、利用互联网技术对各级工会进行统一管理等方式,发挥工会在监督企业、对农民工进行教育培训与帮助,以及对涉及职工切身利益的法律、法规、规章提出修改意见等方面的作用。

2. 拓宽农民工利益表达渠道

农民工利益表达渠道可以有多种:首先,可以提高农民工人大代表的比例,提高农民工群体的政治参与度,以此来维护其权益;其次,完善信访制度,让政府更加方便和直接地了解农民工的诉求,从而更好地给予帮助;再次,充分发挥大众媒体的作用,实时展现农民工就业的真实情况,使其需求得以向大众表达。建立固定的或流动的法律咨询点,或专门的农民工维权机构,方便农民工反映和咨询相关问题,同时为农民工的就业维权诉求提供一定的法律援助。

(四)提高农民工素质,加强农民工就业能力的培训

除了从法律和制度等方面进行农民工就业权益保障外,农民工自身的就业能力以及维权意识和能力也至关重要。政府应组织农民工务工前的教育培训,方便其更快适应城市的劳动生活;用人单位应定期组织培训,提高农民工的劳动就业技能;工会等社会组织也可以发挥其作用,弥补其他组织的不足。要充分利用互联网技术等各种资源,促进农民工的教育培训形式的多样化。可以是学校或教育机构,也可以是网络、电视、广播、学习室等多种形式,不同的培训形式互相补充,形成全面的农民工培训教育体系。

提高农民工就业能力,不仅要培训与劳动技能相关的内容,还应该培训农民工法律常识、维权意识、现代公民意识等,提高其应用法律维权的意识和能力。另外,还应培养好的生活习惯、行为习惯,使农民工能够更快更好地融入到城市生活中,提升其在劳动市场上的综合竞争力和整体素质。

第二节 城镇化进程中农民工职业培训机制创新

党的十八届三中全会《中共中央关于全面深化改革若干重大问题的决定》强调坚持走中国特色新型城镇化道路,推进以人为核心的城镇化,逐步把符合条件的农业转移人口转为城镇居民。城镇化不只是城镇人口比例的增加或城镇面积的扩大,更重要的是生产方式、生活状态、行为习惯的转变,是发展层次和文明水平的提升。城镇化不仅要转移农民,还要提升农民;不仅要创造就业岗位,还要提高人的职业技能;不仅要提供公共服务保障,还要培养人的现代思维方式、意识形态和行为习惯。现实中农民工职业意识不足、职业技能缺失、职业歧视突出等问题已成为农民工市民化的重要障碍。农民工唯有走职业化发展道路,提升自身职业能力,才能在激烈的就业竞争中占有一席之地,才能在城市中获得可持续性发展。经济学主要创始人亚当·斯密(Adam Smith)在 18 世纪就提出"提升社会资本的重要方式之一就是让工人们去接受教育以及培训"。在《国富论》中亚当·斯密指出,"个体自身如果能达到自我能力充分实现,那么社会也会得到进步"。农民工个体自身要达到自我能力的充分实

现，实现职业化和城镇化，关键在于职业培训。

一、样本分析

为深入了解城镇化进程中农民工职业培训情况，课题组采取随机抽样调查的方式对湖南省长株潭各城市农民工进行问卷调查。调查对象的年龄大都分布在26岁至35岁之间，占总调查样本的40%，36岁至45岁居于其后，约占30%，其次分别为18岁至25岁和46岁以上的人，分别占总体样本的20%和10%。为保证此次调查的男女比例协调，在调查对象当中其中女性农民工占33%。调查涵盖培训参与情况、培训内容、培训形式、培训时间、培训效果及其他相关内容。本次调查共发放问卷900份（长沙、株洲、湘潭每个城市各300份），调查回收有效问卷856份，问卷回收率95%。对有效问卷进行整理后采用双盲录入方式录入数据库，并利用SPSS17.0软件对数据进行分析。调查结果如下：

1. 职业培训参与率

在农民工中，受到专业培训的比例较少，技能培训的紧迫性高。在被调查的900人中，有632人未参加过职业培训，占比达70%。有760人愿意参加培训，140人不愿意参加培训。男性有420人愿意参加培训，而女性只有180人愿意参加。由此可见，男性农民工对职业技能培训的需求更为强烈。通过调查数据我们得知，在有资源和条件的情况下多数人愿意参加培训，并且意愿通过培训学校和政府的公共培训的人数居多，但其中60%人不愿意自费参加培训。农民工工作技能获得的途径主要来自于各种职业技能学校（占47%）、自学（17%）、跟师傅学艺（10%）等，通过参与政府公共培训获得技能的只占3%。由此可见，政府公共培训的职能有待进一步加强。

2. 职业培训内容

湖南省农民工就业培训的类型分为实用技术培训、职业技能培训、管理培训、综合培训和学历教育5种，以职业技能培训和实用技能培训为主。培训内容按行业科目划分，主要有机械、建筑、运输、餐饮家电、服装、财会、旅游等类。据数据统计显示，农民工在职业培训内容的选择上呈现出很明显的趋向性，建筑、餐饮、机械和运输是农民工热衷参加的培训项目，参加培训人数分

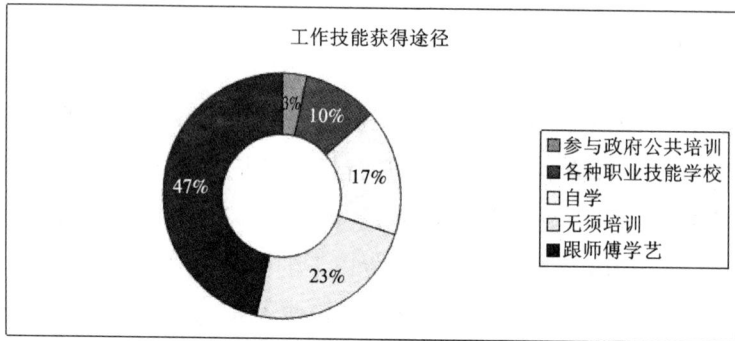

图6-2　农民工工作技能获得途径

别占 25.47% 、20.03%、17.92% 和 10.37% ，而其他开设的行业课程参加人数相对较少。

3. 职业培训形式

湖南省针对农民工群体开展的职业培训主要有面对面现场授课、现场实习、电视广播电脑等远程教育、VCD 学习和多方式结合等形式。其中农民工接受过最多的培训形式是面对面授课和现场实习，二者所占比例分别为 39.6% 和 31.1% 。接受过电视广播、电脑等远程教育的人数只占 8.2% 。湖南省农民工职业培训工作在形式上仍有待丰富和完善，尤其是针对具有鲜明时代感易于接受新鲜事物的新生代农民工，通过远程教育来提高培训技能应当成为一个重要的传授途径。

表6-4　湖南省新生代农民工接受过的职业培训形式

培训形式	现场授课	现场实习	远程教育	VCD学习	多方式结合	其他
参加人数/人	356	280	74	76	91	20
所占比例/%	39.6	31.1	8.2	8.4	10.1	2.2

4. 职业培训时间

28.3% 的农民工在一年中参加了一个月的职业培训；有 24.6% 的农民工参

加了两周的职业培训；参加一周职业培训的比例占21%；培训时间达到两个月及两个月以上的分别占14.1%和7.4%。这一组数据说明了培训时间的多样性和分散性。从实地走访中了解到，即使有的一年中以参加了一个月或两周集中培训，也多为累计时间计算的。一般针对农民工的职业培训都是短期课程，农民工比较希望在较短的学习时间里取得职业上岗资格证书来满足就业的需要。

5. 职业培训效果

调查了解到，多数农民工认为技能培训对增加见识、改善生活有较大的促进作用，而在收入改善、职场发展、技能提高、岗位胜任方面作用一般。67%的曾接受过培训的人认为证书与工资不直接挂钩而且也没有增加他们的就业途径，只有33%的人认为证书与工资直接挂钩而且增加了就业途径(如图6-3所示)。同时调查发现，参与培训的人中多为现场实习和面对面授课，但是他们无一人取得过培训教材，且他们的培训经费多由用人单位支付。培训后，90%的人没有接受到过跟踪服务，其中半数以上的人认为有必要。

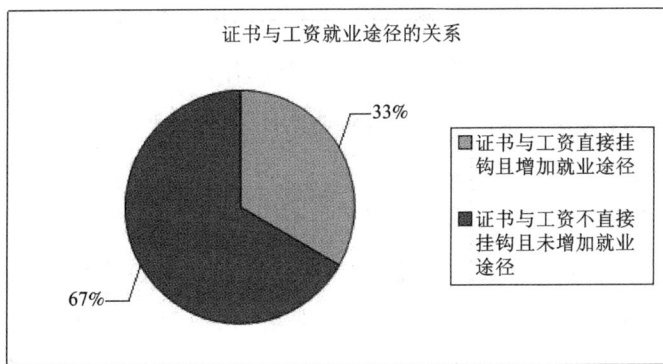

图6-3　证书与工资就业途径的关系

二、农民工职业培训存在的主要问题

(一)农民工对职业培训的认识不足

虽然农民工对职业培训持肯定态度，但由于对培训的职业认识不足，农民工职业培训的效果不明显。农民工接受培训的意愿主要体现在农民工是否愿意主动花费一定的时间、精力和金钱为再就业去接受培训。从实际的情况来看，很多的农民工并没有兴致参与到技术培训中。他们的意愿一般会受到几方面因素的影响：第一，培训费用，农民本身收入就不高，而培训费用的金额同他们的总收入相差不大。第二，在参与技术培训时要占用一定的时间，许多农民工只注重短期效益，而没有从长远的角度考虑，所以会放弃培训。与老一代农民工相比，新生代农民工表现出现受教育程度高、职业期望值高、物质和精神享受要求高、工作耐受力低等"新"特征，虽然新生代农民工因文化程度较低而主要从事技术含量不高的劳动密集型行业，但他们对职业的期望要远高于其父辈。他们有自己明确的职业发展方向，在职业选择时，他们更看重企业的工作环境、福利待遇以及发展前景，并希望通过努力成为管理者和技术人员，以此提升职业层次。

（二）职业培训内容缺乏针对性，效果不佳

目前我国职业培训机构主要包括社会保障、教育和劳动等部门。由于经费和管理体制的制约，培训机构难以发挥应有的作用，导致市场竞争力的缺失，对培训效果起到了不利的作用。再者企业培训方向不明确，职业培训行业没有统一的行业标准，缺乏对就业市场的调查，没有对市场需求的合理预测机制。培训内容和专业不能适应市场上的用人需求，浪费了教育资源，没有达到预期的培训效果。许多培训机构当前仍处于市场饱和状态，导致农民工接受培训后，未能找到相应的工作岗位，制约了职业培训的发展；职业培训机构一般采用统一的培训课程，没有针对农民工的有针对性的培训方法。这种统一的培训方法不能使农民工的专业技能和知识水平满足雇主的要求，同时也忽视了农民工观念的转变，并没有形成新的就业观念。这种不完善的培训方法已不能适应就业市场的需求。培训机构还没有形成与市场相适应的反馈机制，不能及时有效地了解职业培训的实际效果与市场职业需求的变化，从而导致农民工参与培训的质量较差，不能达到促进就业的目的。

(三)国家职业培训体系缺乏制度保障

我国城乡职业相关政策保障和经济保障不够充分，没有相关直接操作标准，直接导致农村职业培训不受强制性规范的限制，可操作性低。目前城乡失业人员职业培训工作通常直接由人力资源和社会保障局负责，相关的辅助工作往往需要其他部门完成。这使得培训工作中涉及的部门数量不受控制，相关管理工作相对复杂，并且某些文件的相关决策可以由多个组成部门联合发行。可以参与制定培训政策的部门包括劳人力资源和社会障部，市科学技术委员会、妇女联合会、市财政部门以及市建设委员会。决策单位在就业培训中的数量和所涉及的利益群体的相对复杂度，直接导致体系缺乏科学合理的决策。在中国农村地区，补贴标准远远低于城市，导致农村失业培训质量滞后于城市。农村失业群体也具有非常鲜明的特点，适合城市的培训经验往往不适合在农村直接应用。不同县、区对培训经费的补贴标准还没有形成统一的规划和明确的表述，直接导致了财政补贴工作的不到位，严重阻碍了财政补贴的实施和就业再培训工作。

三、影响农民工职业培训的因素分析

(一)农民工职业化意识严重不足

农民工受教育水平低，自身没有接受过相应的技能、知识教育，缺乏一技之长，在农民工总体就业现状中，存在就业能力弱、就业层次低、就业不稳定的状况。有80%以上的农民工只接受过初中以下的教育，总体的受教育水平低，且在被问到为什么不出去找工作时，大多数农民工的回答都是自己的文化水平低，而就业竞争激烈，根本没有人愿意雇用自己。

农民工的市场经济意识薄弱，职业化意识缺乏。农民工参加职业培训的积极性一般，一是因为他们觉得职业培训就是在浪费时间，不划算，二是因为自身没有基础，对于职业培训的内容不能完全吸收，也学习不到新的知识和技能，三是大多数农民工的生活除了农作以外，就是邻居相互闲聊打牌，没有什么人会去关注新闻以及国家政策等，也不会看报纸，自身没有想要提升自己能力素质的想法。农民工要走出农村融入城市，成为有较为固定职业的城市人，必须主动学习以培养良好的职业意识，形成正确的职业价值观，理性地选择职业，提升职业能力，为实现人生理想提供有力的支持和保障。

(二) 政府公共职业培训效果不佳

在农民工培训方面政府制定了一系列文件，投入了很大的财力、物力、人力，但没有取得理想的效果，其主要原因为：

一是培训的宣传力度不足，培训的实用性、针对性不高。有些政府部门对于农民工的再培训不够重视，没有进行极力的宣传，而农民工也不注重对新闻、报纸的关注，引起了信息的错位与缺失，导致有些农民工并不知道政府出台的一系列优惠政策，即使知道，他们掌握的信息也不完整。同时，再培训课程的针对性不高，不能帮助农民获取他们想要的而且实用的就业技能，培训效果不佳。

二是政策落实不到位。尽管政府出台了一系列帮助农民工进行职业技能的培训以及帮助农民工回乡创业的优惠政策，但是其落实力度不够，主要体现在政府出台的劳动权益保障政策与农民工的现状不匹配，尤其是农民工的工资问题和社会保险问题。另一方面，政府对于农村项目建设的资金扶持不到位，加之有些部门有推诿的现象，这一定程度上影响了农民工对培训的态度，打击了农民工就业、创业的积极性。

(三) 企业职业培训能力低下

劳动力的需求与所在区域关联较大，在大城市和经济发达城市，劳动力的需求会比较大。如近年房地产市场的火爆，使得建筑业成为吸纳男性农民工最多的行业，调查显示有26%的农民工从事建筑业的工作。然而房地产"去库存"的压力，使二三线以下的城市，房产开发的速度明显放缓，企业用工需求将会越来越少。随着产业结构的升级和技术创新的加快，技术和资本对劳动的替代日趋强化，机械化流水线代替了手工操作，原吸纳农民工较多的加工制造业，用工需求也在减少，因此用工供需呈现出结构性的矛盾，农民工换岗和再就业成为常态。而当面对庞大的农民工队伍再就业时，企业根本不能支撑农民工再就业培训工作。用工企业本应为农民工提供技能培训和继续教育的机会，但企业为了节省用工成本，招聘的都是有经验的不需经过再培训的农民工，在企业里农民工得不到职业技能的提升，这也是选择跳槽的一个重要原因，而农民工的频繁跳槽又使企业多了一个不培训的理由。

四、农民工职业培训协同机制创新

农民工的职业培训关系到实现工业化、城镇化和农业现代化的经济社会发展目标，更关系到整个经济社会的协调发展和均衡发展。从国家发展战略的高度审视农民工的职业培训，从制度上为农民工职业培训提供保障，这是促进经济社会和农民工可持续发展的有效途径。

(一)政府应高度重视并发挥主导作用

政府要承担起农民工职业培训计划制订、资金投入、机构设置以及培训保障措施建立等责任。首先，针对城镇化进程中农民工的劳动性质，政府要及时制订出符合实际情况的职业培训计划；其次，作为培训资金的主要承担者，政府应当提供大量补助资金；再次，对于现有培训机构，政府应做好协调工作，整合培训资源，提高资源的有效利用率，降低农民工职业培训的成本；最后，政府在农民工职业培训过程中应作为强有力的保障部门，完善就业服务网，整合好农民工职业培训档案，规范培训过程，维护社会稳定。

(二)提高培训机构的针对性

培训机构应该依据政府所制订的计划开展实施培训工作，对农民工进行系统的、有效的职业培训，因为农民工之间的劳动性质有差异，所需培训内容也就不一样，要提高培训的针对性，对于返乡农民工，由于其长期在外务工，缺乏务农技能和经验，所以培养应重点放在农业实用技术上，对于留在城市务工的农民工，应该根据其务工类别的需要，开展适当的订单式培训。

(三)建立职业培训的激励约束机制

政府应结合劳动就业制度改革，建立起农民工职业培训的激励约束机制。

大力推广将职业培训与就业安排、工资、奖金、晋升及福利待遇相结合的做法，激励农民工积极参加职业培训；同时，将职业培训与失业保障制度相结合，强制农民工参加岗前培训和职业培训；制订培训的优惠政策：凡获得绿色证书的农民工，培训费由单位承担，优先提供资金和生产资料服务。

（四）将培训与任职资格考试相结合

随着用工制度的日益规范，不少用人单位要求应聘者出示能够证明其专业特长或接受培训并达到相应水平的资格证书等相关证件，如果仅仅参加培训而无考核认定的权威证明，用人单位很难认可其培训经历和专业能力。因此，培训机构应将培训与任职资格审查、职业技能鉴定紧密联系起来，使农民工逐步由苦力型向技能型、智力型转变，各地应积极探索职业培训的新形式。例如，石家庄市对农民工进行技能培训、创业及扶贫培训，对国家规定就业准入控制的职业（工种），鼓励农民工积极参加职业技能鉴定并取得相应的职业资格证书。福安市积极走市场化培训的道路，劳动力市场、培训机构、派遣公司、用人单位建立信息联络通道，使培训按定向和订单式的方向开展，农民工经培训后就直接输送到用人单位就业。同时开展职业技能培训、创业能力培训等，并组织培训人员参加职业技能鉴定，实现培训与就业、再就业的相互促进。

（五）重视创业培训

创业培训不仅可以帮助受训者自身就业，还可以带动其他人员的就业，是一种重要的培训形式。创业比其他的就业形式需要更多的技能知识、风险意识和主观能动性。对于有创业愿望和创业能力的农民工，政府应采取针对性的培训。要定期为创业者提供项目定位、项目分析、开业贷款、开业政策等全方位的创业咨询；要完善和强化对创业者全程性的培训，制订完整的创业项目培训计划，对初创业者进行心理素质、创业要素经营管理技巧的强化训练。政府搭台，各方参与，通过项目开发链上的设计人、出资人招标人、执行人和评估监理人，实行专业化、社会化的项目开发；通过实施再就业帮扶工程，扶持一批创业带头人，实现一人创业带动一批人就业的乘数效应。

（六）加强对农民工培训工作的理论研究

目前，农民工职业培训中所遇到的问题和困难仍然比较多，理论创新是中国经济社会改革和发展中的特色、亮点和成果，加强对农民工职业培训的理论研究，能够提高社会各界对农民工职业培训的关注度，加深对农民工职业培训工作的长期性、复杂性和艰巨性的认识，给国家制定相关政策及保障措施提高理论依据。

第三节　城镇化进程中农村劳动力迁移与地区物价指数变动[①]

伴随着从农业社会向工业社会的过渡，人类社会就开始了农村劳动力向城市转移的过程。作为耕地资源相对匮乏的人口大国和农业大国，劳动力的转移改变了曾经相对较为平衡的生产与消费、供给与需求之间的关系。城乡居民的收入差距水平是农村劳动力向城市转移的根本原因，农村劳动力迁移与否都要与地区物价差异联系起来，物价指数对农村劳动力迁移具有决定性作用，农村劳动力迁移对于迁入地的物价以及工资都有很大的影响。针对这种情况，需要我们采取相关的措施来激励农村劳动力迁移，这不仅深刻地影响了劳动力源地与接收地的经济结构及生活模式，还潜移默化地、隐形地影响着相关商品的价格、使用价值，干扰社会必要劳动时间对价格的合理规定以及对劳动力市场中的规律性分配。

一、研究背景

中国社会 40 年来的改革开放取得了令人瞩目的成就，同时也造就了某些经济问题，如近年来的通货膨胀、经济发展地区差距拉大以及物价上涨等问题，这些经济现象也给农村劳动力迁移造成障碍。赵庆，徐路（2008）认为"经济偏热、货币供给的快速增加以及国际食品价格上涨共同点燃了物价上涨的引擎，并指出通货膨胀只是结构性的"。葛守昆（2011）认为"物价上涨的成因，跟

[①]　李友德，侯旭平.农村劳动迁移与地区物价指数变动差异研究[J].财经论丛，2015（10）.

货币超量供应有一定的关系，但不完全是货币超量供应的结果"。引发了通货膨胀的研究都不能脱离城镇化、二元经济特征等历史背景的思考，在一定程度上，通胀因素中的需求拉动、成本推动、输入性和结构性等是城镇化、工业化发展阶段所具有的特性。李国祥（2011）认为"经济过热条件下，非农产业效益增长迅速，由于农业产业效益低下，资本、土地、劳动力都出现了非农化倾向，进而影响了农业生产，造成了农产品供应下降，价格上涨"。相玲、邵荣平（2010）认为"游资推动了农产品价格的上涨，因为农产品的供给曲线弹性极小，农业技术进步速度慢，在异常刺激因素催化下，通过涨价以满足利润增长的需求"。这些解释虽均具有逻辑科学性，但难以解释我国农产品总体供应总体平衡的现状。林毅夫等（Linetal，2004）对中国的劳动力迁移与地区差距的关系做了一个经验研究，通过估计迁移速度对地区间收入差距的反应弹性，认为劳动力迁移是一种缩小差距的有效途径。王小鲁和樊纲（2004）认为一方面中西部低收入地区的劳动生产率会随着劳动力数量的减少而提高，另一方面劳动力流动还为中西部地区带来了大量的汇款，因此劳动力迁移有助于缩小地区差距。蔡昉（2005）讨论了为什么劳动力流动没有缩小城乡收入差距的几个因素，认为迁移规模不足是劳动力迁移不能缩小城乡差距的主要原因。

二、农村劳动力迁移变动情况

（一）农村劳动力迁移就业现状

1. 农村劳动力转移规模特征

近年来，随着经济发展，农村劳动力转移就业规模不断扩大，到2011年，我国农村劳动力转移就业规模已达2.63亿人。2006年以来，农村劳动力转移就业呈现稳步增长态势，2010年、2011年分别比上年增长了4.1%和3.06%。而且，转移就业劳动力比重也逐年增加，2011年有49.05%的农村劳动力参与了非农就业，这一比重比2006年增加了8.41个百分点（如表6-5所示）。

表 6 - 5　2006—2011 年我国农村劳动力总量和转移就业基本情况

年份	全国总人口/万人	乡村人口数/万人	农村劳动力数/万人	农村转移就业劳动力数/万人	转移就业劳动力在农村劳动力中的比重/%
2006	1314448	73160	50957	20711	40.64
2007	132129	71496	51436	22795	44.32
2008	132802	70399	52026	23662	45.48
2009	133450	68938	52599	24534	46.64
2010	134091	67113	53244	25549	47.98
2011	134735	65656	53685	26330	49.05

资料来源：《中国农业发展报告 2012》。

2.农村劳动力迁移就业的收入情况

非农就业收入已经成为农民家庭收入的重要来源，而且这一作用越来越凸显。2012 年农民家庭人均纯收入为 7916 元，家庭经营收入为 3533 元，外出务工收入为 4383 元，非农收入对农民收入的贡献为 55.37%，这一比重比 2006 年增加了 9.2 个百分点（如表 6 - 6 所示）。

表 6 - 6　农民家庭人均收入情况

年份	2006	2007	2008	2009	2010	2011	2012
家庭人均收入/元	3587	4140	4760	5153	5919	6977	7916
非农收入的贡献/%	46.17	47.00	48.82	50.96	52.14	53.82	55.37

资料来源：国家统计局。

(二)农村劳动力迁移就业的区域差异

1.迁移就业规模的差异

我国幅员辽阔、资源禀赋、经济发展水平、工业化程度都存在较大差异，因而不同区域在农村劳动力配置上呈现出不同的特点和特征。从西部到东部，随着经济发展水平的提升，农村劳动力外出就业的比重越高，就地转移的比重也越高。东部地区外出就业的劳动力中,大多数选择就地转移,这一比例占到了70%以上,而中西部地区选择就地转移的劳动力仅占40%左右。2002年至2005年,东部地区农村劳动力非农就业格局基本没变,而中西部地区,除2003年受"非典"疫情影响就地转移就业比重增加外,农村劳动力选择就地转移有下降的趋势,异地转移就业的比重不断增加。2011年,东、中、西部就地转移占农村劳动力外出就业比重分别为69.5%、45.3%和40.4%,可见,东部地区农村剩余劳动力就地转移的比例远高于中西部地区(如图6-4所示)。

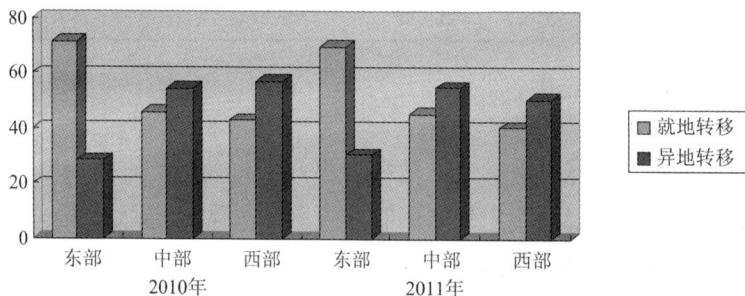

图6-4　2010—2011东中西部地区农村劳动力非农转移就业区域构成变化

(资料来源:农业部抽样调查数据计算整理)

2. 收入差异明显

由于转移就业的区域差异,农村劳动力在收入构成上也存在着明显的区域差异。东部地区农村剩余劳动力选择就近转移的比例较高,因而在农民人均收入的构成中来自本地非农就业的份额相对较大,2011年,东部地区农民人均收入中有26.28%来自本地非农就业的收入。相比较而言,西部地区的农民收入中仅有19.83%来自本地非农就业。单独从收入水平来看,不论东、中、西部地区本地非农就业的收入都要低于异地非农就业的收入水平,但东、中、西部地区相比较,依然是东部地区本地非农就业的劳动力收入水平较高,分别比中部和西部地区高42.91%和68.79%[①](如表6-7所示)。

———————————

① 姜仁华.劳动力转移与农民收入的地区间差距[M].厦门:厦门大学出版社,2008.

表6-7 2006年东部、中部、西部地区农民人均收入及其构成

区域	农民人均收入/元	农业		本地非农就业		异地非农就业	
		收入/元	比重/%	收入/元	比重/%	收入/元	比重/%
东部	3721	1317	35.39	978	26.28	1564	42.03
中部	2951	961	32.57	695	23.55	1446	49.00
西部	2904	1069	36.81	576	19.83	877	30.20

资料来源：国务院发展研究中心农村部调查数据整理。

三、地区物价指数变动情况相关分析

(一)物价指数变动的现状

物价持续上涨是当前经济运行中一个非常重要的问题。21世纪以来，我国CPI呈现出明显的结构性上涨特征，其中，食品类与居住类价格涨势强劲，强于CPI指数。截至2011年7月末，食品类和居住类价格指数(2001年1月为100)分别达181.2和138.1，高于总体CPI指数53.1和10.6个百分点。相应的农产品价格和房地产价格也出现较大涨幅。理论上，物价持续上涨随经济发展阶段的不同而诱因不同。[1] 过去30年，我国经济发展遵循了刘易斯二元经济模型，通过加快城镇化和工业化，促使农村富余劳动力向城市和工业转移，以实现农村人口脱贫致富。

(二)物价变动的原因分析

物价的变化，直观地来自于消费者与生产者之间的互变关系，随着全球经济一体化以及文化碰撞对人们思想产生的影响，上述关系在发生着微妙的变化，此变化表现为物价短期不可调控的大幅波动。劳动力大转移随着改革开放的不断扩大、西部大开发战略的推进以及加入世界贸易组织，我国综合国力取

---

[1] 刘烨，曾小明，李霁虹，等.湖南省农村剩余劳动力转移影响因素的实证分析[J].经济视角：下，2013(7).

得了令人瞩目的成就，但是其所附带的一些负面问题也随之而来，如：城乡差距的扩大、金字塔形的贫富结构等。为了解决这些矛盾，缩小沿海地区与内陆的过大差距，国家在中西部地区兴修了许多基础设施。如通信、交通等。这些设施的成功运转为劳动力的转移创造了积极的物质条件，在经济增长的同时物价也随之增长。

（三）我国东、中、西部物价指数差异

我国经济发展不平衡，东部地区与中西部地区之间的经济差距很显著，劳动力是决定经济增长的关键要素。在开放条件下，一个地区的劳动力变化决定于劳动力的自然增长和劳动力流动，劳动力流动对劳动力的自然增长产生叠加影响，改变了地区间的劳动力自然增长的结果，从而改变了地区之间经济增长能力的对比，以至于对地区经济差距产生显著的作用。

表 6 - 8　我国东、中、西部 2012 年物价指数

	东部				中部			
	江苏	浙江	上海	山东	河北	河南	湖北	湖南
物价指数 （上年 = 100）	102.1	101.9	101.2	101.6	102.2	102.3	102.6	101.7

	西部							
	四川	重庆	广西	青海	甘肃	内蒙古	云南	陕西
物价指数 （上年 = 100）	101.6	101.6	102.3	102.1	102.6	102.5	102.4	102.3

四、农村劳动力与物价指数的互相影响

（一）农村劳动力迁移对物价指数的影响

1. 农村劳动力迁移主要在传统行业中循环

在我国，由于农村劳动力受到其本身素质的限制，农村外出务工人员大多

集中在建筑业、制造业、交通运输业和服务业等技术含量较低、以手工操作为主的劳动密集型行业。这些行业大多具有劳动时间长、劳动强度大、技术含量低、工资报酬低等特点。在这些行业中，工资水平和技能要求较低，城市劳动者不愿从事体力劳动，因而需求与供给缺口相对较大，而且政策性限制也较少，尤其是第三产业逐渐成为吸纳农村劳动力的重要渠道。城市地区产业和技术结构进行了内生性的调整，以适应劳动力市场的外来冲击。农村劳动力的拥入在一定程度上带动了工资的下降，企业通过扩大生产，从而增加劳动力的需求，进而推动工资的回升，同时生产技术的改进也一定程度上控制了成本，抑制了价格的浮动。

　　2. 物价上涨与城镇化、工业化劳动力转移呈正相关

　　从供需角度看，投资扩张导致耕地面积下降，农业劳动力迅速转出，对农产品供给产生负面影响，但在科技扶持、良种统供等提高生产率措施的实施下，我国农产品总体上尚未呈现供需失衡局面，仅暴露出结构性短缺特征，成为投机炒作目标。如2000至2009年我国耕地面积由1.3亿公顷下降为1.2亿公顷，下降7.7%，但以2009年农产品对外依存度看，小麦为0.78%，谷类为0.18%，棉花为24%，豆类为22%，油料为25.9%，结构性矛盾突出。从成本角度看，农业生产资料价格、人工成本高涨有力地推动了农产品价格上涨。2000至2009年，农业生产资料价格上涨了55%，劳动力成本上升了93.5%。而农业生产资料价格与人工成本上涨的诱因与劳动力转移和投资密切相关，劳动力转移促使农业劳动力价值市场化，刺激了农产品价格上涨，尤其近几年劳动力转移接近"刘易斯拐点"，低端人工成本上涨加速，2008年以来，人工成本的年增速均维持在16%以上。投资扩张则通过三大渠道直接拉升农业生产资料价格，推升农产品价格上涨。

（二）物价指数变动对农村劳动力迁移的影响

　　物价持续上涨是当前经济运行中一个非常重要的问题。21世纪以来，我国CPI呈现出明显的结构性上涨特征，如图6-5所示，1978至2012年，我国CPI与商品零售价格指数大幅提升。

　　与此同时，由于中国地理、文化以及相关政策的不同，使得中国在城镇居

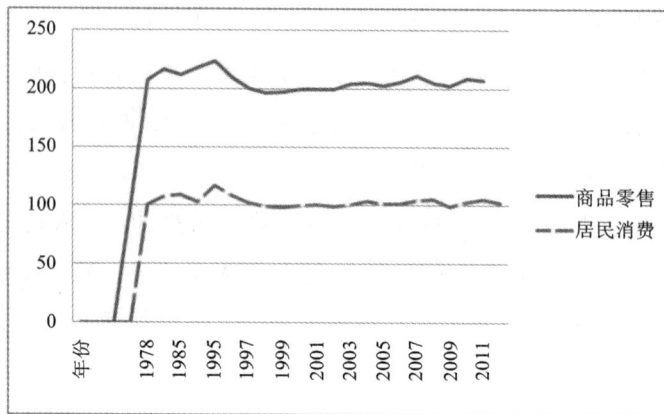

图 6 - 5　我国 CPI 与商品零售价格指数 (数据来源：中国统计年鉴)

民的可支配收入以及农村农民的可支配收入上有相当大的差距：图 6 - 6 所示为 2012 年我国城镇居民的可支配收入，其中全国平均可支配收入为 24564.72 元，西藏城镇居民收入最低，仅为 18028.32 元，上海最高，为 40188.34 元。

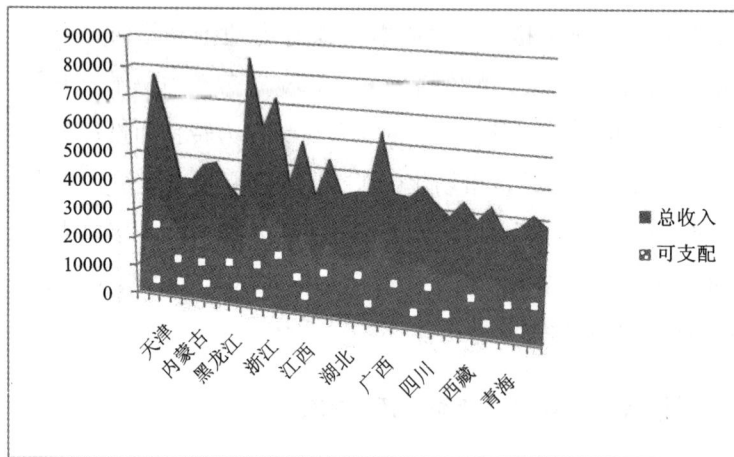

图 6 - 6　我国城镇居民总收入与可支配收入 (数据来源：中国统计年鉴)

同时期农村的农民 2012 年纯收入却仅能望其项背，如图 6 - 7 所示，从图中可看出全国农民年纯收入为 7916.58 元, 农民最高收入地区为上海, 年纯收入为 17803.68 元, 贵州最低, 农民工年纯收入为 4753 元。

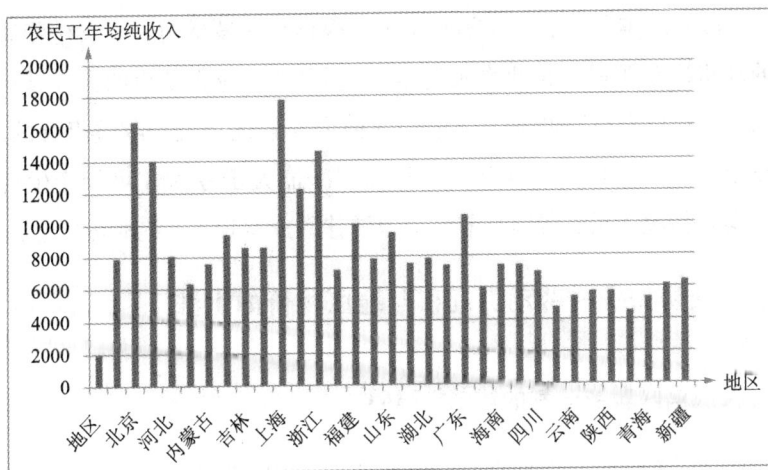

图 6-7 我国农村农民纯收入(数据来源:中国统计年鉴)

从图 6-6 与 6-7 中我们可以看出城乡收入差距是较大的, 但中国自从 1978 年以来, 其物价指数和居民消费指数已经大幅度提升。然而 1978 年, 我国城镇居民人均可支配收入是农村居民人均纯收入的 2.57 倍; 到 2012 年已经达到 3.10 倍。城乡收入差距呈现总体上升趋势, 城乡收入差距的存在和扩大会对农村产生重大影响:城乡收入差距越大, 即在物价指数变动相同的情况下, 城镇居民可支配收入与农民纯收入差距越大, 农民在城市就业的期望收入就越大, 农民选择城市就业的动机就越强烈, 农村劳动力迁移存在的可能性也就越大。而且, 城市化率的提高也将进一步加速农村劳动力转移, 这已经为 20 世纪 90 年代农业劳动力大量拥向城市的现象所证明。

第一, 产出比较。由于现代产业部门的边际生产率要远高于传统农业部门, 对应的工资率水平也远高于后者。工资率差异成为吸引传统农业部门劳动力转移到现代产业部门的拉力, 差距越大, 拉力越大。当农业部门劳动力向现代产业部门转移时, 劳动力原工资水平被拉动, 表现为工资率上升。相应的, 现代产业部门中劳动力供给增加, 工资水平被拉低。直至两个部门的工资水平相等，到达平衡点。农村劳动力不再转移，城乡之间的劳动力流动达到一种均衡状态，农村劳动力的转移可以促进劳动力资源的优化配置，带动农村劳动生产率和工资的提高，缩小城乡收入差距。

第二，加入成本分析后的净福利状况。根据托达罗的分析，农村劳动者迁入城市的动机决定于城乡预期收入差异，差异越大，流入城市的人口越多。从理论上来讲，农村人口进城务工决策是一种个人最优风险—收益组合的决策，需要比较个人收益和成本，只有当家庭福利净值大于零时才可能产生迁移动机。而从实际情况上看，我国当前劳动力转移的成本很高，绝非可以忽视。①

五、有效协调农村劳动力迁移与地区物价的上涨

（一）彻底消除城乡分割的体制性障碍

从长远讲，要彻底改变城乡二元结构体制，消除附着在户口上的城乡居民的权利不平等制度，保障公民的迁徙自由、居住自由和择业自由。近期，要降低城市户籍门槛，分层次放宽入户条件。在大中城市，对拥有合法住所（包括有租借房屋）、稳定职业和生活来源的，允许进城定居，登记户口，并依法享有当地居民应有的权利，承担应尽的义务。可先对受过高中、中专教育，参加一种社会保险三年以上的，或企业要求留下并为之承担责任的，或自办企业雇请员工纳税五年以上的，准予户口迁入。小城市、小城镇户口全部放开，特大城市可施行居住证制度。

（二）加强领导，促进农村劳动力健康有序地转移。

广大农民工进入城市十多年来，在做出巨大贡献的同时，也积累了不少矛盾和问题，有些问题已相当严重，但目前各级党委、政府和有关部门对此往往认识不足。建议从中央到省、市、县都建立"农村劳动力转移就业领导小组"或"城乡统筹就业协调委员会"，下设办公室，吸收发改委、财政、劳动和社保、民政、公安、农业、教育、卫生、计生等职能部门参加，全面负责农村富余劳动

① 张红宇.农村劳动力转移与农民收入[M].北京：中国财政经济出版社，2010.

力转移就业工作，包括规划、培训、户籍、维权和劳动保护工作，使农村富余劳动力出得来，留得住，有保障。输入地要实行属地管理，避免管理和服务的缺失。

（三）建立和健全培训服务体系，切实提高劳动者素质

提高劳动者素质，首要的是抓好基础教育，确保农村九年义务教育的实施。要更多关注留守儿童的学习、教育和他们的身心健康。对于进入城市的农民工子女，要充分利用和增添城市教育资源，让他们接受正规教育，不得强制收取借读费、择校费，不得以任何理由拒收符合条件的农民工子女入学。农村劳动力的培训，要在提高认识的基础上，调动输出地、输入地、用工单位和劳动者本人的积极性。整合培训资源，每个市、县、区都应确定或建立几所中等职业学校、技工学校和农民工专业技能培训学校，使每个农村青年都能掌握一两项专业技能。有些地方对初、高中毕业生再增加一至两年职业、技能教育、培训，实施 3 + 1 或 3 + 2 教育，增强他们的就业能力。要改善培训管理，走市场化培训之路，根据市场需求和农民意愿，大力推广"定单式"培训、"定向"培训，提高培训的针对性和适用性。

（四）通过采取鼓励迁移政策和补贴措施，使两类地区呈现不同的净福利状况

从长远来看，应建立城乡劳动者统一的社会保障体制。应根据农民工工资偏低和流动人口的不同情况，建立多层次、低水平、广覆盖的社会保障网络。一部分长期在城镇已有稳定职业并定居的人员，可纳入城镇的社会保障。对于临时在城镇打工的农民工，针对他们的迫切需要，先搞工伤保险、大病医疗保险等，降低农民工参与社会保障的门槛。交费基数、交费年限要与他们的实际工资相适应，并与所在企业按比例分摊，让更多的农民工年老时能领到养老金。允许企业为农民工在农村交纳养老保险，农民工可以到当地社保部门参保和退保。建立方便合理的农民工养老保险跨省区转移机制，不论他们转移到什

么地方，都可以凭卡交纳社会养老保险费，凭卡领取社会养老保险金。①

（五）劳动力流动与"劳动换工业品"的循环

劳动力流向东部地区增加了中西部地区的居民收入，居民收入的提高诱发了中西部地区居民消费结构的升级和消费支出的增加，尤其是工业消费品拥有量快速增加，而工业消费品绝大多数产自于东部地区，因此，中西部地区输出劳动力所获得的劳动收入最终转化为东部地区工业消费品的购买力。在东部地区就业的劳动收入，除"城市挣钱城市花"的部分外，大部分流到中西部地区，成为中西部地区重要的收入来源。

针对越来越多的农村劳动力迁移和日益上涨的物价指数，在研究农村劳动力转移与物价指数差异关系时，发现物价指数会对农村劳动力的转移起决定性作用，而农村劳动力转移不会对转入地的物价以及工资产生任何的影响，因此我们在盘活农村剩余劳动力的过程中首先要尊重非农化过程中的规律，农村劳动力向城镇的转移不能靠行政手段将农民赶到城镇去，不能人为地"拔农"，而是要通过政府引导，实行户籍制度和土地制度的深化改革，使农民摆脱户籍管理制度约束和分散土地经营的羁绊，依靠市场机制将农村劳动力吸引到城镇，这关系到中国经济发展与社会稳定问题。农村劳动力迁移大城市的个人成本太高，如若能同时使大城市和二线城市显性成本都趋向于零，那么农村劳动力的净收益值均会有所提高，而其中二线城市成本下降比例多，总体净福利提升更加明显。如果对二线城市再予以适量补贴等鼓励迁移政策，则二线城市对应的预期净福利收入将最终超过一线城市。虽然大城市以外的二类地区名义工资率仍然低于前者，但是农民进入第二类地区所能得到的预期净福利收入将会大于大城市，二线中小城市将能够体现出吸引劳动力转移的优势，成为我国城市化的主要迁移路径。

---

① 蔡昉. 中国人口与劳动力问题报告——刘易斯转折点及其政策挑战[M]. 北京：社会科学文献出版社，2007.

第七章

城镇化进程中农民工权益与发展前景展望

随着中国特色社会主义进入新时代，我国经济社会进入协调发展的关键时期，城乡统筹发展步伐加快，城镇化进程不断推进，民生保障工作迎来了新的发展机遇。尽管农民工权益保障与发展问题的解决任重道远，但前景广阔。

一、"决胜全面建成小康社会"战略举措的提出为农民工权益保障与发展问题的解决提供了重要保障

党的十八大根据我国经济社会发展实际和新的阶段性特征，提出确保到2020年实现"全面建成小康社会"的宏伟目标。党的十九大在对我国社会主要矛盾发生历史性转变做出重大判断的基础上，进一步明确了"决胜全面建成小康社会"的战略举措，提出"要紧扣社会矛盾的变化，综合施策、精准发力，坚持在发展中保障和改善民生，保证全体人民在共建共享发展中有更多获得感"。这充分体现了党和国家对全面建成小康社会的信心和决心，也彰显了党和国家对民生保障问题的高度重视。全面小康既是全体人民都享受到的小康，也是物质文明、政治文明、精神文明、生态文明和社会文明协调发展的小康。全面建成小康社会目标的实现要求全面落实依法治国基本方略，切实尊重和保障人权，同时全面提高人民生活水平，总体实现基本公共服务均等化。农民工平等享受教育、就业服务、社会保障、医疗、保障性住房等方面的公共服务，共享社会发展成果，是全面小康社会的题中应有之义与内在要求。没有农民工的小康

就没有全面的小康，"决胜全面建成小康社会"战略举措的提出，为农民工权益保障与发展问题的解决提供了重要保障。目前我国农民工权益保障与发展工作已进入了攻坚克难的新的历史阶段，随着全面建成小康社会目标的实现，我国农民工权益保障与发展事业将进入一个新里程。

二、"中国梦"的顺利推进为农民工权益保障与发展工作注入了强大动力

中国梦的本质内涵是国家富强、民族振兴、人民幸福。人民幸福，就是人民权利保障更加充分、人人共享发展成果。中国梦归根到底是人民的梦，人民是中国梦的主体，是中国梦的创造者和享有者。农民工作为中国梦的推动者，他们是城镇化建设的生力军，是经济社会发展中不可缺少的力量。农民工作为中国梦的享有者，他们应该和其他社会群体一样共享发展成果，同时也应拥有实现梦想和人生出彩的机会。

中国梦的本质要求是以人民为中心，实现最广大人民的根本利益。把这一要求贯穿于农民工权益保障和发展工作的各个环节和全过程，就是要始终坚持"以民为本、为民解困、为民服务"的实践理念，全面履行好"维护民利、解决民生、落实民权"的各项职责，始终把保障困难群众的基本生活作为工作的出发点和落脚点，把群众呼声作为第一信号，把"为民解困"作为第一要务，把群众满意作为衡量工作绩效的第一标准。农民工是城镇化建设中的特殊群体，特别需要党和政府及全社会给予特殊的关爱，切实保障他们的基本生活与发展需求，这正是加强农民工权益保障和发展工作的出发点和落脚点。因此，大力推进农民工权益保障体系建设，解决农民工发展问题，符合中国梦的本质要求，它不仅是一项具体的民生工作，更是政府执政为民的重要体现。

党的十九大关于中国梦的实现提出了"两个阶段"的战略安排，我们既要全面建成小康社会、实现第一个百年奋斗目标，又要乘势而上开启全面建设社会主义现代化国家新征程，向第二个百年奋斗目标进军。这一战略安排将进一步激发人们对美好生活的向往。"大大的城市、小小的梦想"，农民工市民化梦想的实现将会助力于中国梦的实现，而中国梦战略目标的实现也必将为加强农民工权益保障与发展工作注入强大的精神动力。

三、社会保障制度的日益完善将进一步推动农民工权益保障与发展工作走向规范化和制度化

党的十八大以来，我国各项社会保障制度建设取得显著成就，出台并加强了多项劳动和社会保障法律法规建设，其中很多涉及了农民工权益保障和社会保障，如就业服务、各项社会保险及福利待遇、劳动合同管理、规范用工、反就业歧视等，这些法律法规在覆盖范围上不断扩大，保障力度不断增强。在法律法规实施过程中，农民工的法律意识也在逐渐增强。

2012年人社部颁布了《城乡养老保险制度衔接暂行办法》，克服了城乡养老保障转移接续难题。同年，国务院办公厅又批复了《关于做好进城务工人员随迁子女接受义务教育后在当地参加升学考试工作的意见》，进一步加强了对农民工子女接受义务教育权益的保障，实现了基础教育权利的平等。

2014年3月，国务院颁布了《国家新型城镇化规划（2014—2020年）》，对农民工权益进行了具体规划，提出"推进农民工融入企业、子女融入学校、家庭融入社区、群体融入社会，建设包容性城市"。"提高各级党代会代表、人大代表、政协委员中农民工的比例，积极引导农民工参加党组织、工会和社团组织，引导农业转移人口有序参政议政和参加社会管理"。"加强宣传教育，提高农民工科学文化和文明素质，营造农业转移人口参与社区公共活动、建设和管理的氛围"。这一长远规划，为农民工权益保护与发展提供了顶层支持。

党的十九大报告提出，"按照兜底线、织密网、建机制的要求，全面建成覆盖全民、城乡统筹、权责清晰、保障适度、可持续的多层次社会保障体系"。这为新时代农民工社会保障体系的建立提供了基本遵循。随后，2018年的最新农民工养老保险政策出台，对在城镇就业并与用人单位建立劳动关系的农民工，提出了参加基本养老保险的要求。要求用人单位与农民工签订劳动合同时，应当明确农民工参保相关事宜，用人单位应按规定为农民工办理参保手续。

我国社会保障制度的逐步完善为农民工权益保障与发展问题工作的开展提供了一个良好的法制环境，将进一步提升农民工权益保障水平与效果，推动我国农民工权保障与发展工作走向规范化、制度化。

四、"中国特色社会主义进入新时代"将为农民工权益保障与发展注入新的时代内涵

党的十九大报告作出了"中国特色社会主义进入新时代，我国社会主要矛盾已经转化为人民日益增长的美好生活需要和不平衡不充分的发展之间的矛盾"的历史性判断。这一社会主要矛盾的转化，从总体上反映了当今我国时代发展、社会发展状况以及发展水平，反映了我国发展全局的状况。习近平总书记强调指出："必须认识到，我国社会主要矛盾的变化是关系全局的历史性变化，对党和国家工作提出了许多新要求。我们要在继续推动发展的基础上，着力解决好发展不平衡不充分问题，大力提升发展质量和效益，更好满足人民在经济、政治、文化、社会、生态等方面日益增长的需要，更好推动人的全面发展、社会全面进步。"从生存性保障到身心自由充分发展，是新时代赋予农民工权益保障与发展的新内涵与新理念，这为提升农民工权益保障与发展理念、丰富农民工权益保障与发展内容体系、创新农民工权益保障与发展路径提出了新的时代要求。

五、"乡村振兴战略"的实施将为农民工权益保障与发展问题的解决提供具体实现路径

新世纪以来，民生保障问题成为理论界和实践界重点关注的问题。中央、国务院坚持把解决好"三农"问题作为全党工作的重中之重，与时俱进地推进"三农"工作，作出了一系列意义重大、影响深远的战略部署。从 2004 年至今，我国共颁发了 15 个关于一号文件，提出了一系列解决"三农"问题的重大方略，其中很多涉及农民工权益与社会保障问题。

2014 年中央一号文件《关于全面深化农村改革加快推进农业现代化的若干意见》强调"加快推动农业转移人口市民化"，提出"建立城乡统一的户口登记制度""全面实行流动人口居住证制度"等措施。2016 年，中央一号文件《中共中央国务院关于落实发展新理念加快农业现代化实现全面小康目标的若干意见》再一次强调"推进农村劳动力转移就业创业和农民工市民化"。

党的十九大报告提出"乡村振兴"伟大战略，成为新时代解决"三农"问题

的总方略。2018 年中央一号文件《中共中央国务院关于实施乡村振兴战略的意见》明确了乡村振兴战略的目标、任务、举措等，在农民工权益保障与发展方面，重点明确了农民工土地和物质性财产保障政策，提出"农民进城后，村里的房和地还能留""要维护进城落户农民土地承包权、宅基地使用权、集体收益分配权，引导进城落户农民依法自愿有偿转让上述权益"等指导意见，这些政策措施的出台，为农民工权益保障与发展问题的解决提出了新目标、新要求和具体的实现路径。

以上表明，维护农民工社会权益保障，促进农民工职业化发展，是大势所趋、民心所向，它必然会得到全社会的广泛支持。尽管农民工权益保障与市民化发展任重而道远，但有了党的领导、有了优越的社会主义制度，有了公平正义的价值取向，有了勇于改革、勇于创新、勇于实践的中央集体的正确领导，我们坚信，农民工权益保障工作将不断走向完善，农民工市民化的道路将越走越远，越来越宽广。

参考文献

一、中文参考文献

[1] 胡锦涛.论构建社会主义和谐社会[M].北京：中央文献出版社，2013.

[2] 习近平.习近平谈治国理政：第一卷[M].北京：外文出版社，2014.

[3] 习近平.习近平谈治国理政：第二卷[M].北京：外文出版社，2017.

[4] 张文显主编.法理学[M].北京：高等教育出版社，2017.

[5] 孙大熊，徐增阳，杨正喜，等.农民工权益的法律保障研究[M].北京：知识产权出版社，2014.

[6] 刘怀廉.中国农民工问题[M].北京：人民出版社，2005.

[7] 郑功成.社会保障学[M].北京：中国劳动社会保障出版社，2005.

[8] 邹晓美，高泉.农民工权利研究[M].北京：中国经济出版社，2014.

[9] 程新征.中国农民工若干问题研究[M].北京：中央编译出版社，2017.

[10] 谢建杜.中国农民工权利保障[M].北京：社会科学文献出版社，2012.

[11] 辜胜阻.非农化与城镇化研究[M].杭州：浙江人民出版社，1991.

[12] 罗尔斯，姚大志.作为公平的正义：正义新论[M].北京：中国社会科学出版社，2011.

[13] 舒尔茨，吴珠华.论人力资本投资[M].北京：北京经济学院出版社，1990.

[14] 国家统计局.中国统计年鉴（2002）[M].北京：中国统计出版社，2002.

[15] 郑功成.政府、企业和社会应创造条件让农民工融入城市[M].北京：新华出版社，2013.

[16] 王湘红.工资制度、劳动关系及收入：基于行为理论的研究[M].北京：中国人民大学出版社，2012.

[17] 谢建杜.中国农民工权利保障[M].北京：社会科学文献出版社 2012.

[18] 王小章.走向承认：浙江省城市农民工公民权发展的社会学研究[M].杭州：浙江大学出版社，2015.

[19] 郭继强.工资、就业与劳动供给[M].北京：商务印书馆，2016.

[20] 曹东勃.职业农民的兴起——对长三角地区"农民农"现象的研究，北京：中国政法大学出版社，2013.

[21] 郑永兰，钱家俊.新生代农民工政治参与路径探析[J].学习与实践，2015(6).

[22] 吴新芳，李德刚.当前我国农民工政治参与的困境及解困路径分析[J].河北青年管理干部学院学报，2016(5).

[23] 姚士谋，张平宇，余成，等.中国新型城镇化理论与实践问题[J].地理科学，2014，34(6).

[24] 胡杰，李庆云，韦颜秋.我国新型城镇化存在的问题与演进动力研究综述[J].城市发展研究，2014，21(1).

[25] 许经勇.我国城镇化进程中的"农民工"及其演变趋势[J].攀登，2003(6).

[26] 徐进.新型城镇化进程中的社会保障责任——社会保障助推农民工市民化研究[J].黑河学刊，2014(7).

[27] 柳松，李大胜.农民工社会保障研究文献综述[J].商业研究，2007(5).

[28] 李微微，Lisa Steanrs.禁止就业歧视：国际标准和国内实践.北京：法律出版社，2006.

[29] 谢勇.农民工劳动权益影响因素的实证研究——以南京市为例[J].中国人口科学，2008(4).

[30] 赵小仕，于大川.新生代农民工劳动权益保护问题探析——以广东省为例[J].重庆工商大学学报(社会科学版)，2016，33(1).

[31] 苏映宇.城镇化进程中女性农民工劳动权益保障研究[D].福州：福建师范大学，2016.

[32] 王丹丹，杨玉芝.城市化进程推动下农民工融入性就业探析[J].农业经济，2017(12).

[33] 卢斌.建筑行业农民工劳动安全卫生问题及对策建议[J].工会信息，2014(34).

[34] 李友德.我国工资集体协商机制建立的有序化进程[J].求索，2009(7).

[35] 勒伟.城镇化进程中新生代农民工就业培训问题研究[J].成人教育，2016，36(8).

[36] 任社宣.加大执法力度保障农民工劳动报酬权益[N].中国劳动保障报，2017 - 12 - 02(001).

[37] 王立秋.新生代农民工劳动就业权益保障问题解析[J].人力资源管理,2015(9).

[38] 邓一楠.新生代农民工劳动权益保障问题研究[D].郑州:河南师范大学,2017.

[39] 文维.新型城镇化进程中的失地农民权益保障机制探讨[J].法学杂志,2014,35(2).

[40] 石子伟.新型城镇化进程中农民权益保障制度研究[D].武汉:华中师范大学,2015.

[41] 刘利平,任珊.新型城镇化建设中农民权益保障问题初探[J].盐城师范学院学报(人文社会科学版),2014,34(6).

[42] 陈东,刘金东.劳动保护有助于缩小就业弱势群体的相对收入差距吗——以新《劳动合同法》的实施为例[J].财贸经济,2014(12).

[43] 储玉泰.新生代农民工城市融入问题研究——以权益保障为视角[J].法制博览,2017(25).

[44] 赵蓉.当代中国转型社会新生代农民工权益保障研究[D].西安:陕西师范大学,2014.

[45] 万婕,尹富玉,聂智佳.河北省新生代女性农民工就业权益保障调查与对策研究——基于体面劳动的视角[J].福建农业,2015(5).

[46] 梁伟军,朱唐瑶.城镇化视角下的农民工与城镇就业人员同工同酬问题研究[J].理论观察,2018(2).

[47] 魏峰,蒋长流.农民工健康风险冲击因素维度构建与实证分析——基于1497份实地调查问卷数据[J].经济管理,2013,35(10).

[48] 王海英,梁波.中国城镇化:历史道路、制度根源与国际经验[J].科学发展,2014(4).

[49] 席旭文.新型城镇化、福利约束与市民化问题研究[D].长春:吉林大学,2017.

[50] 王华华.中国城镇化进程中土地征收模式转型研究——从保障农民生活到保护农民权益[J].西部论坛,2017,27(1).

[51] 吴锋.城镇化快速推进中的失地农民困境及保障政策研究[D].武汉:华中师范大学,2014.

[52] 王阳.我国城镇化中的城乡人力资源市场一体化研究[J].劳动经济评论,2014,7(2).

[53] 郭丽,杨巍.农民工劳动权益保障问题及对策分析[J].沈阳工程学院学报(社会科学版),2013,9(4).

[54] 李伟.城市农民工子女学校融合教育的现状及对策研究[D].南昌:南昌大学硕士论文,2012.

[55] 汪杰锋.农民工子女义务教育公平的现状审视与路径探寻[J].教育研究与实验,2016(1).

[56] 李泓沁.农民工随迁子女义务教育公平问题的探讨——基于公共服务均等化的视角

[J].科技视界,2014(24).

[57] 石宏伟,孙静.新生代农民工随迁子女义务教育公平问题的制度研究[J].江苏大学学报(社会科学版),2015,17(3).

[58] 徐丽敏.农民工随迁子女义务后教育:问题与对策[J].教育发展研究,2009(6).

[59] 雷万鹏.新生代农民工子女教育调查与思考[J].华中师范大学学报(人文社会科学版),2013(5).

[60] 周国华.探索进城农民工子女教育治理新思路——基于无锡、温州和广州三城市的考察[J].教育发展研究,2015(20).

[61] 吴杰,郭本禹.社会兴趣:概念、测量以及相关研究[J].心理科学进展,2015(5).

[62] 吉雅.论我国妇女劳动权益的法律保护[J].内蒙古大学学报(人文社会科学版),2001(6).

[63] 陈樨圆.农民工劳动权益保障问题研究[D].成都·西南财经大学,2006.

[64] 许杏彬.论我国农民工权益法律保障[D].长沙:湖南大学,2004.

[65] 李微.关于解决农村剩余劳动力转移就业问题的几点思考[J].经营管理者,2012(5).

[66] 王瑜.维护农民工权益应关注四大"关节点"[N].工人日报,2006-11-14.

[67] 徐磊.关于女性农民工社会保障问题的若干思考[J].商业经济,2010(11).

[68] 黎慈.和谐社会构建中女农民工的权益保障[J].云南行政学院学报,2007(6).

[69] 张风华,曾一帆.社会性别理论视野中的女农民工劳动权益侵害及其应对——以武汉市为例[J].社会主义研究,2007(5).

[70] 许淑芬.女性农民工权益保障的制度缺失与对策研究[J].西安财经学院学报,2009(6).

[71] 甘满堂.城市农民工与转型中国社会的三元结构[J].福州大学党报,2001(4).

[72] "外来农民工"课题组.珠江三角洲外来农民工状况[J].中国社会科学,1995(4).

[73] 刘林平,郭志坚.企业性质、政府缺位、集体协商与外来女工的权益保障[J].社会学研究,2004(6).

[74] 刘林平,张春泥.农民工工资:人力资本、社会资本、企业制度还是社会环境?——珠江三角洲农民工工资决定模型[J].社会学研究,2007(6).

[75] 罗忠勇.农民工劳动权益的性别差异研究——基于珠三角3000多位农民工的调查[J].中国软科学,2010(2).

[76] 张抗私.劳动力市场歧视成本分析[J].财经问题研究,2001(4).

[77] 袁锦秀.妇女权益保护法律制度比较研究[J].中南林业科技大学学报(社会科学版),

2007(2).

[78] 张跃松, 张英杰, 贾庆光. 京津冀协同发展背景下的保障房与商品房市场耦合协调发展研究[J/OL]. 工程管理学报, 2018(3).

[79] 裴聪. 加快推进保障性住房建设工作[N]. 西藏日报(汉), 2018 - 06 - 12(7).

[80] 李一戈. 住房保障体系的重建[N]. 21 世纪经济报道, 2018 - 06 - 08(4).

[81] 易成栋, 高璇, 刘威. 中国城镇住房制度改革的效果——总体改善、阶层分化以及对房屋普查、人口普查等数据的实证分析[J]. 中国房地产, 2018(15).

[82] 白昊. 住房公积金长效管理与风险控制研究[J]. 中小企业管理与科技(下旬刊), 2018(5).

[83] 李国敏, 刘润. 城市基本住房用地制度之理论探讨——基于底线公平的视角[J]. 湖北大学学报(哲学社会科学版), 2018(3).

[84] 刘伊诺. 住房公积金视角下的农民工住房保障问题分析[J]. 劳动保障世界, 2018(14).

[85] 张俊, 肖传友. 农民工市民化公共投入究竟有多大? ——基于城市行政等级和辖区差异的测算[J]. 财经科学, 2018(3).

[86] 赵鹏程, 汪玲. 代际差异视角下新生代农民工城镇住房保障研究[J]. 西华师范大学学报(哲学社会科学版), 2018(2).

[87] 顾书桂. 中国城镇住房保障研究述评[J]. 西部学刊, 2018(3): 17 - 22.

[88] 熊兢. 农民工城市居住方式对社区融入的影响[J]. 探索, 2018(2).

[89] 王峥. "城中村"改造过程中新生代农民工住房问题研究——基于河南省郑州市的调查[J]. 劳动保障世界, 2018(5).

[90] 杨菊华. 制度要素与流动人口的住房保障[J]. 人口研究, 2018, 42(1).

[91] 王喜迎. 农民工城市住房解决机制的法理思考[J]. 农业经济, 2017(10).

[92] 祝仲坤. 社会公平感知与农民工住房保障政策评价[J]. 劳动经济评论, 2017, 10(2).

[93] 陈彩娟. 共享发展农民工理念下的住房保障思考——以杭州为例[J]. 未来与发展, 2017, 41(9).

[94] 张煦. 新型城镇化进程中农民工住房保障问题研究[J]. 价值工程, 2017, 36(31).

[95] 张树志. 新型城镇化进程中聊城市农民工公租房问题研究[D]. 济南: 山东财经大学, 2016.

[96] 刘琦. 新型城镇化进程中农民工市民化问题研究[D]. 大连: 辽宁师范大学, 2016.

[97] 于玲研. 城镇化进程中的农民工市民化问题研究[D]. 晋中: 山西农业大学, 2015.

[98] 刘瑞. 我国新型城镇化进程中农民工市民化问题研究[D]. 兰州: 兰州大学, 2015.

[99] 魏丽.住房公积金制度全覆盖促进城镇化进程研究[D].哈尔滨：哈尔滨工程大学,2014.

[100] 欧阳力胜.新型城镇化进程中农民工市民化研究[D].北京：财政部财政科学研究所,2013.

[101] 程姝.城镇化进程中农民工市民化问题研究[D].哈尔滨：东北农业大学,2013.

[102] 国务院发展研究中心课题组.中国新农村建设推进情况总报告——对17个省(市、区)2749个村庄的调查[J].改革,2007(6)：5-17.

[103] 刘宇.长沙市人才引进的问题和对策研究[D].长沙：湖南师范大学,2012.

[104] 王大红.农民工劳动权益保障制度研究[D].郑州：河南大学,2010.

[105] 苏宏杰,刘功智.从《矿山安全和卫生公约》剖析我国矿山安全卫生立法[J].中国安全生产科学技术,2010,6(6)：134-137.

[106] 施祺琪,季建刚,夏孝勤.来沪务农人员生产生活现状调查——以崇明县城桥镇为例[J].安徽农业科学,2013.

[107] 叶敏,马流辉,罗煊.驱逐小生产者：农业组织化经营的治理动力[J].开放时代,2013.

[108] 余练,刘洋.流动性家庭农场：中国小农经济的另一种表达[J].南京农业大学学报(社会科学版),2013(6).

[109] 奚建武."农民农"：城镇化进程中一个新的问题域———以上海郊区为例[J].华东理工大学学报(社会科学版),2011(3).

[110] 刘昕璐,曹稔苹."农民农"生存状况令人揪心[N].青年报,2013-10-9.

[111] 王丽丽.我国农民工养老保险政策存在问题及解决对策研究[D].苏州：苏州大学.

[112] 刘蕾,马树华,肖红,等.新型城镇化进程中承德市农民工养老保险现状研究[J].科技经济导刊,2018,26(14).

[113] 张亚琳.新型城镇化过程中农民工养老保障问题研究[J].现代经济信息,2018(9).

[114] 蒋云赟.我国农民工养老保险方案的再研究——基于财政负担视角的代际核算模拟[J].财经研究,2013(10).

[115] 唐普阔.我国农民工养老保险制度设计的困境及思考[J].内蒙古农业大学学报(社会科学版),2013,15(1).

[116] 陈婧.农民工三问"城乡养老保险并轨"[N].中国经济时报,2014.

[117] 罗娟.农民工是统一城乡养老保险最大收益群体[N].工人日报,2014-02-27.

[118] 刘婴.农民工养老保险需求与供给分析[J].保险职业学院学报,2011(2).

[119] 毛艺.农民工养老保险问题与解决途径探讨[J].经济研究参考,2011(11).

[120] 郑秉文.中国的社会保障改革亟须顶层设计[J].四川劳动保障,2013(2).

[121] 梁维平.农村居民收入与医疗服务需求及其弹性研究[J].中国农村卫生事业管理,2013(10).

[122] 王卫忠.实施新型农村合作医疗前后农村居民收入与医疗服务需求及其弹性的比较研究[J].中国初级卫生保健,2014(1).

[123] 杨静,高建民,郭海涛,等.医疗卫生服务需求弹性国内外研究进展[J].现代预防医学,2014(6).

[124] 黄芳.医疗保险对农民工城市融入的影响分析[J].财会学习,2018(10).

[125] 李晓楠.中国医疗保险西部论坛2016年年会在广西南宁召开[J].中国医疗保险,2016(12).

[126] 何玲玲,李莽.加快新生代农民工市民化进程分析——基于基本公共服务均等化理论视角[J].广西师范学院学报(哲学社会科学版),2015(6).

[127] 顾海,李佳佳.城乡医疗保障制度的统筹模式分析——基于福利效应视角[J].南京农业大学学报(社会科学版),2014(1).

[128] 张举国.中国统筹城乡医疗保障制度的发展与选择[J].经济研究参考,2015(66).

[129] 康蕊,吕学静.统筹城乡医疗保障一体化[J].中国老年学杂志,2017(5).

[130] 彭明春.我国当前城乡医疗保障制度的衔接问题探析[J].科技信息(学术研究),2015(36).

[131] 申曙光.全民基本医疗保险制度整合的理论思考与路径构想[J].学海,2014(1).

[132] 2017年广东国民经济和社会发展统计公报.

[133] 湖南省人力资源和社会保障厅.关于农民工参加医疗保险的指导意见[Z].2006-11-16.

[134] 湖南省统计局.湖南省2017年国民经济和社会发展统计公报[Z].2018-03-12.

[135] 湖南省人力资源和社会保障厅.2017年度省本级城镇职工医保基金预算支出绩效自评报告[Z].2018-07-02.

[136] 湖南省人力资源和社会保障厅.人力资源社会保障部关于进一步加强基本医疗保险医疗服务监管的意见[Z].2014-08-18.

[137] 盛来运.新作为带来新气象,新时代开启新征程[N]光明日报,2018-3-1.

[138] 中华人民共和国国家统计局.中华人民共和国2017年国民经济和社会发展统计公报[R].2017.

［139］陈燕林.我国农民工医疗保险问题研究［J］.河北大学学报,2009(4).

［140］官翠玲,程潇,张晓香,等.中国农民工医疗保险现状分析及其对策思考［J］.决策与信息,2016(6):104-112.

［141］叶冰青.浙江省建筑业农民工工伤保险参保问题研究［D］.杭州:浙江财经大学,2018.

［142］苏美先.建筑业农民工工伤保险研究［D］.南宁:广西大学,2018(1).

［143］许世玮.德州市农民工工伤保险现状及对策［D］.济南:山东师范大学,2017.

［144］黄月琴.广东珠三角地区农民工工伤保险问题研究［D］.湘潭:湘潭大学,2017.

［145］李晓明.建筑行业农民工工伤保险问题研究［D］.郑州:郑州大学,2017.

［146］邵国.农民工工伤保险制度研究［D］.西安:陕西师范大学,2016.

［147］刘春福.建筑业农民工工伤保险权益法律制度研究［D］.天津:天津财经大学,2016.

［148］郭栋.山西省建筑业农民工工伤保险问题研究［D］.太原:山西财经大学,2016.

［149］蒋雅珺.建筑业农民工工伤保险问题研究［D］.广州:广东外语外贸大学,2015.

［150］汪璐蒙.S市建筑业农民工工伤保险问题研究［D］.开封:河南大学,2015.

［151］蒲玉娟.我国老年人人力资源开发对策研究［D］.西安:陕西科技大学,2014.

［152］林超.我国农民工工伤保险法律制度研究［D］.青岛:中国海洋大学,2014.

［153］韩俊强.农民工城市融合影响因素研究［D］.武汉:武汉大学,2014.

［154］张玉杰.山西省建筑行业农民工工伤保险问题研究［D］.太原:山西财经大学,2014.

［155］吕英飒.我国农民工工伤保险问题研究［D］.大连:大连海事大学,2013.

［156］段晓冬.建筑农民工工伤保险问题研究［D］.济南:山东大学,2013.

［157］王颖鹏.农民工工伤保险供给现状及社会工作的介入空间研究［D］.武汉:华中农业大学,2012.

［158］胡莹.农民工工伤保险问题研究［D］.长沙:中南林业科技大学,2012.

［159］韩冬.基于博弈论的建筑业农民工工伤保险问题研究［D］.天津:天津财经大学,2012.

［160］武晓琪.农民工工伤保险法律问题研究［D］.青岛:中国海洋大学,2012.

［161］王勇.论农民工工伤保险问题中的政府责任缺失及其救治［D］.天津:天津师范大学,2007.

［162］陶自详.挤升与固化:理解失地农民阶层流变的二重维度［J］.广东行政学院学报,2012(2).

［163］史册,杨怀印.我国城镇失业群体的培训管理误区及对策［J］.教育理论与实践,2013

（2）.

[164] 周云华,谈玉坤等.切实增强失地农民再就业培训的实效[J].中南林业科技大学学报（社会科学版）,2007(4).

[165] 杨红燕.中央与地方政府间社会救助支出责任划分——理论基础、国际经验与改革思路[J].中国软科学,2011(1).

[166] 李乐为,王丽华.就业激励和援助:贫困救助制度演进和优化的基本取向[J].甘肃社会科学,2011(3).

[167] 陆林,杨睿.金融危机背景下我国返乡农民工失业救助体系构建的思考[J].西南大学学报(社会科学版),2010(3).

[168] 王国奇.构建失地农民社会保障制度的法学思考[J].法制与社会,2008(12).

[169] 刘钊,张震.市民化进程中我国农民失业救助困境的行政伦理审视[J].理论与改革,2012(1).

[170] 黄晓燕,万国威.新生代农民工就业权益保障的现实效度分析——基于8个城市农民工群体的实证调查[J].南开学报(哲学社会科学版),2016(4).

[171] 王利娟,王明刚.完善农民工就业权益保障制度的对策研究[J].产业与科技论坛,2012,11(12).

[172] 万婕,尹富玉,聂智佳.河北省新生代女性农民工就业权益保障调查与对策研究——基于体面劳动的视角[J].福建农业,2015(5).

[173] 李林,郭赞.河北省农民工就业权益保障现状与对策分析[J].经济视角(卜),2012(11).

[174] 李佳.劳务输出地政府强化农民工就业权益保障的对策研究[D].电子科技大学,2013.

[175] 庄晓梅.农民工就业权益保障中的政府责任研究[D].长春:吉林大学,2013.

[176] 许丽英,王跃华.新生代农民工劳动就业权益保障与政府责任探析[J].行政论坛,2014,21(2).

[177] 杨豫.农民工就业权益保障中的政府责任研究[D].南宁:广西民族大学,2013.

[178] 王立秋.新生代农民工劳动就业权益保障问题解析[J].人力资源管理,2015(9).

[179] 夏静雷,张娟.新生代农民工劳动就业权益保障问题探析[J].求实,2014(7).

[180] 马绍兴,王成福.四川农民工就业及权益保障分析[J].四川劳动保障,2007(5).

[181] 杨来胜,黄润龙,马荣.江苏农民工的就业态势与社会保障管理创新研究[J].人口学刊,2008(5).

[182] 赵琳.菏泽市农民工就业培训问题研究[D].合肥:安徽大学,2017.

[183] 周圆.成都市新生代农民工就业培训:现状、问题及对策[D].成都:西南交通大学,2016.

[184] 熊汉富,袁雯妮.湖南农民工就业、培训问题及对策研究[J].企业家天地,2006(2).

[185] 廖可康.创新教育培训体制减轻农民工就业压力[J].新课程学习(中),2011(27).

[186] 雷忠恺.我国农民工就业困境及对策探究[J].群文天地,2011(16).

[187] 郭景璐,任志海.实现体面就业从农民工入手[J].中国就业,2011(31).

[188] 武正华,陈岱云.用工荒问题原因及对策分析[J].山东经济战略研究,2011(5).

[189] 雷锐.广西农村职业技能培训的困境及解决途径探析[J].广西广播电视大学学报,2013(3).

[190] 康艳文.完善再就业培训制度的思考[I].中国市场,2017(25).

[191] 李军.浅析再就业培训与人力资源开发[J].财经界,2017(17).

[192] 周双全.我国再就业培训的现状探讨[J].人力资源管理,2017(9).

[193] 朱永新.被征地农民亟需再就业培训机制[J].同舟共进,2017(7).

[194] 李强."双重迁移"女性的就业决策和工资收入的影响因素分析——基于北京市农民工的调查[J].中国人口科学,2012(5).

[195] 梁志民,刘顺伯,朱红根.农民工再就业流向影响因素分析——以江西省实证为例[J].调研世界,2012(7).

[196] 马芒,徐欣欣,林学翔.返乡农民工再就业的影响因素分析——基于安徽省的调查[J].中国人口科学,2012(2).

[197] 王国猛,黎建新,郑全全.多元社会支持对返乡农民工再就业影响的追踪研究——基于湖南返乡农民工的调查[J].中国农村观察,2011(5).

[198] 戎会芹.高职院校参与农民工综合素质培训及促进就业初探[J].中国市场,2011(36).

[199] 陆林玲,朱红艳,史良红,等.新生代农民工的就业影响因素研究——以江苏省南京市为例[J].农村经济与科技,2011(5).

[200] 丁煜,徐延辉,李金星.农民工参加职业技能培训的影响因素分析[J].人口学刊,2011(3).

[201] 刘家强,王春蕊,刘嘉汉.农民工就业地选择决策的影响因素分析[J].人口研究,2011(2).

[202] 任东峰.农民工返乡创业的利弊分析及对策[J].经济研究导刊,2011(7).

[203] 彭惠青,邹松,周振.人力资本视角下农民工持续就业研究——基于湖北省 Z 市返乡农民工就业状况的调查[J].中国特色社会主义研究,2011(1).

[204] 刘恩强.农民工劳动报酬权的保障[D].青岛:中国海洋大学,2012.

[205] 张旭青.农民工工资决定的宏观作用机制研究[J].商业时代,2014(25).

[206] 李艳玲.农民工工资剪刀差研究[D].西安:西北农林科技大学,2008.

[207] 刘真真.构建和谐社会中的农民工社会保障问题研究[D].郑州:河南农业大学,2008.

[208] 高晖敏.浅析我国新生代农民工政治参与的困境和对策[J].辽宁行政学院学报,2012(2).

[209] 刘百灵.农民工市民化进程中的风险与控制[D].信阳师范学院,2013.

[210] 蔡旺儒.村民自治视域下农民政治参与问题研究[D].吉林大学,2014.

[211] 刘丹丹.公民社会视域下新生代农民工政治参与路径分析[J].河南科技学院学报:社会科学版,2013(9).

[212] 陈静.新生代农民工政治参与的路径选择[J].平顶山学院学报,2013(4).

[213] 邓秀华.农民工政治参与的法律困境和制度建设[J].求索,2013(11).

[214] 张颖.试论农民工子女平等受教育权的保障[J].行政事业资产与财务:下,2012(2).

[215] 杜彩赟.我国农民工子女教育问题研究[D].武汉:武汉工业学院,2013.

[216] 刘永旭.农民工子女受教育权的立法保障研究[D].内蒙古:内蒙古大学,2012.

[217] 郝清秀.农民工随迁子女道德问题现状及教育对策研究[D].牡丹江:牡丹江师范学院,2015.

[218] 李振洋.农民工随迁子女平等受教育权研究[D].石家庄:河北大学,2014.

[219] 汪璟.教育平等:农民工子女受教育现状研究[D].苏州:苏州大学,2008.

[220] 邹勇.中美政府信息公开目录体系的比较与思考[J].中国科技资源导刊,2011(3).

[221] 刘江.建立农民工医疗保险的对策思考.长春理工大学学报:社会科学版,2012(6).

[222] 杨剑仙.中美医疗保险制度改革比较研究[D].石家庄:河北经贸大学,2011.

[223] 姜宏柳.论我国农民工社会保障[J].法制与社会:旬刊,2012(1).

[224] 倪思明.完善医疗保障制度实现全民医保[J].中华医院管理杂志,2011(7).

[225] 刘琦.新型城镇化进程中农民工市民化问题研究[D].大连:辽宁师范大学,2016.

[226] 柏娜.城市化进程中的新生代农民工市民化问题研究[D].山东:鲁东大学,2012.

[227] 罗辉.城市化进程中新生代农民工社会保障问题研究[J].广西社会科学,2013(5).

[228] 程海悦.农民工住房社会保障问题研究[J].山西农业大学学报:社会科学版,2014(5).

［229］黄瑞球.农民工权益保护法律问题研究［D］.武汉：华中农业大学，2010.

［230］王俊婕.农民工劳动权益保障问题研究［D］.云南财经大学，2015.

［231］赵卉.农民工权益保障问题研究［D］.东北师范大学，2012.

［232］梁纪毅.公民意识与政治参与关系学理分析［J］.中共贵州省委党校学报，2011（4）.

［233］高晖敏.浅析我国新生代农民工政治参与的困境和对策［J］.辽宁行政学院学报，2012（2）.

［234］王建敏.中国社会主要矛盾的历史与现实认知［J］.佳木斯大学社会科学学报，2017（4）.

［235］罗辉.城市化进程中新生代农民工社会保障问题研究［J］.广西社会科学，2017（5）.

［236］杜鑫.劳动力转移对中国农村居民经济福利的影响［M］.北京：知识产权出版社，2010.

［237］聂亚珍.欠发达地区农村劳动力转移问题研究［M］.成都：四川大学出版社，2009.

［238］姜仁华.劳动力转移与农民收入的地区间差距［M］.厦门大学出版社，2008.

［239］严莉.浅析收入及消费价格指数对农村居民人均消费支出的影响［J］.农村经济与科技，2009（4）.

［240］李卫林.城镇化，劳动力转移与物价［J］.华东经济管理，2012（2）.

［241］刘烨，曾小明，李霁虹，等.湖南省农村剩余劳动力转移影响因素的实证分析［J］.经济视角：下，2013（7）.

［242］姜义昌，丁晓辉，邢治斌.基于 Probit 模型的农村劳动力转移程度研究——以山西忻州为例［J］.经济与管理评论，2013（5）.

［243］刘烨，曾小明，李霁虹，等.湖南省农村剩余劳动力转移影响因素的实证分析［J］.经济视角，2013（7）.

［244］张红宇.农村劳动力转移与农民收入［M］.北京：中国财政经济出版社，2010.

［245］赵夏.农村劳动力向城市流动对城市物价与工资的影响［D］.山东大学，2010.

［246］蔡昉.中国人口与劳动力问题报告——刘易斯转折点及其政策挑战［M］.社会科学文献出版社，2007.

二、外文参考文献

［1］ Freeman, Richard. Labor Regulations, Unions, and Social Protection in Developing Countries：Market Distortion or Efficient Institutions , Chap70 , 2010.

［2］ Aduloju Olusola Peter, PainperceptionamongparturientsataUniversityTeachingHospital, South -

WesternNigeria, Nigerianmedicaljournal: journaloftheNigeriaMedicalAssociation, 2013, Vol. 54(4), pp. 211 – 6.

[3] Sriprapha Petcharamesree. ASEAN and its approach to forced migration issues [J]. The International Journal of Human Rights, 2016, 20(2).

[4] Guivarch, Celine, Crassous, et al. The costsofclimatepoliciesinasecond – bestworldwithlabourmarketimperfections. ClimatePolicy, 2011, Vol. 11(1).

[5] Ma Yingyan, Lin Senlin, Zhu Jianfeng, et al. Different patterns of myopia prevalence and progression between internal migrant and local resident school children in Shanghai, China: a 2 – year cohort study[J]. BMC ophthalmology, 2018, 18(1).

[6] Hu Hongwei, Gao Jiamin, Jiang Haochen, et al. A Comparative Study of Behavior Problems among Left – Behind Children, Migrant Children and Local Children[J]. International journal of environmental research and public health, 2018, 15(4).

[7] A. Carrasco Sanz, I. Leiva Gea, L. Martin Alvarez, et al. Migrant children's health problems, care needs, and inequalities: European primary care paediatricians´ perspective[J]. Child: Care, Health and Development, 2018, 44(2).

[8] Xiong Yihan. Urbanized Children: Urban – Rural Awareness and Identity Consciousness of Migrant Workers' Children[J]. Chinese Education & Society, 2017, 50(4).

[9] Esmahan Belhadj Kouider, Ute Koglin, Franz Petermann. Emotional and behavioral problems in migrant children and adolescents in Europe: a systematic review[J]. European Child & Adolescent Psychiatry, 2014, 23(6).

[10] Lucia Margari, Lecce, Lafortezza, et al. Mental health in migrant schoolchildren in Italy: teacher – reported behavior and emotional problems [J]. Neuropsychiatric Disease and Treatment, 2013, 2013(NULL).

[11] Men X. Gender Occupational Segregation and Its Impact on the Waye Differential ameng Rural-Vrban Migrant A Chinese Case study [J]. Appled Economics, 1998(30): 741 – 752.

[12] Oaxaca R. Male – female wage Differential in Urban Labour markets [J]. International Economic Review, 1973, (14): 693 – 709.

[13] Xie yu, shauman. Woman Science Career Process and Outcomes [M]. Cambrige Harvard University Press, 2003.

[14] Beatrice Vizkelety. Proving Discrimination in Canada[J]. Toronto: Carswell, 1987: 36.

[15] Colleen Sheppard. Equality Rights and Institutional Change: Insight form Canada and the

Vnited States [J]. Arizona Journal of Inter national and Comparative Law, 1998(15): 143 – 167.

[16] Christo Pher Mc Crudden. Institutional Discrimination[J]. Oxford Journal of Legal Studies 1982(3): 303 – 367.

[17] Li S. Rural woman's employment and income[J]. china Soctal Sciences, 2001(3).

[18] Chan L W, Liu M V, Zhang Y L. End of women's emancipation? In J. Cheung(ed.) China in the post – Deng Era[M]. Hongkong: Chinese Universty of Hong kong Press, 1998.

[19] Xing L, Li S. Changes in Income Distribution, in Analysis and Prediction of China Society [M]. Beijing: Social Science Information Press, 2001.

[20] Holzer H, Newmark D. Assessing Affirmative Aetive[J]. Jowrnal of Economic Literature, 2000, 38(3): 483 – 568.

[21] I. L. O. Equality in Employment and Occupation: The most common grourds of discrimination [R]. Repont Ⅲ Part4b, Conference session 83, 1996.

[22] Chang you Chang. Research on China Farmers' Social Endowment Insurance Mode[J]. Asian Social Science, 2009.

[23] Pingqing Liu, Weizheng Liu, Xiongjun Liang. International Business and Management[J]. CSCanada, 2012.

[24] David Koitz. Seeking middle ground on social security reform [M]. Hoover institution Press, 2011.

[25] Estelle James. How can China solve its old – age security problem? The interaction between pension. state enterprise and financial market reform[J]. Journal Pension Economics and Finance, 2012.

[26] Ross Macky. Social Protection through Social Assistance[J]. Social Seeudty at the Dawn of the 21 stcentury, 2001.

[27] John B. Williamson, Catherine Deitelbaum. Social security reform: Does partial privatization make sense for China? JouFilal of Aging Studies, 2005.

[28] Li. L. Family insurance or social insurance: Policy options for China's social security reform [J]. Intemational Journal of Economic Development, 1999.

[29] Northrup, David. Free and Unfree Labor Migration, 1600 – 1900: An Introduction[J]. Journal of World History, 2003, 14(2): 125 – 130.

[30] Wright P M. Desegretating HRM: A review and synthesis of micro and macro human resource

management research[J]. Journal of Management, 2002, (3).

[31] Gail Henderson, et al. Distribution of Medical Insurance in China [J]. Social Science & Medicine, Vol. 41, No. 8, 1995: 1119 – 1130.

附　录

公开发表的相关论文

[1] 侯旭平.城镇化进程中失地农民失业救助困境及其破解[J].湖南社会科学,2017(3).

[2] 侯旭平.基于性别差异的女性农民工劳动权益保障研究[J].中南林业大学学报,2013(4).

[3] 侯旭平.女性农民工权益保障缺失问题及对策研究[J].湖南科技学院学报,2015(2).

[4] 侯旭平.农民工绩效工资制度创新研究[J].长沙大学学报,2015(5).

[5] 侯旭平.和谐社会视野下农村老年社会保障机制的建立和完善[J].产业与科技论坛,2009(3).

[6] 侯旭平.农村劳动力迁移与地区物价指数变动差异研究[J].财经论丛,2015,(10).

[7] 侯旭平.农村人力资本投资与地区物价指数变动的关联性[J].江汉论坛,2017(5).

[8] 侯旭平.论建立社会主义经济公平运行机制的途径和方法[J].商业研究,2006(7).

图书在版编目(CIP)数据

城镇化进程中农民工权益保障与发展问题研究／侯旭平著.—长沙：中南大学出版社，2020.5

ISBN 978－7－5487－3519－9

Ⅰ.①城… Ⅱ.①侯… Ⅲ.①民工—权益保障—研究—中国 Ⅳ.①D923.804

中国版本图书馆 CIP 数据核字(2018)第 268231 号

城镇化进程中农民工权益保障与发展问题研究

侯旭平 著

□责任编辑　浦　石

□责任印制　易红卫

□出版发行　中南大学出版社

　　　　　　社址：长沙市麓山南路　　　　邮编：410083

　　　　　　发行科电话：0731－88876770　　传真：0731－88710482

□印　　装　长沙印通印刷有限公司

□开　　本　710 mm×1000 mm 1/16　□印张 14.25　□字数 227 千字

□版　　次　2020 年 5 月第 1 版　□2020 年 5 月第 1 次印刷

□书　　号　ISBN 978－7－5487－3519－9

□定　　价　78.00 元